重庆工商大学商科国际化特色项目
重庆工商大学学术专著出版基金
重庆工商大学高层次人才项目资助

产融结合对
企业创新投资决策的影响研究

徐 辉◎著

中国财经出版传媒集团
经济科学出版社
Economic Science Press

图书在版编目（CIP）数据

产融结合对企业创新投资决策的影响研究/徐辉著.
—北京：经济科学出版社，2020.11
（资本市场会计研究丛书）
ISBN 978 - 7 - 5218 - 2090 - 4

Ⅰ.①产…　Ⅱ.①徐…　Ⅲ.①产业融合 - 影响 -
企业 - 投资决策 - 研究 - 中国　Ⅳ.①F279.23

中国版本图书馆 CIP 数据核字（2020）第 226119 号

责任编辑：孙丽丽　撖晓宇
责任校对：郑淑艳
版式设计：陈宇琰
责任印制：李　鹏　范　艳

产融结合对企业创新投资决策的影响研究
徐　辉　著

经济科学出版社出版、发行　新华书店经销
社址：北京市海淀区阜成路甲 28 号　邮编：100142
总编部电话：010 - 88191217　发行部电话：010 - 88191522
网址：www.esp.com.cn
电子邮箱：esp@ esp.com.cn
天猫网店：经济科学出版社旗舰店
网址：http://jjkxcbs.tmall.com
北京季蜂印刷有限公司印装
710×1000　16 开　16 印张　240000 字
2020 年 12 月第 1 版　2020 年 12 月第 1 次印刷
ISBN 978 - 7 - 5218 - 2090 - 4　定价：63.00 元
（图书出现印装问题，本社负责调换。电话：010 - 88191510）
（版权所有　侵权必究　打击盗版　举报热线：010 - 88191661
QQ：2242791300　营销中心电话：010 - 88191537
电子邮箱：dbts@ esp.com.cn）

摘　要

　　产融结合作为一种新兴的产业组织形式，是企业实现快速扩张、多元化经营以及优化资源配置的有效途径，在经济发展过程中扮演着重要角色。但是，产融结合在我国经历了一波三折的发展历程。从亚洲金融危机之后的明令禁止，到随后的默许，再到 2010 年政府颁布一系列支持性政策，这一转变充分说明我国政府已经意识到产融结合在推动产业转型升级过程中的重要作用。因此，为了推动产融结合进入高速发展阶段，积极引导金融资本服务实体经济发展，我国政府大力倡导与支持金融资本同产业资本实现深度融合。这一系列激励方案的颁布从国家政策层面上积极推动了产融结合的快速发展，促使越来越多的大型企业积极渗透到金融机构。

　　Wind 数据库统计结果显示，2008～2017 年这十年间我国参股金融机构的上市公司平均占比已经达到了 26.30%，远高于 2005 年的平均占比 13.45%，可见产融结合的发展速度十分迅猛。然而，相较于实践层面上的迅猛发展，产融结合的理论研究明显滞后。现有文献主要从资本成本、融资效率以及投资效率等方面研究产融结合，然而鲜有文献系统考察产融结合模式下企业创新投资的动机及其经济后果。事实上，从实践层面上看，经济转型时期我国政府一直高度重视企业创新对经济发展的促进作用，并相继出台了一系列激励政策鼓励和引导企业创新。另外，实体企业参股金融机构的目的在于利用金融机构雄厚的资金实力来实现做大做强。由此可见，产融结合对实体企业的影响首先体现在投资层面上。因此，创新投资作为增强企业核心竞争力的投资行为，必然会受到产融结合的影响。

　　针对上述问题，本书立足于我国金融发展相对滞后、银行信贷所有制歧视以及市场经济中的政府干预行为等特殊制度背景，围绕"积极推行产融结合模式对企业的冲击"→"微观企业采取的理性应对措施"→"企业理性应对措施所产生的经济后果"三个逐层推进的逻辑架构，并将产权性质纳入本书的分析框架，比较分析产融结合模式下这两类企业创新投资决策的动因差异及其经济后果。具体而言，本书的研究工作主要包括以下五个部分：

第一部分，立足于我国经济转型时期特殊制度背景，明确本书研究主题，主要从产融结合、创新投资决策、股价崩盘风险与股价同步性等方面对现有文献进行梳理与综述。与此同时，针对我国与西方发达经济体的典型制度背景差异进行对比分析，首先详细阐述了我国的产融结合制度沿革、发展历程、模式特点以及现状，在此基础上，分析讨论产融结合模式下不同产权性质企业创新的动因差异，据此构建理论框架。

第二部分，利用 2008 ~ 2017 年沪深两市 A 股上市公司参股金融机构的相关数据实证检验了产融结合对企业创新投资意愿的影响机理。具体而言，首先基于资源基础理论和资源依赖理论视角，系统分析了产融结合对企业创新投资意愿的影响机理；其次，在此基础上，探索了产权性质对上述关系的调节效应；最后，从融资约束等方面展开机制检验，并从实体企业参股类型和参股比例对产融结合深度、广度与企业创新投资意愿进行拓展性分析。实证结果发现：产融结合有利于增强企业创新投资意愿，而且这一促进作用在民营企业中更明显。机制检验结果表明，产融结合增强企业创新投资意愿主要是通过缓解融资约束等途径实现的，这一作用机制在民营企业中更明显。进一步地，基于参股类型和参股比例的拓展性分析结果表明：实体企业参股商业银行、证券公司以及财务公司均有利于增强创新投资意愿，但参股信托和保险公司却未能显著增强实体企业创新投资意愿；随着参股比例的提升，参股金融机构对企业创新投资意愿的促进作用也不断增强。

第三部分，主要从企业创新投入、创新产出以及创新效率三个方面系统考察产融结合对企业创新绩效的影响机理。实证结果发现：产融结合有利于提升企业创新绩效，而且这一促进作用在民营企业中更明显。企业创新动机的检验结果表明，产融结合模式下国有企业创新动机可能在于获取更多的政

府补助，而民营企业创新动机可能在于获取更多的银行借款。进一步地，基于参股类型和参股比例的拓展性分析结果表明：实体企业参股商业银行、证券公司以及财务公司均有利于提升创新绩效，但参股信托和保险公司却未能显著提升创新绩效；随着参股比例的提升，参股金融机构对创新绩效的促进作用也不断增强。

第四部分，深入探究了产融结合模式下创新绩效对公司业绩的影响以及二者在不同产权性质企业中的差异，并从创新动机角度将企业创新划分为高质量的实质性创新和技术含量较低的策略性创新，进一步分析不同类型的创新行为与公司业绩之间的关系，旨在从创新效果角度提供经验证据。实证结果发现：提升创新绩效有利于改善公司业绩，而且这一促进作用在民营企业中更显著；产融结合可以强化创新绩效对公司业绩的促进作用，而且这一现象在民营企业中更明显。上述结果表明，产融结合模式下提升创新绩效更有利于改善民营企业业绩。进一步地，从创新动机角度将企业创新划分为高质量的实质性创新和技术含量较低的策略性创新，研究发现：只有实质性创新才能真正改善公司业绩，而且产融结合可以强化实质性创新对公司业绩的促进作用，同时这一现象在民营企业中更明显，但并没有经验证据支持策略性创新对公司业绩的提升作用。换言之，只有高质量的实质性创新才是实体企业实现价值创造的源泉，而且产融结合有利于增强实质性创新对企业价值的边际贡献。

第五部分，主要从股价崩盘风险和股价同步性两个维度综合分析了产融结合模式下创新绩效对公司股价风险的影响及其在不同产权性质企业中的差异；此外，我们从投资者关注角度展开了机制检验。实证结果发现：提升创新绩效有利于抑制股价风险，而且这一抑制效应在民营企业中更显著；产融结合可以抑制股价风险，而且产融结合可以强化创新绩效对股价风险的抑制效应，同时这一现象在民营企业中更明显。上述结果表明，产融结合模式下提升创新绩效更有利于抑制民营企业股价风险。进一步地，从投资者关注角度进行了中介机制检验，研究发现：创新绩效对股价风险的抑制效应主要是通过吸引投资者关注来实现的。

综上可知，本书不仅有助于深化与拓展产融结合的理论体系，而且为进一步推动产融结合进入高速发展阶段，积极引导金融资本服务实体经济发展，实现金融资本同产业资本深度融合的推进政策提供了理论指导和技术支撑，也为完善非正式金融风险监管制度建设、协调正式金融与非正式金融体系的关系提供了可靠的经验借鉴。

第 1 章

绪 论

1.1　研究背景与研究意义

1.1.1　研究背景

进入 20 世纪 80 年代以后，市场竞争环境动态化特征日益凸显。与此同时，金融管制的放松以及金融自由化的积极推进，促使产业边界日趋模糊化。在世界经济格局进入以集团为中心的时代背景下，突破实业与金融的行业边界，采取"实业＋金融"的产融结合模式①获取竞争优势，逐渐演变为企业理性应对全球竞争、实现可持续发展的重要战略选择。所谓产融结合是指产业部门与金融部门借助资金、资本以及人事安排等方式彼此渗入，并形成产融实体的一种经济现象（支燕和吴河北，2010）。产业边界的模糊化为产业资本直接进入金融业，即实施"由产到融"的产融结合模式提供了契机。诸如，通用电气（GE）等大型制造业集团均通过积极参股或控股金融机构的方式来实施产融结合型的发展战略。据统计，全球前 500 强企业中超过 80% 的企业均实现了产业资本与金融资本之间的融合。我国集团公司实施产融结合型发展模式相对较晚，但也出现了一批如海尔、德隆以及新希望等集团公司，采取发起设立、收购兼并等方式来实施产融结合型发展战略，以此实现资源整合、发展壮大的目标。由此可见，产融结合已经发展成为一种新型的产业组织形式，在经济发展过程中扮演着重要角色。

作为企业实现快速扩张、多元化经营以及优化资源配置的有效途径，产融结合在我国经历了一波三折的发展历程。从亚洲金融危机之后的明令禁止，到随后的默许，再到 2010 年政府颁布一系列支持性政策，这一转变充分说明我国政府已经意识到产融结合在推动产业转型升级过程中的重要作用。因此，为了进一步推动产融结合进入高速发展阶段，积极引导金融资本

---

① "实业＋金融"的产融结合模式是指实体企业通过参股或控股金融机构实现产业资本向金融资本融合的产业组织形式（李维安和马超，2014）。

服务实体经济发展，我国政府大力倡导与支持金融资本同产业资本实现深度融合。2009 年国资委副主任李伟出席中央企业产融结合座谈会，并明确提出，产融结合是培育中央企业具备国际竞争力、实现可持续发展的一个重要战略决策，理应高度重视与深入探究。2010 年 3 月召开的中国人民银行金融稳定工作会议将产融结合列为央行未来重点探索的领域。2010 年 12 月，国资委主任王勇在中央企业负责人会议上强调，具备一定条件的企业可以率先尝试着探索产融结合模式。2011 年底，中央经济工作会议着重强调"金融服务实体经济"的指导方针。2016 年 3 月，工信部、银监会以及中国人民银行三部委出台并印发了《加强信息共享促进产融合作行动方案》，其目的在于积极推进《中国制造 2025》，进而有利于尽快实现工业稳增长、调结构、增效益的目标。2016 年 8 月 1 日，财政部、工信部、中国人民银行以及银监会联合颁布《关于组织申报产融合作试点城市的通知》，旨在增强金融机构服务实体经济的效率与质量，强化金融机构对实体企业发展的支撑作用，进而有利于产业提质增效、转型升级。上述激励方案的颁布从国家政策层面上积极推动了产融结合模式的快速发展，促使越来越多的大型企业积极渗入金融机构。

Wind 数据库统计结果显示，2008～2017 年这十年间我国参股金融机构的上市公司平均占比已经达到了 26.30%，相较于 2005 年的平均占比 13.45%，产融结合模式的发展速度十分迅猛。然而，相较于实践层面迅猛发展的产融结合模式，关于产融结合的理论研究略显滞后。现阶段，现有文献主要从资本成本、融资效率以及投资效率等方面研究产融结合，鲜有文献从企业创新投资决策角度研究我国企业产融结合的动因以及由此产生的经济后果。事实上，从实践层面上看，经济转型时期我国政府一直高度重视企业创新对经济发展的促进作用，并相继出台了一系列激励政策鼓励和引导企业创新。2014 年 12 月提出的《中国制造 2025》明确指出，实现制造大国向制造强国转变的目标必须加强完善金融扶持政策，充分发挥产融结合在推动制造业转型升级中的积极作用。2015 年提出"大众创业、万众创新"的发展理念，以及党的十八大和十九大相继就创新引领做出重要部署，将创新定位为建设现代化经济体系战略支撑，这引起了学术界对企业创新投资问题的密切关注。从理论层面看，产融结合具有信息效应和决策效应，有利于降低信息不对称程度和交易成本，优化资源配置，产生协同效应等竞争优势，进而能够有效缓解企业融资约束问题（李维安和马超，2014；万良勇等，2015；黎文靖和李茫茫，2017）。因此，从这个层面上看，产融结合可以缓解创新活动的融资约束问题，有利于企业创新。基于上述分析，本书立足于我国金融发展相对滞后这一特殊制度背景，围绕"积极推行产融结合模式对企业的冲击"→"微观企业采取的理性应对措施"→"企业理性应对措施所产生的经济后果"三个逐层推进的逻辑架构，并结合产权性质的差异系统考察产融结合模式下企业创新投资决策以及由此产生的经济后果，这既是对现有产融结合理论体系的有益补充，又为增强企业创新投资意愿、加大企业创新投入力度以及提高企业创新效率提供了新的思路与方法。

1.1.2　研究意义

近年来，政府部门逐渐放松对金融行业的管制，越来越多的实业企业采用参股或控股的方式渗入金融领域，逐渐形成了"实业＋金融"的产融结合模式，这一转变充分说明我国政府已经意识到产融结合在推动产业转型升级过程中的重要作用。同时，现阶段亟须"大众创业、万众创新"来带动新一轮的经济发展。因此，本书的研究意义主要体现在理论与实践两个方面。

1. 理论意义

第一，丰富了产融结合经济后果的研究文献，完善了产融结合的理论体系。现有产融结合理论更多的是结合西方发达经济体的制度背景，依托于相对完善的市场机制，并形成了诸如竞争优势理论、交易成本理论、融资约束理论以及内部资本市场理论等（Colin，2002；Mitsuaki，2002；支燕和吴河北，2011；李维安和马超，2014；万良勇等，2015），而本书立足于我国金融发展相对滞后、银行信贷所有制歧视以及市场经济中的政府干预行为等特殊制度背景，围绕"积极推行产融结合模式对企业的冲击"→"微观企业采取的理性应对措施"→"企业理性应对措施所产生的经济后果"三个逐层推进的逻辑架构，并结合产权性质系统考察了产融结合模式下企业创新投资决策及其经济后果，有利于揭示产融结合模式下企业创新投资决策如何内生于制度环境这一重要的理论问题。

第二，拓展了企业创新投资决策的研究视角，深化了创新投资理论。已有文献通常仅仅从创新投入或者创新产出的单一视角考察企业创新行为，而本书综合考察产融结合模式下企业创新投资意愿、创新投入、创新产出、创新效率以及由此产生的经济后果，研究视角与研究范畴更全面、更系统。同时，本书基于内部资本市场和融资约束理论视角发现，产融结合能够有效增强企业创新投资意愿，并能够提升企业创新绩效，这为客观评估我国现行的产融结合模式所产生的微观治理效果的合理性提供了新的思路与方法。

第三，完善了股价崩盘风险和股价同步性的相关研究，为产融结合模式下企业创新投资行为对股价崩盘风险和股价同步性的影响提供了全新的理论解释。已有研究主要从投资者情绪和异质信念（Hong and Stein，2003），财务报告透明度、税收规避和分析师的利益冲突（Kim et al.，2011b；伊志宏等，2019）、机构投资者网络（吴晓晖等，2019）等视角考察其对股价风险的影响，而本书基于产融结合模式下研究企业创新投资行为对股价风险的影响机理，从投资者关注维度构建经济解释机制，这为中国投资者交易行为提供了独特的指导方法。同时，结合中国独特的制度背景，进一步考察了产权性质对产融结合、创新投资决策与股价风险关系的调节作用，丰富了产融结合模式下企业创新投资行为对股价风险产生影响的情境机制。

2. 现实意义

第一，为进一步推动产融结合进入高速发展阶段、积极引导金融资本服务实体经济发展、实现金融资本同产业资本深度融合的推进政策提供理论指导和技术支撑，也为充分发挥产融结合信息效应、协同效应等优势以推进企业做大做强提供了经验证据。20世纪90年代，尤其是1999年《证券法》的颁布，标志着我国实体企业正式尝试以新设、参股、控股等方式主动涉及金融领域，也是我国"实业＋金融"产融结合模式的雏形阶段。鉴于我国的产融结合理论体系不够完善以及产融结合的风险难以管控，本书系统考察产融结合模式下企业创新投资决策以及由此产生的经济后果，揭示了产融结合模式下企业创新投资决策如何内生于制度环境这一重要的理论问题，有助于丰富和完善中国制度环境下产融结合的理论体系，进而能够从理论层面指导我国产业资本与金融资本的深度融合，提高金融服务实体经济的质量和效率。

第二，为防控产融结合风险、协调正式金融与非正式金融体系的发展关系提供了可靠的经验借鉴。本书立足于中国制度背景，系统考察了产融结合模式下企业创新投资行为对股价崩盘风险和股价同步性的影响，发现企业创新投资行为对股价崩盘风险和股价同步性具有显著的抑制效应，说明作为非正式金融体系，产融结合具有信息效应和决策效应，通过缓解融资约束，扮演内部资本市场等作用为实体经济发展提供资本支持，从而有效防控金融风险。这一发现为完善非正式金融风险监管制度建设、协调正式金融与非正式金融体系的关系提供了可靠的经验借鉴。

1.2 研究思路与研究方法

1.2.1 研究思路

概括来说，现阶段我国依然处于"新兴 + 转轨"的双重制度背景之下，相较于西方发达经济体，主要存在三个方面的显著差异。

第一，金融发展相对滞后。一方面，尽管我国金融业已基本形成以银行为主导，股票、债券、期货等多层次的金融体系，但我国金融发展依然面临诸多问题，比如直接融资占比偏低、货币化程度相对较低、金融资产结构与金融组织结构不相匹配等（马君潞等，2013）。另一方面，我国资本市场政治色彩较浓，资本市场规模相对较小，间接融资占主导地位，这导致企业融资成本偏高，进而迫使实体企业主动寻求银企关联、股权关联等非正式融资方式（祝继高等，2015）。

第二，政府干预过多。经济转型时期，财政分权与政治锦标赛的激励刺激了地方政府参与经济发展的积极性，但考虑到政治升迁问题，地方政府通

常也会充当"干预之手"，比如"拉郎配现象"、地区市场分割等问题（曹春方，2013）。

第三，产权异质性导致企业外部融资差异明显。一方面，我国商业银行以国有属性居多，同国有企业的天然联系导致银行信贷更倾向于国有企业，而民营企业通常会面临信贷歧视，这导致民营企业融资约束问题更严重（Lu et al.，2012；李茫茫，2018）。另一方面，政府对国有企业的支持以及财政分权导致地方政府间的竞争进一步诱发了地方保护主义，从这个层面上看，国有企业面临的竞争压力相对更小。

基于上述分析，不难发现，我国政府在金融发展与资源优化配置中扮演着关键角色，这在一定程度上造成国有企业与民营企业在政府干预、融资成本以及竞争压力等方面存在显著差异，这意味着不同产权性质企业实施产融结合模式的动机可能存在差异。因此，在我国独特的制度背景下，有必要将产权性质纳入本书的分析框架。然而，现有文献主要从企业资本成本、融资效率以及投资效率等方面研究产融结合，鲜有文献从企业创新投资决策角度研究我国企业产融结合的动因以及由此产生的经济后果。在上述背景的认识下，本书将系统考察产融结合模式下这两类企业创新投资决策的动因差异以及由此产生的经济后果。为此，我们确立本书的研究主题为：产融结合模式下企业创新投资决策及其经济后果研究。

纵观全书研究内容，遵循制度背景差异→产融结合模式下企业创新投资的动因差异→由此产生的经济后果的逻辑主线展开研究。具体而言，立足于我国独特的制度背景，首先归纳和分析产融结合的现状。其次，进一步分析讨论产融结合模式下不同产权性质企业创新投资的动因差异，并从理论上阐述产融结合影响企业创新投资决策的内在机制，据此构建理论框架。最后，针对产融结合模式下不同产权性质企业创新投资对实体企业的影响进行理论分析与实证检验，主要包括企业创新投资意愿、创新投入、创新产出、创新效率。此外，本书进一步从公司业绩和股价风险等方面展开研究，包括公司经营业绩、市场业绩、股价崩盘风险和股价同步性，并根据研究结论，提出切实可行的政策建议。

1.2.2 研究方法

本书将综合运用比较分析法、跨学科交叉研究法以及规范研究与实证分析相结合的方法，试图通过研究方法的科学性来加强研究结论的合理性与稳健性。通过对产融结合、创新投资意愿、创新投资绩效、股价崩盘风险以及股价同步性等核心概念的界定，同时对资源基础理论、资源依赖理论、企业创新理论、金融发展理论以及政府干预理论的系统分析，明确了产融结合对企业创新投资决策的作用机理，并进一步阐明产融结合对企业创新投资决策的影响在不同情境下存在差异，为本书后续实证研究奠定了理论基础。具体而言，主要涉及以下四个方面：

第一，定性分析与文献回顾法。首先搜集、阅读同本研究主题相关的国内外已有文献，并归纳总结已有研究成果与方法，系统了解本领域的研究现状。在此基础上，结合中国制度背景，定性分析产融结合模式发展历程，进而构建实体企业产融结合的分析框架。

第二，规范研究与实证研究相结合。综合运用规范研究和实证研究方法，在可以解释"应该是什么"的基础上揭示"是什么"的科学问题。具体来说，本书运用规范研究法阐述研究问题、理论分析以及提出政策建议，同时综合运用演绎推理与归纳总结等相关方法。另外，实证研究部分利用相关上市公司的微观数据展开实证检验分析。鉴于企业创新投资决策的数据特征，实证分析时，使用了 Logit 回归模型、TOBIT 回归模型，并采用工具变量法和倾向得分法（PSM）等进行内生性问题处理，旨在增强研究结论稳健性。

第三，比较分析法。我国政府在金融发展与资源优化配置中扮演着关键角色，这在一定程度上造成国有企业与民营企业在政府干预、融资成本以及竞争压力等方面存在显著差异，这意味着不同产权性质的企业实施产融结合模式的动机可能存在差异。因此，在我国独特的制度背景下，有必要将产权性质纳入本书的分析框架，并比较分析产融结合模式下这两类企业创新投资决策的动因差异以及由此产生的经济后果。

第四，跨学科交叉研究法。除上述方法外，本书还将综合运用交叉学科的理论与方法，具有跨学科交叉研究的特点，以期增强研究结论的可靠性。具体言之，本书综合运用新制度经济学、行为金融学以及公司财务学等领域的相关理论与已有研究成果，并将其纳入统一的分析框架，用来解释产融结合模式下企业创新投资决策的动因差异以及由此产生的经济后果。

1.3　研究内容与结构框架

1.3.1　研究内容

结合研究主题与研究思路，遵循行文逻辑，本书分为八章，各章节的内容安排，详述如下：

第 1 章为绪论。立足于我国经济转型时期特殊制度背景，首先介绍研究背景和研究意义，在此基础上，进一步明确提出研究问题；其次，简要论述研究思路与研究方法，并概述研究内容，进而列示结构框架；最后，总结本书的特色与创新之处。

第 2 章为理论基础与文献综述。结合本书研究问题，通过对产融结合、创新投资意愿、创新投资绩效、股价崩盘风险以及股价同步性等核心概念的界定，同时对资源基础理论、资源依赖理论、企业创新理论、金融发展理论以及政府干预理论系统分析。在此基础上，进一步从产融结合、创新投资决策、股价崩盘风险与股价同步性等方面对现有文献进行归类与梳理，进而明确了产融结合对企业创新投资决策的作用机理，为本书后续实证研究奠定了理论基础。

第 3 章为产融结合的制度背景与现状分析。针对我国产融结合的制度背景，首先详细阐述我国产融结合的制度沿革、发展历程、模式特点以及现状，然后从理论上阐述产融结合影响企业创新投资决策的内在机制，据此构建理论框架。

第 4 章为产融结合对企业创新投资意愿的实证分析。首先，本章基于资源基础理论和资源依赖理论视角，系统分析产融结合对企业创新投资意愿的影响机理，在此基础上进一步探索产权性质对上述关系的调节效应，并提出相关研究假设。其次，根据研究假设进行研究设计，鉴于企业创新投资意愿的数据特征，构建 Logit 回归模型进行假设检验，并利用沪深两市 A 股上市公司的微观数据进行实证检验。再次，将从融资约束等方面展开机制检验，并从实体企业参股类型和参股比例对产融结合深度、广度与企业创新投资意愿进行拓展性分析。最后，为增强研究结果的稳健性，采用倾向得分（PSM）等方法进行内生性问题处理。

第 5 章为产融结合对企业创新绩效的实证分析。本章将重点从企业创新投入、创新产出以及创新效率三个方面系统考察产融结合对企业创新绩效的影响，在此基础上进一步对比分析上述关系在不同产权性质企业中的差异。同时，鉴于企业创新绩效的数据特征，构建 TOBIT 回归模型进行假设检验，并利用沪深两市 A 股上市公司的微观数据进行实证检验。此外，将从实体企业参股类型和参股比例对产融结合深度、广度与企业创新投资绩效进行拓展性分析。最后，为增强研究结果的稳健性，采用工具变量法和倾向得分（PSM）等方法进行内生性问题处理。

第 6 章为产融结合与企业创新绩效对公司业绩的实证分析。本章将重点从公司经营业绩和市场业绩两个方面系统考察产融结合与企业创新绩效对公司业绩的影响，在此基础上对比分析上述关系在不同产权性质企业中的差异。同时，利用沪深两市 A 股上市公司的微观数据进行实证检验。此外，从创新动机角度将企业创新划分为高质量的实质性创新和技术含量较低的策略性创新，进一步分析不同类型的创新行为与企业业绩之间的关系，从创新效果角度提供经验证据。最后，为增强研究结果的稳健性，采用工具变量法和倾向得分（PSM）等方法进行内生性问题处理。

第 7 章为产融结合与企业创新绩效对股价风险的实证分析。本章将重点从股价崩盘风险和股价同步性两个方面系统考察产融结合与企业创新绩效对股价风险的影响，在此基础上对比分析上述关系在不同产权性质企业中的差异。同时，利用沪深两市 A 股上市公司的微观数据进行实证检验。此外，

我们将从投资者关注角度展开机制检验，进行拓展性分析。最后，为增强研究结果的稳健性，采用工具变量法和倾向得分（PSM）等方法进行内生性问题处理。

第8章为结论、政策建议与后续研究展望。首先，本章总结全书的理论和实证发现，归纳相关研究结论。其次，结合研究结论以及转型经济时期我国制度背景，客观地提出切实可行的政策建议。最后，综合考虑本书研究的不足以及该领域的前沿研究，提出后续研究方向。

1.3.2 结构框架

结合研究内容与理论框架，我们得到如下结构框架图1-1。

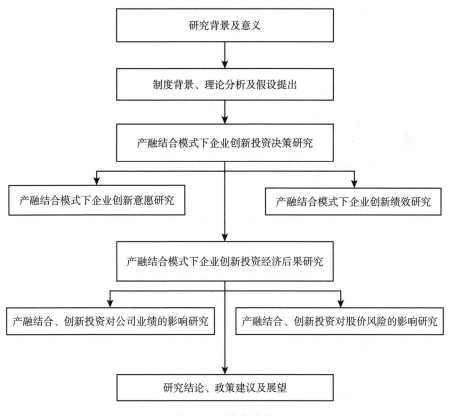

图1-1 技术路线

1.4　本书的特色与创新点

如前所述，本书立足于我国金融制度发展相对滞后、银行信贷所有制歧视以及市场经济中的政府干预行为等特殊制度背景，综合考察产融结合模式下企业创新投资决策及其经济后果。相较于已有研究，本书特色与创新之处主要体现在如下四个方面：

第一，揭示了产融结合模式下企业创新投资决策如何内生于制度环境这一重要的理论问题，提出了"积极推行产融结合模式对企业的冲击"→"微观企业采取的理性应对措施"→"企业理性应对措施所产生的经济后果"三个逐层推进的逻辑架构，并通过构建创新投资决策理论模型，从融资约束理论层面阐述了产融结合影响企业创新投资决策的内在机制，据此构建理论框架。

尽管已有文献针对产融结合的微观经济效应展开了有益的探索，但相关研究更多的是结合西方发达经济体的制度背景，依托于相对完善的市场机制，形成了诸如竞争优势理论、交易成本理论以及内部资本市场理论等（Colin，2002；李维安和马超，2014；万良勇等，2015）；同时相关研究也没有形成完整的逻辑链条，缺乏对产生上述经济效应传导机理的深入探讨。而本书立足于我国金融制度发展相对滞后、银行信贷所有制歧视以及市场经济中的政府干预行为等特殊制度背景，将产权性质纳入分析框架，比较分析了产融结合模式下不同产权性质企业创新投资决策的动因差异及其经济后果，并发现产融结合增强企业创新投资意愿主要是通过缓解融资约束等途径实现的，这一作用机制在民营企业中更明显。这不仅丰富了产融结合经济后果的研究文献，而且完善了产融结合的理论体系。

第二，从银行借款和政府补贴两个角度构建了产融结合模式下企业创新动机分析框架，识别出不同产权性质企业的创新动机，并发现产融结合模式下国有企业创新动机可能在于获取更多的政府补助，而民营企业创新动机可能在于获取更多的银行借款。这一发现拓展了企业创新投资决策的研究视

角，深化了创新投资理论。

与已有文献仅仅从创新投入或者创新产出的单一视角考察企业创新不同，本书基于转轨经济时期的制度背景，综合考察产融结合模式下企业创新投资意愿、创新投入、创新产出、创新效率以及由此产生的经济后果，研究视角与研究范畴更全面、更系统。同时，本书基于内部资本市场和融资约束理论视角，分别从银行借款与政府补贴两个角度来综合分析不同产权性质企业的创新动机与资源获取效应，发现产融结合能够增强企业创新投资意愿和提升企业创新绩效，而且国有企业与民营企业的创新动机存在明显差异。这一发现既能有效甄别出不同产权性质企业的创新动机，又能为提升政府补贴和信贷配置效率提供新的思路。

第三，结合企业创新动机，将产融结合模式下企业创新划分为高质量的实质性创新和技术含量较低的策略性创新，揭示了创新投资活动在产融结合模式下为实体企业创造价值的过程。这为客观评估我国现行的产融结合模式所产生的微观治理效果的合理性提供了新的思路与方法。

相较于以往研究倾向于直接从企业创新行为考察其对公司业绩的影响，本书则从创新效果角度进一步刻画企业创新行为，并发现只有高质量的实质性创新才是实体企业实现价值创造的源泉，而且产融结合有利于增强实质性创新对企业价值的边际贡献，但并没有经验证据支持策略性创新对公司业绩的提升作用。这一发现有助于我们深入理解产融结合的现实价值，为实体企业在产融结合模式下依托创新投资活动实现价值创造提供了新的视角。

第四，基于产融结合模式厘清了企业创新投资行为对股价风险的影响机理，并从投资者关注维度构建经济解释机制，发现产融结合模式下企业创新降低股价风险主要是通过吸引投资者关注，引起强烈的市场反应，促使公司特质信息融入股价来实现的。

不同于已有研究主要从投资者情绪和异质信念、财务报告透明度、税收规避、分析师的利益冲突（Kim et al.，2011b；伊志宏等，2019）以及机构投资者网络（吴晓晖等，2019）等视角考察其对股价风险的影响，本书基于中国的制度背景，考察了产融结合模式下企业创新投资行为对股价风险的影响机理，并发现产融结合模式下提升创新绩效更有利于抑制民营企业股价风险，而且投资者关注在上述影响关系中扮演了部分中介的角色。这一发现为中国投资者交易行为提供了独特的指导方法，也为产融结合模式下企业创新投资行为对股价崩盘风险和股价同步性的影响提供了全新的理论解释。

第 2 章

理论基础与文献综述

本章结合全书研究内容，通过对资源基础理论、资源依赖理论、企业创新理论、金融发展理论以及政府干预理论的系统分析，明确了产融结合对企业创新投资决策的作用机理，同时对产融结合、创新投资意愿、创新投资绩效、股价崩盘风险以及股价同步性等核心概念的界定，并从产融结合、创新投资决策、股价崩盘风险与股价同步性等方面对现有文献进行归类与综述。首先，从产融结合的相关文献着手，主要从产融结合的动机以及经济后果对国内外已有文献进行梳理与评述，其中经济后果主要涉及投资效率、风险控制以及公司业绩等内容。其次，从企业创新投资的相关文献着手，分别从宏微观影响因素和经济后果两个层面对相关文献进行梳理与评述，其中企业创新投资决策主要涉及企业创新投资意愿、创新投入、创新产出以及创新效率等内容。最后，从股价风险的相关文献着手，分别从股价崩盘风险与股价同步性对国内外已有文献进行梳理与评述。

2.1　理论基础

2.1.1　资源基础理论

自 20 世纪 80 年代以来，资源基础理论逐渐形成并得到迅速发展。巴尼（Barney，1991）首次提出资源基础理论，并界定了企业资源的概念，将企业资源规定为用以制定、实施战略的各种资产的总和，包括物质资本、财务资本、人力资本以及组织资本四大类资源。

资源基础理论涉及两个假定：其一，资源具有异质性，认为企业资源及其组合彼此之间存在一定差异；其二，资源具有不可流动性，认为资源缺乏供给弹性或者是高模仿成本，阻碍了不同企业对同一资源的获取，导致企业间的资源差异性持续存在。由此可见，如果企业可以凭借自身拥有的竞争性资源来实施产品市场竞争战略以获取竞争优势与经济租金，一旦这种资源具有不可流动性，那么企业便可以获得可持续的竞争优势与经济租金。

基于资源基础理论的基本假定，学者们探究了资源基础理论的分析框

架，即具备何种特性的资源才能成为企业获取持续性竞争优势的来源。巴尼
（1991）指出，唯有企业资源具备价值性、稀缺性、不可完全模仿性以及组
织性，才能为企业提供可持续的竞争优势，即 VRIO 分析框架。随后，阿米
特和苏梅克尔（Amit and Schoemaker, 1993）也认为，具备稀缺性、有限移
动性、不可完全替代性以及可占用性的企业资源才可以为企业创造可持续性
的竞争优势。综上可知，学者们提出的资源基础理论的分析框架存在高度的
相似性，尤其是巴尼（1991，2001）提出的 VRIO 分析框架相对较为全面，
而且仅有 VRIO 分析框架提及资源的组织性，即企业资源只有参与到组织
中，才有可能为企业提供竞争优势和经济租金，而处于闲置状态的资源是无
法成为企业的竞争优势来源。据此，我们将采用 VRIO 分析框架探讨本书研
究问题。

2.1.2　资源依赖理论

自 20 世纪 60 年代以来，开放系统理念的不断发展，学者们逐渐开始重
视组织同外部环境间的联系，组织管理的相关研究便顺利进入了开放系统的
研究模式，而开放系统观认为，外部环境会显著影响组织行动及其战略选
择。在此背景下，资源依赖理论应运而生。

普费弗和萨兰西克（Pfeffer and Salancik）于 1978 年共同出版的代表作
《组织的外部控制：资源依赖性的分析》，详细阐明了组织间的联系、互动
以及组织同外部环境的联系，引起了理论界广泛关注资源依赖理论，并逐渐
发展为组织理论研究领域最具影响力的理论。在此基础上，后续研究相继扩
充并完善了资源依赖理论。伯特（Burt, 1983）认为，如果组织在社会网络
中所占据的位置被其他组织所依赖，那么该组织就能够凭借这种依赖关系来
获益。麦多克和托尔曼（Madhok and Tallman, 1998）将资源依赖细分为结
构依赖与过程依赖，拓展了资源依赖理论的研究范畴。

所谓"资源依赖"就是指组织依赖于外部环境中的资源程度，而这些
资源通常被外部环境中的其他组织掌控。为获得竞争性资源，组织必然需要
同外部环境中的其他组织发生联系与互动。资源依赖理论认为，组织的生存

与发展离不开外部环境中的资源，而这些资源必须同其他组织进行交换，组织自身却无法自给自足。诚然，考察组织之间的依赖程度时，涉及三个关键因素：资源的重要性、对资源的控制力以及替代性资源的可获得性（Pfeffer and Salancik，1978）。

综上，由资源依赖理论可知，实体企业处于开放的宏观环境中，其难以凭借自给自足的方式获取自身生存与发展所需的所有资源，比如政府补贴、信息等竞争性资源，这意味着企业必然需要同其他外部组织保持联系与互动。而产融结合模式具有信息效应、决策效应以及人力与资本供给效应等多方面优势，可以为企业营造稳定的外部融资环境（万良勇等，2015；黎文靖和李茫茫，2017；马红等，2018）。从这个层面上看，产融结合可以缓解实体企业创新活动所面临的融资约束问题，同时也为实体企业提供人力资本与技术支持。由此可见，实体企业对金融机构雄厚资金实力的依赖会导致产融结合模式对实体企业创新投资决策产生影响，这为本书探讨产融结合对创新投资决策的影响提供了理论基础。

2.1.3　企业创新理论

"创新"这一概念由熊彼特（Schumpeter）于 1912 年首次提出，其核心思想在于构建一种新的生产函数。在此基础上，熊彼特于 1939 年系统提出了创新理论，将创新看作一个过程，拉开了创新理论研究的序幕。然而，因"凯恩斯革命"理论的影响而导致创新理论一开始并未得到理论界与实务界的充分认可。社会经济的日益发展，传统经济理论难以解释诸多现象，学者们逐渐意识到了创新在经济发展中的重要作用，基于此背景，创新理论得到迅速发展与完善。与此同时，学术界也高度重视创新的驱动机理研究，并经历了由一元论向多元论逐步发展的过程。

创新驱动机理一元论是基于单一层面研究创新的驱动力量，主要包括技术推动假说与需求拉动假说。前者认为，技术进步的推动作用下催生了创新，科学技术上实现的突破性进展是企业创新的直接动力和根本原因。而后者则认为，创新是源于市场需求，即创新的起点是市场需求信息，这些信息释放了市场期望得到的产品与技术等信号，企业结合需求信息而从事创新，便于抢占市场份额、获取经济租金，从这个层面上看，市场需求以及经济租金是创新的直接驱动力。

创新驱动机理多元论是在一元论的基础上，基于多个层面研究创新的驱动力量。库珀（Cooper，1979）发现，仅仅从单一视角分析创新驱动机理，难以合理解释诸多现象，并认为创新是技术成果与市场需求共同作用的结果。巴拉钱德拉和弗莱尔（Balachandra and Friar，2002）指出，创新驱动机理显著依赖于外部情境。佐纳等（Zona et al.，2013）也发现，创新驱动力因情境而异。

综上可知，产融结合对企业创新投资决策的影响也可能因情境而异，为本书在产权性质等不同情境下探讨产融结合对创新投资决策的影响提供了理论基础。

2.1.4　金融发展理论

金融发展理论始于 20 世纪 60 年代，戈德史密斯（Goldsmith，1969）最早研究金融发展理论，并首次界定了"金融发展"和"金融结构"的相关概念。所谓金融结构是指国家或者地区各种金融机构的形式、性质及其相对规模，而金融发展则是指金融结构由简单向复杂、由低级向高级逐步转换的过程。麦金农（Mckinnon，1973）和肖（Shaw，1973）进一步丰富和完善了戈德史密斯（1969）提出的金融结构理论，并提出了金融深化与金融抑制理论。国内学者在吸收戈德史密斯、麦金农以及肖等学者理论观点的基础上，将金融发展内涵界定为金融交易规模的扩张以及金融产业化的增强，最终实现金融结构的改善与金融抑制的消除。现阶段，学者们通常认为，金融发展理论主要涉及金融结构理论、金融抑制理论以及金融深化理论。

金融结构理论是由戈德史密斯于 1969 年首次提出，详细阐明了金融发展的一般规律。绝大多数学者一致认为，金融结构是国家或地区金融市场上金融结构与多元化金融工具的组合，其发展形势与格局是金融体系内不同制度的结构性安排。戈德史密斯（1969）首次实证研究金融发展对经济增长的影响，利用 35 个国家 1860 ~ 1963 年的数据发现，金融发展可以促进经济增长。林毅夫等（2009）基于金融结构理论，提出了最优金融结构的制度安排。

金融抑制理论是麦金农于 1973 年首次提出的，并认为欠发达国家金融结构不完善很大程度上是由政府干预行为导致的，减少金融抑制来改善金融结构迫在眉睫。因此，金融抑制被界定为国家或地区的金融市场体制发展不健全的情况下，因金融管制而导致金融发展与经济增长彼此相互制约，表现为阻碍经济发展。比如，经济转型国家普遍存在利率管制现象，造成实体企业缩减投资规模，而区域经济发展滞后进一步刺激政府实施更苛刻的金融管制手段，导致经济发展与金融彼此相互抑制，进入恶性循环。王晋斌（2007）发现，对于金融管制较强的地区，金融发展反而会负面影响经济增长，这一发现充分证实了金融抑制理论。李延凯和韩廷春（2013）利用跨国数据发现，金融发展对经济增长的积极影响取决于市场化的金融制度环境，比如法治水平以及文化环境等。

金融深化理论是肖于 1973 年首次提出的，该理论拓展了金融发展理论。金融深化理论认为，欠发达国家理应适当放松政府对金融产业与金融机构的管制，有效遏制妨碍金融深化的相关因素，比如通货膨胀等，构建具备自我调节功能的金融体系，促使金融市场恢复到均衡发展状态，进而推动经济增长。肖（1973）总结了欠发达国家金融自由化失败的制度原因，并认为缺乏稳定的宏观经济发展环境是导致金融体系溃败的主导因素。由此可见，金融深化并不表明完全放任市场自由调控，而是需要依托运行有序、稳定发展的外部宏观环境，这显然与金融抑制理论相一致。

综上，由金融发展理论的观点可知，随着金融管制的逐步放松以及金融自由化的积极推进，这为产业资本顺利渗透金融业提供了契机。因此，在世界经济格局进入以集团为中心的时代背景下，采取产融结合模式获取竞争优势，逐渐演变为企业理性应对全球竞争、实现可持续发展的重要战略选择。由此可见，金融发展理论为本书探讨产融结合模式对创新投资决策的影响提供了可靠的理论基础。

2.1.5　政府干预理论

新古典经济学认为，作为"看不见的手"，市场可以引导个体追求社会

福利最大化。然而，20 世纪 30 年代经济危机的爆发，导致资本主义发达国家整体出现了大萧条，这让人们开始质疑市场均衡配置资源的"神话"。实际上，一些产品的非排他性、垄断以及信息不对称等因素通常会造成市场出现失灵现象，而政府此时仅仅充当"守夜人"是不足取的。于是，以凯恩斯为代表的政府干预主义应运而生，并得到迅速发展与完善。作为政府干预理论领域的奠基者，凯恩斯在其专著《就业、利息和货币通论》中提出，政府理应适当干预市场经济的运行，实施积极的财政政策以刺激有效需求不足，矫正市场经济运行的不均衡现象。

针对政府干预与微观企业行为之间的关系，施莱费尔和维什尼（Shleifer and Vishny，1998）界定了政府干预经济运行过程中的三种角色，即"看不见的手""扶持之手""干预之手"。作为新兴经济体，中国政府干预主要涉及宏观调控与微观干预。财政分权和政治锦标赛的激励刺激了地方政府参与经济发展的积极性，充当着"扶持之手"，同时政治晋升所诱发的竞争问题也导致一系列的政府干预问题，比如地区市场分割、"拉郎配"以及重复建设等，即地方政府在这一过程中充当"干预之手"（曹春方，2013）。

从实践层面上看，政府对发展产融结合模式的态度逐渐由禁止转变为默许，无疑为产融结合的有序发展营造了宽松的政策环境。近年来，政府部门逐渐放松对金融行业的管制，越来越多的实业企业采用参股或控股的方式渗入金融领域，这为本书研究产融结合模式下企业创新投资的动机及其经济后果提供了天然的实验场所以及政策支撑，而政府干预理论无疑为本书提供了可靠的理论基础。

2.2　产融结合文献综述

现阶段，关于产融结合的文献主要聚焦于产融结合动因及其经济后果两个方面。其中，产融结合动因主要包括交易成本、多元化经营、融资约束以及竞争优势等方面；而经济后果侧重于公司业绩、风险控制以及产融结合效率等方面。

2.2.1 产融结合概念界定

产融结合的科学内涵最早需要追溯至马克思和恩格斯所提出的资本积累理论。该理论认为，一旦资本积累、生产资料同劳动者出现分离现象，生产资料会由分散逐渐转向集中，市场结构由自由竞争转变为垄断竞争。在此基础上，后续研究主要从组织管理、结合模式、结合途径以及有效性等方面展开，而且学者们普遍认为，产融结合能够产生规模经济、范围经济以及协同效应。现阶段，学者们对产融结合的科学内涵进行了广泛的探讨，并形成了以下几种具有代表性的观点：（1）一些学者认为，产融结合是指工商产业与金融业依托股权关系彼此渗透，进而能够实现产业资本与金融资本之间的相互融合；（2）也有学者认为，产融结合实质上是产业部门同金融部门之间的资本彼此相互融合、资本快速集中的有效形式；（3）还有学者认为，产融结合是产业经济与金融业在彼此发展过程中相互渗入的经济现象；（4）甚至有学者认为，产融结合是指资本在特定制度环境中的某种职能的结合，比如经济职能或政治职能的结合。

上述四种概念界定中，除了最后一种界定方法因涵盖政治职能而略显宽泛，其余三种界定方法均从不同层面反映出了产融结合的实质。综上可知，所谓产融结合是指工商企业与金融业借助信贷、股权以及人事安排等方式实现相互结合，是工商企业高度市场化以及金融业高度商业化的必然产物，是产业投入产出过程和金融业融通资金过程的结合。

此外，依据产业部门与金融部门彼此之间依托的关系属于债权关系，还是兼有债权、股权关系，可以将产融结合进一步划分为广义与狭义之分。广义的产融结合是指工商企业与商业银行、证券公司以及财务公司等金融机构之间构建的借贷、参股、控股以及人事安排等关系。狭义的产融结合是指生产高度集中的条件下，产业与金融业凭借股权关联及其相应的人事安排等方式所产生的资本直接融合关系，涉及产业资本与金融资本之间的单向渗透与双向渗透，最终形成产融型企业集团。因此，从狭义的层面上看，产融结合中资本的融合是根本，实现产融结合的基础取决于资本逐利的本性。基于上述分析以及本书研究主题，我们将研究范畴界定为狭义的产融结合，并以此展开后续研究。

2.2.2　产融结合动因

现有文献主要从降低交易成本、实现多元化经营、缓解融资约束、分享垄断利润以及获取竞争优势等方面研究产融结合动因。为此，将从上述几个方面回顾已有文献。

信息不对称问题在很大程度上导致了企业外部融资成本偏高，而产融结合可以降低外部融资成本，实现互利共赢的协同效应。戈托（Goto，1982）基于交易成本理论视角研究了产融结合的动因，发现日本实体企业与银行建立股权关联后公司治理得到有效改善，降低了交易成本（Khanna and Palepu，2000）。国内学者许天信和沈小波（2003）也认为，产业资本与金融资本结合有利于降低银行与企业之间的交易成本和信息不对称程度，进而提高交易效率（Colin，2002）；产融结合可以增强资本积累能力，有利于储蓄向投资转化，进而推动经济增长（王莉等，2010）。徐丹丹（2006）指出，产融结合不仅有利于国有商业银行引入产业资本实施股份制改造，而且国有商业银行参股或控股产业资本有利于探索混业经营模式。

针对我国资本市场效率偏低的事实，一些学者认为，产融结合可以将外部金融机构转化为内部资本市场，使企业获取融资便利等竞争优势。支燕和吴河北（2011）强调，市场竞争环境动态化、产业边界模糊化在很大程度上决定了产融结合成为企业获取竞争优势的理性选择，并基于竞争优势内生论视角指出产融结合的动因主要在于资源外取、能力整合以及路径刚性突破。上述现象也得到实证研究的证实，比如，黎文靖和李茫茫（2017）选取 2005～2014 年实体企业参股金融机构的相关数据，发现国有企业实施产融结合战略是政府干预的结果，而非国有企业则是市场竞争与融资约束共同驱动下自由选择的结果。

此外，还有一些学者认为，企业实施产融结合的动因在于满足融资需求、缓解融资约束等。郭牧炫和廖慧（2013）发现，民营企业参股银行的动机在于实施多元化经营与分享银行业的垄断利润，进而有利于缓解民营企业的融资约束。杜传忠等（2014）选取 2003～2012 年参股金融机构的工业上市公司为研究对象，发现融资需求、资产保值以及发展转型是我国工业企业实施产融结合战略的关键动因。万良勇等（2015）认为，产融结合具有信息效应与决策效应，可以有效缓解融资约束（解维敏，2013；王秀丽等，2017）。

2.2.3　产融结合的经济后果

现有文献主要从投资效率、公司业绩、风险控制以及产融结合效率等方面研究产融结合的经济后果。为此，将从以上几个方面梳理已有文献。

1. 投资效率

如前所述，产融结合能够降低信息不对称，进而缓解融资约束问题，改善公司业绩，但也会导致企业组织结构复杂化，加大公司治理难度，降低资本配置效率，甚至会导致内部资源配置扭曲，进而造成投资效率低下（Scharfstein and Stein，2010；李茫茫，2018）。李维安和马超（2014）利用 2006～2010 年沪深两市 A 股非金融类上市公司的微观数据，发现控股金融机构能够抑制投资不足，但也会加剧企业投资过度，总体上控股金融机构降低了投资效率，而且随着控股权的增大，"实业＋金融"的产融结合模式降低了金融机构对实体企业的资源配置效率。

然而，黄昌富和徐亚琴（2016）选取 2009～2013 年参股金融机构的沪深两市 A 股制造业上市公司为研究对象，发现产融结合有利于提升投资效率。同时，马红等（2018）立足于我国的产融结合现状，基于期限匹配理论视角，实证检验了产融结合对企业投融资期限错配的影响，发现参股金融机构有利于实现产业资本与金融资本深度融合，既可以降低企业对短贷长投这一替代性融资方式的依赖程度，又可以缓解投融资期限错配行为对公司业绩的不利影响；产融结合抑制企业投融资期限错配主要是通过缓解融资约束等途径实现的。

综上可知，现有文献关于产融结合与投资效率之间的影响关系并没有形

成统一的观点，尽管目前国有银行和国有企业已经实现高度"黏合"，但理应有序放松金融业的市场准入，允许产业资本参股或控股金融业，推进银行债权与股权之间的转换，加强金融机构对产业资本监控力度的同时完善公司治理结构，唯有如此方能提高企业投资效率。

2. 公司业绩表现

动因不同而导致产融结合的经济后果也会存在一定的差异，而现有文献关于产融结合与实体企业业绩之间的关系尚未达成一致。为此，我们将从两个方面来梳理产融结合对实体企业业绩的影响。

大多数学者认为，产融结合有利于改善实体企业经营业绩。尽管"德隆事件"给社会造成极其严重的负面影响，并导致监管部门对产融结合持有异常谨慎的态度，但产融结合所产生的价值推动了我国企业集团的发展。尤其是自2005年以来，国家放松了产业资本与金融资本融合的管制，企业集团纷纷涉足金融领域，产融结合便演变为企业集团主动寻求做大做强的一种战略选择。

杨竹清（2017）以2008～2015年参股金融机构的非金融类A股上市公司为研究对象，发现参股金融机构有利于提升全要素生产率，而且这一现象在国有企业中更显著；参股财务公司时，产融结合效应最优；相较于参股，控股金融机构更有利于促进全要素生产率的提升作用。吴春雷和张新民（2018）利用2009～2016年非金融类A股上市公司的微观数据，发现实体企业实施产融结合策略有利于实现经营性资产增值，而且是通过增强企业创新能力来促进经营性资产增值的。

此外，一些学者从企业成长性和竞争优势等角度也证实了产融结合对企业业绩的积极作用。比如，马红和王元月（2017）立足于我国金融环境，发现产融结合可以推动企业成长，而且主要依赖于缓解融资约束与增强创新能力这两条渠道。盛安琪等（2018）以2005～2015年A股制造业上市公司为研究对象，发现产融结合可以有效增强实体企业的竞争力，而且这一现象在民营企业和制度环境优越的地区更凸显。

然而，一些学者认为，产融结合对实体企业经营业绩的影响有限，甚至有损于实体企业经营业绩。蔺元（2010）选取 2001～2007 年参股金融机构的 A 股上市公司为研究对象，发现产融结合型上市公司的成长能力更强，但产融结合后上市公司业绩反而会出现恶化（Gorton and Schmid，2000；Pantzalis et al.，2008；Ongena and Penas，2009）。孙晋和冯艳楠（2010）指出，产融结合及其集团化会造成市场经济力过度集中，并形成市场垄断势力，进而妨碍市场有效竞争、损害消费者福利。黄昌富和徐亚琴（2016）选取 2009～2013 年参股金融机构的沪深两市 A 股制造业上市公司为研究对象，发现产融结合能够改善企业市场绩效，却有损于企业财务绩效。

3. 风险控制

产融结合是产业资本与金融资本发展到一定阶段的必然结果，能为企业带来协同效应，但也会诱发利益冲突、资金链断裂以及风险传染等风险问题，而且产融结合风险更具隐蔽性、系统性以及破坏性等特征。文柯（2012）基于我国企业产融结合风险预警模型的实证结果显示，产业扩张速度越快、财务费用占比越高，则产融结合后陷入财务困境的概率越大，而企业盈利能力越强，产融结合后陷入财务困境的可能性越小。张胜达和刘纯彬（2016）认为，中国经济已进入缓增速、调结构、前期政策消化的"三期叠加"时期，实体企业集团纷纷进军金融领域是消弭实体企业与金融领域高额利差的有效方法。然而，"一行三会"分块监管格局未能有效监管产融结合，而且企业集团对产融结合的风险传导机制认识尚浅，风险识别控制能力薄弱。

与上述文献观点不同，一些学者认为，产融结合有利于分散风险。谭明华（2008）认为，产业投资基金的兴起为民营企业大规模涉足金融领域提供了契机，民营企业积极参与产业投资基金，同金融资本融合有利于分散行业风险，便于实现多方共赢。此外，政府引导的制度化监管以及民营主导的市场化运作理应发展为产业投资基金的主要模式。陈栋等（2012）指出，宏观经济政策变化增加了企业经营活动的不确定性，导致流动性风险增加，而参股保险公司所构建的产融结合平台可以显著降低企业风险，其原因在于产融结合平台具有财务协同效应，对冲了货币政策变更不确定性的冲击。

通过回顾相关文献，我们不难发现，产融结合能为企业带来协同效应、规模经济效应以及融资便利等竞争优势，从这个层面看，有利于分散风险。然而，产融结合也会导致企业组织结构复杂化，加大公司治理难度，降低资本配置效率，甚至会导致内部资源配置扭曲，诱发利益冲突、资金链断裂以及风险传染等风险问题。因此，从这个层面看，产融结合会导致企业风险增加。

4. 产融结合效率

现有研究主要采用随机前沿分析法和数据包络分析法来评估产融结合效率，而且绝大多数学者一致认为，产融结合型企业集团运营模式是有效率的，但产融结合效率整体水平偏低。

支燕和吴河北（2010）借助随机前沿分析法，发现我国高新技术产业的产融结合效率整体水平偏低，并指出资本结构、经营业绩、产融结合程度以及产融结合持续时间是影响产融结合效率的关键因素。在此基础上，姚德权等（2011）引入了风险因子，借助随机前沿分析法评估了 2001～2009 年我国上市公司产融结合效率，发现产融结合型上市公司的运营效率普遍偏低，主要是风险因素拉低了运营效率。随后，项国鹏和张旭（2013）以 2005～2011 年我国制造业上市公司为研究对象，借助随机前沿分析法，发现我国制造业上市公司产融结合效率普遍偏低，但产融结合型企业集团有利于实现规模经济效应，而且产融结合型企业集团运营模式是有效率的（王帅，2013）。刘昌菊和茶洪旺（2018）从区域层面测算了我国区域产融结合效率，指出我国 31 个省、区、市的产融结合效率整体偏低，仅有少数省、市的产融结合效率处于较高水平，区域产融结合发展极不协调，他们采用随机前沿分析法的测算结果也支持这一观点。

不同于以上研究，一些学者采用了数据包络分析法（DEA）来评估产融结合效率。谭小芳和范静（2014）利用沪深两市 31 家产融结合型 A 股上市农业公司的微观数据，借助数据包络分析法（DEA），发现产融结合能够显著增强农业上市公司的运营能力，尽管我国产融结合型农业上市公司运营效率偏低，但其发展潜力较大。王爱东和李果（2017）借助超效率数据包络分析法，从行业层面测算了产融结合效率，发现产融结合效率出现上升趋势，但行业特性以及企业异质性导致产融结合有效程度存在显著差异。

2.3 创新投资决策文献综述

2.3.1 创新投资决策概念界定

"创新"这一概念由熊彼特于 1912 年首次提出，其核心思想在于构建一种新的生产函数。在此基础上，现有文献主要遵循由外部宏观环境到内部企业特征的逻辑对创新投入、创新产出以及创新效率展开一系列相关研究，但大多数文献并没有具体区分创新投入、创新产出以及创新效率，而是统称创新。

后续研究在"创新"这一概念的基础上，进一步界定了"创新投资"的概念。联合国教科文组织明确指出，创新投资是指个人或者组织机构从事基础研究、试验活动以及应用研究等活动而持续扩充知识总量的行为。而企业创新投资通常是指企业以增强自身市场竞争力、实现盈利与价值增长为目标导向，并将资金、人力以及设备等资源投入到新产品、新技术研究与开发的一系列活动的总称。企业创新投资归根结底就是企业提高产品质量、实现产品差异化战略而从事创新所投入的资金。毋庸置疑，持续的资金支持是保障企业创新成果的前提条件（邵方婧，2018）。基于上述分析以及本书研究主题，我们对企业创新投资的研究重点关注企业研究、开发活动中的资金投入，并根据创新投资决策过程与结果，将创新投资决策划分为创新投资意愿、创新投入以及创新效果三个阶段，分别对应是否从事创新投资、创新活动中投入多少以及创新投资所产生的创新成果。

2.3.2 创新投资意愿概念界定

在激烈的市场竞争中企业欲立于不败之地，唯有增强核心竞争力，而企

业创新是获取竞争优势的有效手段（Stam and Wennberg，2009）。创新可以推动产业与技术升级（Dolata，2009），进而促进经济持续稳定增长（戴锋等，2015）。通过梳理已有文献，不难发现，关于创新投资的相关研究主要聚焦于创新投入多少的层面上，而仅有少量文献关注企业是否进行创新投资，即企业创新投资意愿。

陈爽英等（2010）将企业创新投资决策划分为两个阶段，其中第一阶段是指企业决定是否从事创新投资活动，而第二阶段是指企业决定创新活动中投入多少。孙晓华等（2017）指出，创新项目的周期长、风险高、资金投入量大，这意味着并非所有企业均愿意从事创新投资，通常需要结合企业自身属性、所处行业特征以及外部宏观环境等因素。由此可见，企业创新投资决策通常涉及两个阶段：首先需要考虑是否从事创新投资活动；其次，针对从事创新投资活动的企业，还需进一步确定资金投入的量。显然，两阶段的创新投资决策有一定联系，其联系在于唯有从事创新投资的企业才需要考虑经费投入问题，但也存在一定的差别，其差别在于第一阶段实质上属于企业策略选择的概率问题，而第二阶段则涉及创新投资所产生的成本与收益的一种权衡。

综上所述，结合陈爽英等（2010）、孙晓华等（2017）的研究，本书将创新投资决策的第一阶段界定为创新投资意愿，即企业是否从事创新投资的资金投入。

2.3.3 创新绩效概念界定

1. 创新投入

从广义的层面上看，创新投入是指企业在创新投资过程中不同资源的投入，主要涉及人力、信息、物质以及资金资源等。从狭义的层面上看，创新投入通常是指企业在创新活动过程中所需的资金投入。现有文献通常是基于狭义角度展开相关研究。胡艳和马连福（2015）选取企业创新活动中的资金投入来衡量创新投入（虞义华等，2018）。基于上述分析以及本书研究主题，本书将企业创新投入界定为企业从事创新投资的资金投入量，采用当期企业实际研发投入来度量。

2. 创新产出

现有文献通常将创新产出划分为两个阶段。其中，第一阶段是指企业创新投入经过研发过程后转化为新专利以及新技术等直接产出的阶段；然而，新专利以及新技术等直接产出并不能直接为企业创造利润，还需要经过市场化过程才能为企业创造价值，因此第二阶段通常是指第一阶段所得到的新专利以及新技术等直接产出进一步转化为企业经营业绩以及成长机会等最终成果的阶段（邵方婧，2018）。综上，鉴于本书的研究主题，我们将新专利以及新技术等直接产出界定为企业创新产出，即创新产出（Patent）采用企业所获专利授权数衡量，包括发明专利授权数、实用新型专利授权数以及外观设计专利授权数三类。

3. 创新绩效

绩效可以反映出企业生产经营活动的成效和成果，而创新绩效是指企业借助创新活动所投入的资源而获得的成效（Alegre and Chiva，2013）。霍尔等（Hall et al.，1986）认为，企业创新投资活动所取得的技术成果可以反映出企业创新绩效。梅斯和乌利曼（Meeus and Oerlemans，2000）进一步指出，创新绩效是指企业利用创新活动而促使绩效改善，并具体体现在企业价值增值、盈利能力增强等方面。综上，参照邵方婧（2018）和虞义华等（2018）的研究，我们将创新绩效界定为创新技术绩效[①]，并从创新投入、创新产出以及创新效率三个维度来综合衡量创效绩效。具体而言，创新投入采用当期企业实际研发投入来度量；创新产出（Patent）采用企业所获专利授权数衡量，包括发明专利授权数、实用新型专利授权数以及外观设计专利

---

① 现有文献通常将创新绩效划分为创新技术绩效与创新价值绩效两个部分。前者主要是指企业创新投入所能产生的专利技术成果，而后者主要是指企业专利技术成果所能为企业创造的价值（邵方婧，2018；虞义华等，2018）。其中，对于创新价值绩效的度量，学者通常采用资产收益率、净资产收益率以及托宾 Q 等相关财务指标，而这些处理过程正是本书第 6 章的研究内容。为此，结合本书研究主题，我们将创新绩效界定为创新技术绩效。

授权数三类；创新效率（Efficiency）① 采用单位研发投入转化的专利授权数度量（Hirshleifer et al.，2013）。

2.3.4　创新投资决策影响因素相关研究

1912 年熊彼特率先提出创新这一概念，其核心思想在于构建一种新的生产函数。在此基础上，现有文献主要遵循由外部宏观环境到内部企业特征的逻辑对创新投入、创新产出以及创新效率展开一系列相关研究，但大多数文献并没有具体区分创新投入、创新产出以及创新效率，而是统称创新。通过梳理已有文献，不难发现，学者们主要是从公司特征、行业特征以及外部冲击三个方面研究企业创新。为此，后文将遵循从微观特征到中观政策再到宏观环境的脉络综述相关文献。

1. 公司特征

从微观层面看，公司特征主要涉及公司规模、经营年限、盈利能力、产权性质、公司治理以及外部融资等因素。

公司规模对企业创新活动的影响，主要存在两种竞争性的观点：一些学者认为，企业创新前期需投入巨额资金，存在规模经济，但也蕴含较大风险，促使拥有资金优势的大规模企业偏好于创新投资，而小规模企业受限于资金与风险承担能力，其创新投资动力明显不足（Booyens，2011）。另一些学者认为，小规模企业迫于生存压力，运作机制与内部沟通较为灵活，其创新投资意愿更强烈（Yasuda，2005）。雷恩等（Ren et al.，2015）指出，从全球创新体系角度看，中小型企业占据核心地位，其创新投资强度更大。此外，李经路（2017）利用 2010～2014 年 77 家创业板上市公司的微观数据，发现公司规模与创新投资之间是一种 U 型关系。由此可见，尽管样本选取以及研究方法的差异而导致二者之间的关系存在一定的争议，但学者普遍认

---

① Hirshleifer 等（2013）将企业创新效率定义为单位研发支出的专利授权数，其计算方法界定如下：

$$Efficiency_{i,t} = Patent_{i,t+1} / (RD_{i,t} + 0.8RD_{i,t-1} + 0.6RD_{i,t-2} + 0.4RD_{i,t-3} + 0.2RD_{i,t-4})$$

其中，$Patent_{i,t+1}$ 表示 t+1 期企业创新产出，即 t+1 期专利授权总数；RDR 表示企业研发投入。

为公司规模会显著影响企业创新。

经营年限对企业创新活动的影响，也存在两种竞争性的观点：一种观点认为，企业经营年限越长，其积累的知识经验更丰富与成熟，更有动机和能力追踪最先进的技术成果，进而推动企业创新活动频繁（Sorensen，2000）。另一种观点认为，企业经营年限越长，可能会因企业发展战略守旧落后、运营模式刻板而造成企业创新投资方向较为单一，难以采纳与吸收新型创新成果，进而导致经营年限对企业创新投资产生负面影响（Yasuda，2005）。

盈利能力、现金流约束等企业财务状况是企业创新投资的资金保障。企业创新活动的资金来源主要依赖于内源资金，而盈利能力越强，内部现金流也就越充裕，进而推动创新活动顺利开展（Hall and Van Reenen，2000）。然而，创新活动的高度保密性增加了资金供给者与需求者之间的信息不对称，同时外部融资受限于企业自身的流动性与风险，进而导致外部融资受阻，增加了创新投资对内部资金的依赖性。陈燕宁（2017）利用 2011 ~ 2014 年中小板高新技术上市公司的微观数据，发现中小板高新技术上市公司因现金约束而造成创新投资严重不足。

公司治理也是影响企业创新活动的关键因素，现有文献主要从股权结构、董事会治理、管理层激励以及高管特质等角度展开相关研究。基于股权结构视角，弗朗西斯和史密斯（Francis and Smith，2004）发现，股权结构能够显著影响企业创新活动，而且股权越集中，越有利于企业开展创新投资活动，其原因在于股权集中有利于集中配置内部资金，同时还能抑制固定资产投资所诱发的代理问题。基于董事会治理视角，现有文献并未得到一致性的结论，一些学者认为，董事会规模越大，越有利于企业创新（Chung et al.，2003；冯根福和温军，2008）。然而，另一些学者却认为，董事会规模过大会出现"搭便车"现象，有损于企业创新投资效率（Zahra and Pearce，1989）。基于管理层激励视角，学者们普遍认为，管理层激励能够缓解委托代理冲突，增强管理层的风险承担意愿，进而促进企业加大创新投入力度（Chen and Huang，2006）。基于高管特质层面，学者们主要从高管年龄、学历、任期以及高管团队异质性等视角研究企业创新（Barker and Mueller，

2002；Carpenter et al.，2004；刘运国和刘雯，2007；李小青和吕靓欣，2017）。巴克尔和米勒（Barker and Mueller，2002）发现，高管学历对企业创新投资能够产生积极的作用。卡朋特（Carpenter et al.，2004）发现，高管团队异质性有利于企业积极开展创新活动。刘运国和刘雯（2007）认为，CEO 任期越长，越有利于企业创新，然而王德应和刘渐和（2011）对此却持有反对态度。

科学合理的制度安排能够提供有效的激励、监督机制，而不同所有制结构所对应的产权性质会带来不同的治理效果。相对而言，国有企业拥有政策优势，享有更多的竞争性资源，更有能力从事创新活动（Zeng and Lin，2011）。肖兴志等（2013）认为，国有企业能够获取信贷支持以及政府补贴，可以缓解创新活动的融资约束问题，进而国有企业创新动力更强。然而，一些学者认为，国有产权性质并不利于创新投资（张保柱和黄辉，2009；Lin et al.，2010）。张保柱和黄辉（2009）指出，国有企业通常会替政府"分忧"而承担更多的社会职能，同时国企高管为追求政治晋升等短期利益而会减少创新投入。由此可见，学者一致认为，产权性质会显著影响企业创新活动，但具体作用方向依然存在较大的争议。

除了上述公司内部因素外，反并购条款、分析师跟踪、机构投资者持股以及媒体报道等外部治理机制也会对企业创新活动产生影响。从反并购条款层面看，一些学者认为，活跃的并购市场会使创新性企业极易成为恶意并购的潜在目标，这在一定程度上削弱了管理层实施创新活动的意愿（Atanassov，2013；Haresh et al.，2015）。切马努尔和田（Chemmanur and Tian，2018）借助断点回归法，发现反收购条款的出台显著增加了专利数量与质量。从分析师跟踪层面看，一些学者认为，分析师跟踪增加了管理层压力，导致管理层主动放弃周期长、风险高、资金投入多的创新项目而一味追求短期利益，进而减少了企业专利数量，何和田（He and Tian，2018）利用美国专利数据证实了这一现象。然而，另一些学者认为，分析师跟踪有利于改善企业创新绩效，能够增加创新产出。陈钦源等（2017）利用沪深两市 A 股上市公司的微观数据，发现分析师跟踪能够增加专利产出，而且分析师声誉越高，专利产出越多（余明桂等，2017）。作为重要的外部治理机制，机构投资者持股也会影响企业创新活动。温军和冯根福（2012）发现，机构投资者持股有利于民营企业从事创新活动，反而会抑制国有企业创新。阿格恩等（Aghion et al.，2005）和隆格等（Luonge et al.，2017）认为，机构投资者具有专业技能和信息收集优势，较高的失败容忍度可以有效约束管理层的"恬静生活"，对企业创新绩效具有显著的促进作用，这一观点也得到了布拉夫等（Brav et al.，2017）的实证结果的证实。此外，还有一些学者认为，媒体报道能发挥积极的治理作用。比如，杨道广等（2017）发现，非负面报道有利于改善企业创新绩效，而负面媒体报道显著降低创新绩效。

2. 行业特征

企业创新行为不仅与企业自身属性密切相关，而且是企业所处行业特征的一种直观表现。现有文献主要从行业创新水平、行业创新分布、创新经费的外部资金筹集以及市场竞争状况等方面研究行业特征对企业创新的影响。

行业创新水平可以反映行业生产经营对技术含量的要求，通常与消费者偏好、企业核心竞争力以及市场份额等关键因素息息相关（Lee，2005），进而能够对企业创新投资决策产生一定影响。孙晓华等（2017）指出，对于快速发展的新兴行业，其产品创新频率相对较高，行业技术更新较为频繁，企业之间竞争极其激烈，进而激发企业创新激情；然而，对于传统行业，其主体设计已相对完善，市场格局已相对稳固，技术更新频率相对较低，这在一定程度上导致企业创新动力不足。

行业创新分布状况是指行业中企业创新投资的分散程度，是与企业创新投资高度相关的主要行业特征。李和卢（Lee and Noh，2009）指出，对于创新投入分布不均匀的行业，研发集中度越高越容易导致行业研发壁垒，前期从事创新活动的企业必然持续增加研发投入，便于借助研发投资活动来获得竞争优势，增强企业核心竞争力，进而实现引领行业发展的目标；而对于不从事创新或者创新投入较低的企业，通常选择放弃创新或者模仿创新。孙晓华等（2017）进一步指出，对于创新投入分布比较均匀的行业，行业研发壁垒相对较低，大多数企业会积极从事创新投资活动，旨在抢占和巩固市场份额。

市场竞争力能够反映出企业所在行业的市场结构，而市场结构能够影响企业创新行为。一些学者认为，垄断企业凭借自身优势拥有足够的市场份额，可以谋取超额垄断利润，进而为企业创新投入提供资金支持。塔科尔等（Thakor et al.，2015）以生物制药公司研究对象，发现同行业竞争压力会增加研发投资力度。何玉润等（2015）基于"行业内市场势力"与"行业间市场竞争"的双重视角，发现产品市场竞争能够促进企业研发投资。然而，另一些学者认为，市场势力会导致企业创新活动缺乏动力（Hoppe and Lee，2003；Lee，2005）。还有一些学者基于银行管制及其竞争性结构视角研究企业创新活动。科马吉亚等（Comaggia et al.，2015）指出，银行竞争越激烈，越不利于国有企业创新，但有利于民营企业创新。而张杰等（2017）结合中国银行放松管制的背景，发现银行结构性竞争与企业创新之间呈现出 U型关系，即唯有竞争强度达到阈值，才能推动企业创新。

3. 外部冲击

除企业属性与行业特征外，外部冲击对企业创新投资决策的影响也不容忽视。现有文献主要从政府优惠政策、宏观经济环境以及技术革新等视角研究外部冲击对企业创新行为的影响，后文将从上述几个方面梳理相关文献。

创新活动的高风险、长周期以及资金投入量大等特点会导致投资不足甚至市场失灵等现象（Tassey，2004），而政府扶持政策是解决这一问题的常用手段。布鲁姆等（Bloom et al.，2002）认为，财政拨款和税收减免等激励政策可以引导企业积极实施创新投资活动。黎文靖等（2016）发现，税收优惠确实可以促进企业专利申请数的增加。李维安等（2016）利用2009～2013 年民营上市公司的数据实证检验发现，税收优惠通过推动创新投资而提升创新绩效。穆克海吉（Mukheijee et al.，2017）借助双重差分模型发现，企业税负越重，越不利于企业从事创新活动，相应的新产品数量越少。

然而，政府扶持政策通常会因信息不对称问题而导致资源配置失效以及利益相关者惰性等问题，最终造成扶持政策难以实现预期目标，甚至可能对企业创新产生负面影响。李健等（2016）认为，政府补助具有诱导效应，可为企业提供资金支持，缓解融资约束，进而促进持续性创新投资增加（岳怡廷和张西征，2017）。另一些学者认为，政府补助具有挤出效应，一旦获得补贴资金后，企业会过度依赖政府资金而放弃自筹资金，降低了创新意愿，创新投资也相应减少（安同良等，2009）。

诚然，经济全球化背景下，宏观经济环境波动以及生产技术的颠覆性变革也会对企业创新投资决策产生一定的影响（孙晓华等，2017）。布朗（Brown et al. , 2013）以 1990 ~ 2007 年间 32 个国家的上市公司为研究对象，发现股东保护制度越完善、股权融资越顺畅，越有利于创新投资。进一步地，鲁桐和党印（2015）利用全球 19 个国家的相关数据，也发现了投资者法律保护与企业环境能够促进创新投资，增加专利产出。谭（Tan et al. , 2016）考察了私有化对企业创新的影响，并认为私有化可以更好地协调股东之间的利益，有利于企业创新，其原因在于政府放权改革能够减轻国企政策负担，增加了创新资源，增强了创新意愿，进而推动了国企创新（江轩宇，2016）。基于进出口视角，布鲁姆等（2011）对比分析了欧洲有中国进口贸易国家的创新状况，发现向中国进口促进了欧洲创新能力。而库恩格等（Kueng et al. , 2016）却得到了截然相反的结论，他们借助加拿大上市公司的相关数据，实证检验发现进口对企业创新产生了消极影响。同时，李兵等（2016）利用中国专利数据，发现出口有利于增强企业自主创新能力，显著提高富有技术含量的专利数量。

综上，回顾国内外现有文献，不难发现，关于企业创新投资问题的相关研究已经比较丰富，而且主要集中于企业自身属性、行业特征以及外部冲击三个方面探究创新投资决策的影响因素及作用机制。然而，现有文献并未系统考察产融结合模式下企业从事创新活动的动因、影响因素以及作用机制，尤其忽视了企业创新投资意愿以及创新投入两种决策上的差别，而且无论是理论层面还是在实证层面上，现有文献均未得到较为稳健的结论。为此，针对上述问题，本书将系统考察产融结合模式下企业从事创新活动的动因、影响因素以及作用机制，旨在对现有研究做出有益的补充。

2.3.5　创新投资决策经济后果相关研究

通过梳理已有文献，不难发现，学者们主要是从公司业绩、高管薪酬、政治晋升激励、产业优化以及经济增长等方面研究企业创新的经济后果。为此，后文将从上述几个方面详细综述相关文献。

1. 公司业绩

在激烈的市场竞争中企业立于不败之地，唯有增强核心竞争力，而企业创新是获取竞争优势的有效手段（Stam and Wennberg，2009）。现有文献高度关注了企业创新投资对成长性、财务绩效以及市场业绩表现。巴普蒂斯塔和卡劳兹（Baptista and Karaoz，2007）认为，创新投入可以促进企业从事多元化经营，增强市场竞争力，有助于企业成长。吴卫华等（2014）指出，创新活动可以增强员工参与创新学习的积极性，改善企业创新环境，进而提升企业成长性，改善公司业绩。吴娜等（2017）利用1999~2013年制造业上市公司面的板数据，实证检验发现，创新投资可以提高营运资本向最优水平的调整速度，优化了营运资本管理、提高了存量资本的运行效率，其原因在于创新增强了产品市场竞争力。然而，还有一些学者持反对态度，认为创新活动未必会带来业绩的真正改善。例如，徐欣和唐清泉（2010）发现，企业创新投资确实可以改善公司经营业绩和提高公司价值，但只有技术含量较高发明专利，才能显著提升公司业绩，而其他技术含量较低的专利并不能创造价值。

此外，从创新投入的股票市场收益层面看，创新投入较高的企业具有正的公告效应，而且存在长期价格漂移现象（Cohen et al.，2013；Hirshleifer et al.，2013）。周铭山等（2017）利用2009~2014年创业板上市公司的面板数据，发现创新投入有利于提高投资者超额收益，而且投资者关注演变为管理层操控创新投入并借机减持的隐性工具。

2. 高管薪酬、政治晋升激励

卢锐（2014）立足于中国特殊的制度环境，考察了薪酬契约在企业创新投资决策中的作用，发现薪酬业绩敏感性可以有效约束高管创新投资事后的"寻租"行为，可能是由于研发支出资本化会计政策选择所产生的溢出效应。江伟和姚文韬（2015）发现，创新投入越多，国企高管薪酬业绩敏感性越弱。周铭山和张倩倩（2016）认为，国企 CEO 具有"经济人"与"政治人"双重特征，基于构建创新型国家的时代背景，政治晋升激励促进了国企 CEO 更注重有效的创新投入，而且有利于提高创新投入产出率，增强了创新产出的价值增值能力。

3. 经济增长

创新可以推动产业与技术升级。龚轶等（2015）指出，过程创新与产品创新有利于产业结构合理化。戴锋等（2015）认为，创新投资促进经济复苏和经济增长主要依赖增加新兴产业与淘汰传统产业两种方式，故其经济复苏效率相对更高，进而能够促进经济持续稳定增长。然而，现有关于创新的文献鲜有从创新动机角度来考察企业创新活动，一些学者认为，企业创新动机并非仅限于促进技术进步、获取竞争优势，有时更多的是一种策略性行为，旨在谋取其他利益（Hall and Harhoff，2012；Tong et al.，2014）。比如，唐等（Tong et al.，2014）发现，尽管第二次修订后的中国专利法支持国企申请专利，但技术含量较高的发明专利并未明显增多，反而缺乏技术含量的非发明专利异常增加，他们认为这是一种策略性创新行为，其目的在于攫取私利，更多的是为了迎合政府政策与监管。黎文靖和郑曼妮（2016）认为，中国实施的选择性产业政策并未推动企业实质性创新，反而助推了企业策略性创新，为了追求政策扶持而盲目扩充创新"数量"，而忽视了创新"质量"，他们利用 2001～2010 年沪深 A 股上市公司专利数据的实证检验结果也支持了这一观点。

2.4 股价崩盘风险文献综述

2.4.1 股价崩盘风险概念界定

股价崩盘，又称股价暴跌，通常是指在毫无信息前兆的条件下，股价突然出现大幅下跌的现象。股价崩盘现象是股价波动非对称分布下"暴跌"

所造成的极端表现，也是经典有效市场理论难以合理解释的另一"金融异象"。从微观企业层面看，管理层有动机延时披露或者暂时隐藏"坏消息"、及时披露"好消息"，这一"捂盘"行为可以在短期内粉饰盈余。然而，管理层"报喜不报忧"的选择性信息披露行为会促使"坏消息"在企业内部持续囤积，一旦"坏消息囤积"超过一定限度而必须对外披露时，"坏消息"瞬间集中释放，必然对股价造成巨大的负面冲击，进而引发股价暴跌甚至崩盘（Jin and Myers，2006；Kothari et al.，2009）。

20 世纪 80 年代国外学者率先通过理论建模的方式初步探讨了股价崩盘风险的诱因问题。基于不完全信息理性预期均衡框架的股价崩盘理论认为，股价崩盘是知情交易者私人信息集中释放以及非知情交易者盲目跟进所导致的共同结果（Cao et al.，2002）。基于行为金融学框架的股价崩盘理论认为，投资者情绪和投资者异质信念是造成股价崩盘的关键因素（Hong and Stein，2003）。不同于前期的理性预期均衡和行为金融学理论框架，吉恩和迈尔斯（Jin and Myers，2006）、赫顿（Hutton et al.，2009）等学者构建了更为精练的信息结构模型，从信息不对称角度探究了股价崩盘现象的诱因问题，成功地将研究范畴由市场层面拓展到了公司层面。至此，股价崩盘风险的实证研究不断涌现，学者们基于公司层面展开了一系列相关研究。比如，赫顿等（2009）、金姆等（Kim et al.，2011b）、许年行等（2012）分别从财务报告透明度、税收规避、分析师的利益冲突等角度探究了股价崩盘风险的诱因问题。综上可知，现阶段学术界基本达成一个共识：提高公司信息透明度、遏制管理层自利的信息管理行为是有效管控股价崩盘风险的重要措施。

2.4.2　股价崩盘风险影响因素相关研究

现有研究主要从信息披露、管理层特征、资本市场交易以及公司治理机制等方面研究股价崩盘风险的影响因素，后文将从这几个方面回顾相关文献。

1. 信息披露

管理层有动机隐瞒坏消息而将公司下行风险延迟披露，一旦"坏消息囤积"超过一定限度而必须对外披露时，股价必然会暴跌甚至崩盘（Jin and Myers，2006）。赫顿等（2009）、卡伦和方（Callen and Fang，2015）的实证研究也为"坏消息囤积"观点提供了可靠的经验证据。同样地，企业内部因素也会因"坏消息囤积"而导致股价崩盘风险上升。金姆等（2011a）利用 1993～2009 年美国上市公司的微观数据，发现股权激励会诱使经理人有意隐瞒坏消息，并借助人为操纵手段来干扰市场预期，进而造成股价崩盘风险剧增。德丰等（Defond et al.，2015）发现，国际财务报告准则的采用有利于降低股价发生崩盘的概率，主要是因为使用国际财务报告准则能够提高公司特质信息的披露质量以及会计信息的可比性。

作为重要的非财务报告，企业社会责任报告可以向外界传递公司特质信息。金姆等（2014）认为，企业积极承担社会责任能及时向外界传递信息，增加了企业信息透明度，弱化了管理层隐藏"坏消息"的动机，进而降低了股价崩盘风险。随后，宋献中等（2017）利用 2009～2014 年沪深两市 A 股上市公司的面板数据也证实这一观点，并认为企业披露社会责任信息主要是通过信息效应与声誉保险效应来降低股价崩盘风险的。然而，权小锋等（2015）认为，中国作为新兴经济体，其上市公司承担社会责任更多的是扮演管理层的"自利工具"，管理层有动机借助企业社会责任来转移股东审查和隐瞒"坏消息"，为管理层的"捂盘"行为提供了契机，进而导致股价崩盘风险飙升。

股价崩盘风险的产生从侧面反映出会计信息质量的重要性，一些学者也基于这一视角展开了相关研究。会计稳健性的实质在于对利好消息的确认标准明显高于利空消息。从这个层面上看，会计稳健性有利于增加会计盈余的信息含量，减少噪声干扰，促使投资者及时捕捉利空消息，助其分辨隐藏于会计数字下的"冰山"，股价崩盘风险也随之降低（Kim and Zhang，2016）。诚然，内控信息披露可以增加信息透明度，降低信息不对称，有利于股价及时反映企业真实情况，进而降低股价崩盘风险（叶康涛等，2015）。此外，丁慧等（2018）基于社交媒体平台"上证 e 互动"的实验环境，发现社交媒体条件下增强投资者信息能力有利于降低股价崩盘风险，其原因在于增强投资者信息能力可以有效降低投资者意见分歧。

2. 管理层特征

一些学者认为，股价崩盘风险可能源于管理层攫取私利、维护职业生涯前景等动机而隐藏"坏消息"的行为（Graham et al.，2006；Kothari et al.，2009）。现有文献主要从税收规避（Kim et al.，2011b）、在职消费（Xu et al.，2014）以及过度投资（江轩宇和许年行，2015）等角度研究管理层特征对股价崩盘风险的影响。

金姆等（2011b）基于税收规避视角，发现管理层执行税收规避战略会导致企业信息透明度降低，而信息透明度越低，股价崩盘风险越高（江轩宇，2013）。李小荣和刘行（2012）认为，女性 CEO 能够降低股价崩盘风险，扮演着资本市场"稳定器"角色。江轩宇和许年行（2015）指出，过度自信极易导致企业投资过度，并诱使管理层忽视及时披露项目反馈的负面信息，不断累积的负面信息集中涌入市场时就会出现股价暴跌现象（曾爱民等，2017）。安德列乌（Andreou et al.，2015）发现，董事会规模越大、内部董事所有权比例越高，越有利于降低股价崩盘风险，但 CEO 股权激励会导致股价崩盘风险上升。彭情和郑宇新（2018）发现，CFO 兼任董秘对股价崩盘风险具有抑制效应，主要是因为 CFO 兼任董秘可从信息沟通和风险规避两个层面改善信息披露质量，有利于提升资本市场信息解读效率。杨松令等（2018）认为，董事联盟对公司治理的影响会反映在股价中，而且董事联盟会导致股价崩盘风险增大，他们利用 2008～2014 年沪深两市 A 股上市公司的面板数据也证实了这一观点。

3. 资本市场交易

现有文献主要从卖空机制、并购重组以及融资融券交易制度等角度研究资本市场交易对股价崩盘风险的影响。陈等（Chen et al.，2001）指出，过去几个月的股票交易量和换手率有助于预测股价风险。陈国进和张贻军（2009）基于我国股市限制卖空的制度背景，认为投资者异质信念会引发股价暴跌现象，并建议通过降低投资者异质信念、推出融资融券以及股指期货等双向交易手段来防范股市暴跌现象，他们在洪和斯坦因（Hong and Stein，2003）异质信念模型的基础上采用 Logit 模型所得到的经验证据也证实了上述观点。

　　针对我国资本市场中大规模高溢价并购现象，王文姣等（2017）利用2007～2013 年沪深两市 A 股上市公司的微观数据，发现对于拥有商誉资产的公司，其股价崩盘风险更大，而且商誉资产规模会正向影响股价崩盘风险。同时，杨威等（2018）发现，投资者对并购重组的过度反应导致股价存在泡沫，而且股价被高估时，商誉与股价崩盘风险之间的正向关系更明显。

　　还有一些学者基于融资融券制度考察了资本市场交易对股价崩盘风险的影响。俞红海等（2018）认为，2010 年开通的融资融券业务为中国资本市场成功引入了卖空机制，但也为投机性交易者提供了杠杆放大机制，因此他们借助 2011 年 12 月至 2015 年 8 月的样本数据，发现投资者在股价上涨时增加融资买入，而在股价下跌时增加融券卖出；他们还发现，融资交易会增加股价崩盘风险，而融券交易则会降低股价发生崩盘的概率。吕大永和吴文锋（2019）立足于我国融资融券交易制度，发现杠杆融资交易显著增加了标的股价崩盘风险，而且杠杆融资交易的波动会进一步增大标的股价崩盘风险。褚剑等（2019）以分析师为切入点，借助双重差分模型，发现融资融券制度的实施导致分析师倾向于发布乐观性盈利预测，而且分析师乐观盈利预测导致标的公司股价崩盘风险上升。

　　4. 公司治理

　　一些学者从内部治理机制层面积极探讨了股价崩盘风险的影响因素。王化成等（2015）从股价崩盘风险角度证实了大股东"监督效应"，即第一大股东持股比例越高，越有利于降低股价崩盘风险。梁权熙和曾海舰（2016）指出，引入独立董事制度能够有效减小股价发生崩盘的可能性。黄政和吴国萍（2017）认为，内部控制制度能够约束管理层的信息操纵行为，为降低股价崩盘风险提供了可能，他们利用 2000～2015 年沪深两市 A 股上市公司的面板数据证实了这一观点，即内部控制制度主要是通过改善信息披露质量、降低代理成本等途径来降低股价崩盘风险。

　　还有一些文献从外部治理机制的角度讨论了股价崩盘风险的影响因素。

安和张（An and Zhang，2013）、卡伦和方（Callen and Fang，2013）一致认为，机构投资者能够起到外部监督作用，有利于改善公司治理，有效制约管理层操控行为，极大地降低了股价发生崩盘的概率。高昊宇等（2017）利用 2006～2015 年中国资本市场机构投资者持股数据也证实这一观点。然而，一些学者对此持反对态度，认为机构投资者在中国资本市场中的"稳定器"功能是十分有限的。许年行等（2012）指出，机构投资者的"羊群行为"显著增加了股价发生崩盘的概率。曹丰等（2015）也发现，机构投资者并没有发挥应有的治理效应，反而随着持股比例上升，股价崩盘风险也会增加。吴晓晖等（2019）基于社会网络算法视角，借助 Louvain 算法提取机构投资者团体，发现机构投资者抱团行为显著正向影响股价崩盘风险。

其他外部治理机制方面，一些学者发现，媒体报道（罗进辉和杜兴强，2014）、风险投资持股（权小锋和尹洪英，2017）、政府审计（褚剑和方军雄，2017）以及网络舆情（田高良等，2018）等均能显著影响股价崩盘风险。罗进辉和杜兴强（2014）发现，媒体报道的信息中介效应和公共监督效应有利于降低股价崩盘风险，说明媒体报道可以充当资本市场正式制度的一种重要的替代性治理机制。褚剑和方军雄（2017）认为，作为强有力的监管措施，政府审计具有显著的外部治理效应，据此，他们借助 2009～2015 年审计署执行的中央企业审计事件，选用双重差分模型研究发现，政府审计实施后股价崩盘风险出现了明显的下滑趋势，其原因在于政府审计能够督促被审计公司及时披露"坏信息"。此外，田高良等（2018）利用监管部门对深市上市公司网络舆情应对状况的调查数据，发现网络舆情危机会导致股价发生崩盘现象，但网络舆情的重视和应对程度越好，越有利于降低舆情危机时的股价崩盘风险，其原因在于正视网络舆情可以及时向投资者传递公司特质信息，有利于提升股价信息含量和资本市场信息解读效率。

2.4.3　股价崩盘风险经济后果相关研究

通过回顾已有文献，不难发现，关于股价崩盘风险影响因素的文献已经比较丰富，也取得了一些可喜的研究成果。然而，国内外学者对股价崩盘风险诱发的经济后果的研究明显偏少。哈肯布莱克（Hackenbrack et al., 2014）发现，股价崩盘风险会导致审计费用平均提高约2%，并认为审计费用的提升是由于审计师预测到被审计单位股价崩盘风险而要求获得的风险补偿。褚剑和方军雄（2017）也证实了股价崩盘风险会增加审计费用，说明股价崩盘风险信息已被审计师纳入审计决策范畴；他们还发现，股价崩盘风险会导致审计时间延长，而且增加的审计费用包含了对审计努力的价格补偿，说明股价崩盘风险存在显著的溢出效应，并会影响审计定价决策。

也有一些学者从资本结构、现金持有决策等角度研究了股价崩盘风险的经济后果。安等（An et al., 2015）利用41个国家的国际数据，发现股价崩盘风险越高，资本成本调整速度越慢。遵循这一逻辑，喻灵（2017）以2008~2012年沪深两市A股上市公司为研究对象，发现股价崩盘风险会导致权益资本成本上升。白旻等（2018）利用沪深两市A股上市公司2003~2015年的面板数据，发现股价崩盘风险会导致上市公司增加现金持有量，其原因在于股价崩盘风险导致融资约束压力增加，尤其是债务融资压力加大（白旻和王仁祥，2018）。

还有一些学者从股东财富、股票预期收益率以及收入差距等角度研究股价崩盘风险的经济后果。于传荣等（2017）认为，股价崩盘风险会造成股东财富损失，甚至有损于资本市场效率，而管理层故意掩盖"坏消息"的机会主义行为是造成股价崩盘的主要诱因，他们还发现股价崩盘风险会导致高管薪酬下降，但管理者权力会减弱股价崩盘风险的惩罚效应。宋光辉等（2018）利用2006~2015年29个省份的宏观数据，发现股价崩盘风险越高，收入差距越大，而且这一现象在金融资源分布密集的地区更为明显，其原因在于股价崩盘风险可以影响信息获取的不对等。此外，彭旋和王雄元（2018）利用手工整理的2007~2013年800对客户与供应商的相关数据，发现客户股价崩盘风险会传染给供应商，而且传染效应在抗风险能力较差的供应商中更严重。

2.5　股价同步性文献综述

2.5.1　股价同步性概念界定

股价同步性又称"同涨共跌"现象，是指某段时间内绝大多数股价同时上涨或者下跌的异象。莫克等（Morck et al.，2000）首次明确提出股价同步性这一概念，并认为 R^2 的大小可以刻画个股价格波动与市场整体走势之间的同步性，其值越大，同步性越高。他们通过比较 40 个国家的 R^2 发现，产权保护越有效的国家，其股价同步性越低。对此他们解释为，对于产权保护较差的国家，其投资者会面临较大的政治风险，加之金融体系不完善造成的利益侵占事件屡有出现，由此增加的信息搜索成本导致投资者从事套利活动的意愿减弱。套利活动是基于私人信息的交易行为，有利于股价趋向内在价值，进而提高了股价变动中的特质信息含量。因此，减少套利行为会妨碍股价对特质信息的吸纳，导致股价变动在公司间的个性化差异降低，进而促使股价变动的齐涨共跌现象趋于一致。

随后，莫克等于 2003 年再次针对新兴市场 R^2 普遍偏高这一异象做出解释，他们认为，对于投资者保护相对较弱的国家，其管理层更有动机和能力侵占企业现金流，而外部投资者却难以觉察内部现金流的变化，只能依赖对宏观经济的整体判断。正是这种依赖行为通常会导致投资者对宏观信息做出非理性的"追涨杀跌"行为，进而促使股价波动表现出高度的同步性。同时，李等（Li et al.，2004）、巴等（Bae et al.，2006）也采用了跨国比较的方法，证实了资本市场开放与金融自由化均能显著影响股价同步性，这一发现与莫克等（2000）基于产权保护的理论解释是一脉相承的。

综上可知，后续研究均是在上述研究的基础上，逐渐发展形成的，而且现有文献主要是从产权保护、制度建设、文化差异以及政府行为等宏观视角和公司信息披露、公司治理机制、管理层特质以及信息环境等微观层面研究股价同步性的诱因问题，而且目前学术界基本达成一个共识：股价同步性是描述单一股价变动同市场平均变动的关系，通常采用个股收益与市场收益回归模型的拟合优度 R^2 来衡量股价同步性。

2.5.2   股价同步性影响因素相关研究

莫克等（2000）首次明确提出股价同步性这一概念，并认为 R^2 的大小可以表征个股价格波动与市场整体走势之间的同步性，其值越大，同步性越高。后续研究均是在此基础上逐渐发展形成的，而且现有文献主要是从宏观和微观层面研究股价同步性的影响因素，后文将从这两个层面综述相关研究。

1. 宏观层面

学者们主要从产权保护、制度建设、文化差异以及政府行为等角度研究股价同步性的宏观影响因素。莫克等（2000）认为，法制建设越完善，越有利于降低投资者收集公司特质信息的成本，促进公司特质信息更多地融入股价，进而降低股价同步性。游家兴等（2007）指出，我国制度建设日益完善，股价同步性也呈现出下滑趋势。恩等（Eun et al.，2015）认为，文化差异是导致不同经济体股价同步性出现明显差异的关键因素，还发现主张集体主义的国家，其股价同步性相对更高，主要是因为这些国家的投资者偏好于信息共享与集体行动，导致投资决策具有较强的趋同性。陈冬华和姚振晔（2018）认为，弱产权保护下，政府行为通常会加剧不确定性，阻碍套利交易，诱发噪声交易，减少特质信息，进而导致股价同步性增加，但他们发现产业政策支持的上市公司股价同步性呈现出下降趋势，尤其在产业政策重点支持的企业中极为凸显，这说明政府宏观经济政策也具有微观个体差异的公司特质信息。

钟覃琳和陆正飞（2018）认为，中国股市本质上是"政策市"，政治色彩较浓，"同涨同跌"现象长期存在，而居高不下的股价同步性严重降低了股价引导资源配置的效率，他们利用 2012 ~ 2015 年 A 股上市公司的微观数据，发现资本市场开放后，股价同步性明显降低，说明资本市场开放有利于增强价格对资源配置的引导作用，进而提高资本市场运行效率。此外，何贤杰等（2018）认为，网络新媒体增添了投资者信息渠道，有利于提升证券市场定价效率，发现微博信息所涉及的经营活动、策略类信息占比越高，该公司股价同步性就会越低（刘海飞等，2017）。

2. 微观层面

微观层面相关研究主要是基于"定价效率观"，认为股价同步性取决于公司基本面特质信息融入股价的程度。鉴于此，关于股价同步性微观影响因素的现有研究主要集中于公司信息披露、公司治理机制、管理层特质以及信息环境等方面。

公司治理与信息披露质量密切相关，基于这一逻辑，国内外学者从董事会规模、内部控制审计报告披露等内部治理机制（方红星和楚有为，2019）以及审计质量、机构投资者持股、分析师跟踪、媒体报道等外部治理机制（Gul et al.，2010；饶育蕾等，2013；官峰等，2018；伊志宏等，2019）展开一系列相关研究，认为改善公司治理可以提高信息披露质量，促进公司特质信息融入股价，进而降低股价同步性。方红星和楚有为（2019）发现，自愿披露内部控制审计报告能够促使特质信息融入股价，降低了股价同步性，提高资本市场定价效率，但强制披露内部控制审计报告并不能降低股价同步性。

作为重要的信息中介，证券分析师对股价同步性也会产生重要影响。官峰等（2018）借助双重差分模型实证考察了政商关系对分析师行为与股价同步性的影响，发现官员落马后，关联企业的分析师预测准确性明显增强，同时分析师跟踪数量也显著增加，而且股价同步性也出现降低趋势，说明反腐有利于分析师获取信息，增强信息传递效率，改善企业信息环境。伊志宏等（2019）借助机器学习度量了 2009～2015 年中国 A 股上市公司分析师的研究报告中公司特质信息，发现分析师的研究报告中公司特质信息含量越高，股价同步性越低，其原因在于投资者更倾向于关注特质信息含量较高的研究报告，引起更强烈的市场反应，进而股价所吸收的特质性信息更多。

诚然，信息透明度也是影响股价同步性不可忽视的因素。吉恩和迈尔斯（2006）、赫顿等（2009）一致认为，信息透明度越高，越有利于公司特质信息融入股价，促使股价同步性降低。然而，王亚平等（2009）对此持反对态度，认为信息透明度会正向影响股价同步性，其原因在于中国证券市场的股价波动主要取决于非基本面因素，而信息透明度越高，越有利于降低公司未来发展的不确定性，进而削弱了非基本面因素对股价波动的影响，最终导致信息透明度越高的公司股价同步性也越高。此外，罗进辉等（2015）发现，"金牌董秘"能够提升上市公司信息透明度，进而降低股价同步性。黄灿等（2017）指出，内幕交易虽然会降低股价同步性，但优化信息环境会弱化内幕交易对股价同步性的抑制作用。

2.5.3　股价同步性经济后果相关研究

相对而言，关于股价同步性经济后果的相关研究明显偏少，而且该类文献普遍对股价同步性持否定观点，一致认为过高的股价同步性会产生负面影响，而且学者们主要从资产定价效率、经济运行效率、证券市场筛选机制以及经济增长四个方面展开了深入探讨。

1. 资产定价效率

杜尔涅夫等（Durnev et al., 2003）利用美国上市公司的微观数据进行实证检验，发现股价同步性越高，股票收益蕴含了更多涉及未来会计盈余的特质信息，这一发现证实了罗尔（Roll, 1988）的观点"股价同步性的差异归因于股价特质信息含量的差异"。叶建华和周铭山（2013）发现，我国 A 股市场的资产增长异象表现为总资产增长率正向影响未来股票超额收益率，而且股价同步性所体现的套利风险可以解释这一异象。罗琦和付世俊（2015）认为，股权再融资过程中，控股股东借助盈余管理向投资者释放了噪声，干扰了股价波动，降低了股价同步性，为控股股东选择市场时机实施再融资提供了契机。

2. 经济运行效率

维尔格勒尔（Wurgler, 2000）基于产业层面综合分析了 65 个经济体的资源配置效率，发现发达经济体的行业投资变动对行业效益变动更灵敏，表现出更高的资源配置效率，他还发现，股价同步性对资源配置效率具有较强的解释力，并对此解释为，股价同步性越低，股价融入了更多的特质信息，

股价信号传递功能也会得到加强，进而促进资源配置效率的提升。杜尔涅夫等（2010）考察了股价同步性对资本预算效率的影响，发现对于股价同步性较低的行业，股价波动将为公司决策者提供更有效的信息反馈，有利于约束管理者非效率投资行为，进而促使资本预算趋近市场价值最大化的目标，这一发现为价格信息机制提升投资效率的观点提供了经验证据。游家兴（2008）在维尔格勒尔（2000）的基础上，利用资源配置效率估算模型，发现股价同步性越低，资本由低效率领域向高效率领域转移就越快，即有效改善了资源配置效率。此外，孙刚（2011）发现，股价同步性会降低企业融资约束，而且这一抑制效应在那些处于金融发达地区的企业中更显著（于丽峰等，2014）。

3. 证券市场筛选机制

德丰和亨（Defond and Hung，2004）实证检验了 1997～2001 年 33 个国家上市公司高管变更事件，发现股价同步性越低，业绩下滑导致高管被替换的概率越大，说明股价波动中特质信息的增加有利于投资者甄别管理者经营水平，也能够增强董事会对管理者的有效监管，提升公司治理效率。陈等（2007）认为，发达国家的股票市场发育相对完善，股价同步性相对较低，公司特质信息能够显著影响股价波动，而股价波动反映了市场对公司价值的判断，迫使管理层投资决策前将考虑市场反应；相反，发展中国家的股票市场发育相对滞后，股价波动取决于市场和行业信息，而公司特质信息难以融入股价，表现出显著的股价同步性，而且股价变动与公司价值的相关性较低，管理层决策时无须顾及股价变动，即管理者难以根据股价获取有价值的信息反馈，而投资者则无法通过股价变动来甄别公司资质；此外，他们的实证结果也证实了这一论点。陈康和刘琦（2018）发现，我国股市存在反馈效应，实施融资融券政策后，投资—股价敏感性显著增强，融资融券交易规模会增强投资对股价的敏感性，说明融资融券有利于股价融入更多公司特质信息，降低了股价同步性。

4. 经济增长

舒恩（Chun et al.，2007）认为，对于创新性公司，其决策行为难以预测，市场通常难以将其创新活动完全纳入定价机制，进而导致其股价波动往往会独立于同期市场大盘。换言之，股价波动过程中，企业创新特质作为特质信息融入股价，提高了股价信息含量，降低了股价同步性。针对上述论点，他们以美国上市公司为研究对象，实证检验发现，股价同步性越低的行业，其全要素生产率越高，这一发现也证实了观点"创造性破坏是经济增长的重要源泉"。邓可斌和丁重（2010）指出，随着股价同步性不断下降，企业创新产出会表现出上升趋势，他们的实证检验结果也支持了这一观点，并与舒恩等（2007）的研究发现一脉相承。遵循上述逻辑，莫克等（2013）对此做出详细的理论解释，认为信息有效市场预示着公司基本面变动会加剧公司特质收益波动，而企业创新行为能够促使资本流向更有效率，进而推动技术进步与经济增长。

综上所述，通过系统梳理股价同步性的相关研究，不难发现，中国上市公司股价同步性的研究依然处于起步阶段。从影响因素层面看，尽管已取得了一些有价值的研究成果，但依然存在一些重要的影响因素尚未得到关注，比如产融结合模式、企业创新投资等。同时，作为新兴经济体，中国的制度背景以及投资者法律保护制度与发达经济体存在明显差异，具有鲜明的"新兴 + 转轨"双重特色，这意味着发达经济体的资本市场研究成果未必适用于中国资本市场。比如，吉恩和迈尔斯（2006）、赫顿等（2009）一致认为，信息透明度越高，股价同步性越低；但王亚平等（2009）对此持反对态度，认为中国证券市场的股价波动主要取决于非基本面因素，而信息透明度越高，越有利于削弱非基本面因素对股价波动的影响，导致信息透明度越高的公司股价同步性也越高。

而就经济后果方面而言，鲜有学者针对股价同步性的经济后果展开深入探究。尽管一些国外学者认为，降低股价同步性可以提高资源配置效率，但这一重要的经济后果是否适用于中国资本市场尚需检验。因此，有必要结合中国制度背景，利用中国上市公司的微观数据，从产融结合模式和企业创新投资角度实证分析股价同步性的诱因。

2.6　文献评述

回顾前述相关文献，我们不难发现，早期文献尝试着对产融结合的驱动因素及其运行机制进行理论分析与解释，为现代产融结合理论研究提供了合理且可行的分析框架。沿袭这些理论研究，后续文献主要从行业或企业层面展开了一系列相关的实证研究，并取得了丰富的研究成果。相较于西方发达经济体，国内产融结合的相关理论研究相对滞后，而且产融结合模式在我国经历了一波三折的发展历程。从亚洲金融危机之后的明令禁止，到随后的默许，再到 2010 年政府颁布了一系列的支持性政策，这一转变充分说明了我国政府已经意识到产融结合在推动产业转型升级过程中的重要作用，并积极鼓励实施产融结合的发展战略。基于这一现实背景，国内学者立足于中国国情，不断深入探究，基本形成了符合我国国情的产融结合发展模式的理论基础，这为本书系统考察产融结合模式下企业从事创新活动的动因、影响因素以及作用机制提供了可靠的理论支撑。然而，梳理前述文献可知，有关产融结合动因及其经济后果的研究仍存在亟须拓展与改进之处：

其一，现有文献主要从降低交易成本、实现多元化经营、缓解融资约束、分享垄断利润以及获取竞争优势等方面研究产融结合动因，并从投资效率、公司业绩、风险控制以及产融结合效率等方面研究产融结合的经济后果。动因不同导致产融结合的经济后果也会存在一定的差异，而现有文献关于产融结合与实体企业业绩之间的关系尚未达成一致。大多数学者认为，作为金融服务实体经济的重要途径，产融结合有利于推进实体企业经营性资产增值，改善实体企业经营业绩（马红和王元月，2017；盛安琪等，2018）。另一些学者却认为，产融结合对实体企业经营业绩的影响有限，甚至有损于实体企业经营业绩（张庆亮和孙景同，2007；Pantzalis et al.，2008；Ongena and Penas，2009；蔺元，2010）。针对这一分歧，我们认为，可能是因为现有产融结合理论更多的是结合西方发达经济体的制度背景，依托于相对完善的市场机制。然而，我国金融制度发展相对滞后、银行信贷所有制歧视以及市场经济中的政府干预行为依然存在，显然我国制度背景尤其特殊。为此，有必要立足于我国特殊的制度背景，进一步考察产融结合的经济后果。

其二，回顾国内外现有文献，不难发现，关于企业创新投资问题的相关研究主要集中于企业自身属性、行业特征以及外部冲击三个方面。然而，现有文献并未系统考察产融结合模式下企业从事创新活动的动因、影响因素以及作用机制，尤其忽视了企业创新投资意愿以及创新投入两种决策上的差别，而且无论是在理论层面还是在实证层面上，现有文献均未得到较为稳健的结论。为此，针对上述问题，有必要系统考察产融结合模式下企业从事创新活动的动因、影响因素以及作用机制，旨在对现有研究做出有益的补充。

其三，我国的产融结合模式发展十分迅猛，已进入快速发展阶段。然而，相较于实践层面上的迅猛发展，产融结合的理论研究略显滞后。现有研究主要从信息披露、管理层特征、资本市场交易以及公司治理机制等方面研究股价风险的影响因素。关于股价风险影响因素的文献已经比较丰富，也取得了一些可喜的研究成果。然而，更值得注意的是，产融结合在风险层面上存在较大的争议。一些学者认为，产融结合能为企业带来协同效应、规模经济效应以及融资便利等竞争优势，从而有利于分散风险；而另一些学者认为，产融结合也会导致企业组织结构复杂化，加大公司治理难度，降低资本配置效率，甚至会导致内部资源配置扭曲，诱发利益冲突、资金链断裂以及风险传染等风险问题，进而导致企业风险增加。因此，有必要考察产融结合模式下企业创新投资行为对股价风险的影响机理，以期为产融结合模式下企业创新投资行为对股价崩盘风险和股价同步性的影响提供全新的理论解释。

本章依据前述文献梳理，对产融结合、创新投资意愿、创新投资绩效、股价崩盘风险以及股价同步性等核心概念进行了全面梳理，对概念之间的联系及其理论基础有了明确的认知，凝练出了整体研究思路。同时，系统分析了资源基础理论、资源依赖理论、企业创新理论、金融发展理论以及政府干预理论，明确了产融结合对企业创新投资决策的作用机理，并进一步阐明产融结合对企业创新投资决策的影响在不同情境下存在差异，为本书后续实证研究奠定了理论基础。

第 3 章

产融结合的制度背景
与现状分析

现阶段我国依然处在"新兴 + 转轨"的双重制度背景之下，相较于西方发达国家，我国政府在金融发展与资源优化配置中扮演着关键角色，这在一定程度上造成国有企业与民营企业在政府干预、融资成本以及竞争压力等方面存在显著差异，这意味着不同产权性质的企业实施产融结合的动机可能存在差异。因此，在我国独特的制度背景下，有必要将产权性质纳入本书的分析框架，首先详细阐述我国产融结合的制度沿革、发展历程、模式特点以及现状分析，在此基础上，分析讨论产融结合模式下不同产权性质的企业创新投资的动因差异，并从理论上阐述产融结合影响企业创新投资决策的内在机制，据此构建理论框架。

3.1 我国产融结合的制度沿革

进入 20 世纪 80 年代以后，市场竞争环境动态化特征日益突显。在世界经济格局进入以集团为中心的时代背景下，突破实业与金融的行业边界，采取产融结合模式获取竞争优势，逐渐演变为企业理性应对全球竞争、实现可持续发展的重要战略选择。相较于西方发达经济体，我国企业集团实施产融结合模式起步相对较晚。1986 年和 1987 年政府相继出台了《关于进一步推动横向经济聚合若干问题的规定》和《关于组建和发展企业集团的几点意见》等政策，并强调"企业集团可以设立财务公司，而且财务公司既可在集团内部融通资金，也可同银行等金融机构建立业务，还可向社会筹集资金"。随后，1992 年中国人民银行制定了相关规定《国家试点企业集团建立财务公司的实施办法》，这为实体企业实施产融结合模式的发展战略提供了制度保障。

2001 年加入 WTO 后，我国资本市场的快速发展在一定程度上加剧了市场竞争，作为企业实现多元化与全球化的重要策略，产融结合实现了高速发展。与此同时，实践中相继涌现了一批如海尔、德隆以及新希望等集团公司，采取发起设立、收购兼并等方式来实施产融结合型发展战略，掀起了产业资本渗透金融领域的高潮。比如，2001 年海尔集团向青岛商业银行注资 5

亿元而成为控股股东。随后，海尔集团还参股长江证券，新设财务公司，进而持有银行、证券、保险以及财务公司等多种金融牌照。同年 4 月，联想集团新设风险投资公司，并将其定位为企业发展的主业，旨在借助产融结合模式来增强自身盈利能力与市场开拓能力。

2009 年国资委副主任李伟出席中央企业产融结合座谈会，并明确提出，产融结合是培育中央企业具备国际竞争力、实现可持续发展的重要战略决策，理应高度重视与深入探究。2010 年 3 月召开的中国人民银行金融稳定工作会议将产融结合列为央行未来重点探索的领域。2010 年 12 月，国资委主任王勇在中央企业负责人会议上强调，具备一定条件的企业可以率先尝试着探索产融结合模式。2011 年底，中央经济工作会议着重强调"金融服务实体经济"的指导方针。2014 年 12 月提出的《中国制造 2025》指出，实现制造大国向制造强国转变的目标下必须加强完善金融扶持政策，充分发挥产融结合等金融服务在推动制造业转型升级中的积极作用。

2015 年 3 月，李克强总理提出了"互联网＋"行动计划，并提出"开展产融结合创新试点，探索股权和债权相结合的融资服务"，这一国家政策催生了互联网金融和供应链金融，同时实体经济、金融业同互联网多层次融合的创新型合作模式应运而生，进一步开启了产融结合发展的新生态。此外，2015 年国务院还制定了"制造强国"战略，并着重强调鼓励制造业企业集团开展产融结合试点，借助融资租赁途径推动制造业转型升级，支持推出适合制造业发展的保险产品与服务。

2016 年 3 月，工信部、原银监会以及中国人民银行三部委出台并印发了《加强信息共享促进产融合作行动方案》，其目的在于积极推进《中国制造 2025》，进而有利于尽快实现工业稳增长、调结构、增效益的目标。2016 年 8 月 1 日，财政部、工信部、中国人民银行以及原银监会联合颁布《关于组织申报产融合作试点城市的通知》，旨在增强金融机构服务实体经济的效率与质量，强化金融机构对实体企业发展的支撑作用。党的十九大报告明确提出，新时代我国金融发展与建设的方向为"深化金融体制改革，增强金融服务于实体经济的能力，守住不发生系统性风险的底线"。

　　综上可知，上述一系列激励政策的颁布（见表 3 - 1）引起了理论界与实务界对产融结合的高度重视，并助推我国的产融结合模式不断完善，逐渐演变为实践中的焦点课题。

表 3 - 1　　　　　　　　　　　产融结合的激励政策

主体	时间	相关激励政策
国务院	1986 年、1987 年	《关于进一步推动横向经济聚合若干问题的规定》和《关于组建和发展企业集团的几点意见》：企业集团可以设立财务公司，其可在集团内部融通资金，也可同银行等金融机构建立业务，还可向社会筹集资金
中国人民银行	1992 年	《国家试点企业集团建立财务公司的实施办法》为实施产融结合模式提供了制度保障
国资委	2009 年	产融结合是培育中央企业具备国际竞争力、实现可持续发展的重要战略决策，理应高度重视
中国人民银行	2010 年 3 月	将产融结合列为未来重点探索的领域
国资委	2010 年 12 月	满足条件的企业可先尝试着探索产融结合模式
国务院	2011 年 12 月	强调"金融服务实体经济"的指导方针
国务院	2014 年 12 月	《中国制造 2025》：实现制造大国向制造强国转变的目标必须加强完善金融扶持政策，充分发挥产融结合等金融服务在推动制造业转型升级中的积极作用
李克强总理	2015 年 3 月	"互联网 +"行动计划催生了互联网金融和供应链金融，进一步开启了产融结合发展的新生态
国务院	2015 年	"制造强国"战略：鼓励制造业企业集团开展产融结合试点
工信部、银监会以及中国人民银行	2016 年 3 月	《加强信息共享促进产融合作行动方案》：积极推进《中国制造 2025》
财政部、工信部、中国人民银行以及银监会	2016 年 8 月	《关于组织申报产融合作试点城市的通知》：增强金融机构服务实体经济的效率与质量
十九大报告	2017 年 10 月	新时代中国金融发展与建设的方向为"深化金融体制改革，增强金融服务于实体经济的能力，守住不发生系统性风险的底线"

资料来源：作者手工整理获得。

3.2　我国产融结合的发展历程

　　计划经济体制下，我国金融资源是由国家全权管控，同时产融结合也受到政府严格控制，而且产融结合模式以信贷融合为主，表现为银行单方面为企业提供贷款。尽管当时这种单一、初级的"由融到产"的产融结合模式还称不上严格意义上的产融结合，但为产融结合的快速发展提供了宝贵的实践经验。随着改革开放日益深入我国经济体制开始转轨，同时尝试着探索适合我国经济发展的产融结合模式。在此基础上，随着我国经济持续稳定的快速发展以及经济全球化进程的纵向推进，这在很大程度上促进了产融结合在形式与内容上均取得了巨大进展。因此，本书将我国的产融结合发展历程划分为三个阶段，通过系统分析各个发展阶段的概况、制度沿革以及特点来厘清产融结合的制度背景及其发展的整体脉络，为后文实证研究提供理论基础。

3.2.1　初始发展时期

　　自 1978 年改革开放至 20 世纪 90 年代，我国的产融结合模式逐渐由单一、初级的信贷关系转变为金融机构与实体企业之间的双向融合，产融结合模式的初步探索由此拉开序幕。80 年代中期的银行体系改革催生了一批股份制或区域性商业银行，与此同时产业资本渗透到金融业的第一次高潮由此掀起。

　　1987 年交通银行的创建是我国产融结合模式的首次尝试。交通银行创造性地采取由国家控股、分开招股配套实施的融资模式，而且股权配置中国家与地方财政持股 72%，工商企业持股 28%。更重要的是，这一融资模式自此开创了工商企业参股商业银行的先河。随后，我国工商企业参股或控股商业银行的"由产到融"模式得到快速发展，其中最具代表性的有深圳发展银行、招商银行以及福建兴业银行等，这一现象充分说明工商企业通过参股或控股方式向银行业渗透资本的格局已经初步形成。此外，我国还有一类相对简单且激进的产融结合模式，即以设立全资附属金融机构而将业务范畴拓宽至银行业，比如中国光大银行、中信银行等。

与此同时，该阶段我国企业集团设立内部财务公司的产融结合模式也取得了突破性进展。为加强发展企业集团，政府部门相继于 1986 年与 1987 年分别颁布了《关于进一步推动横向经济聚合若干问题的规定》和《关于组建和发展企业集团的几点意见》，从政策层面积极支持企业集团创建内部财务公司，便于企业集团依托财务公司进入证券、租赁以及信托等金融领域。此外，1991 年国务院批准了《关于选择一批大型企业集团进行试点的请示》。相应地，中国人民银行于 1992 年出台了《国家试点企业集团建立财务公司的实施办法》，进一步推进与规范了我国财务公司的成长，以上相关法律法规直接推动了产融结合模式的持续发展。

综上可知，自 1978 年改革开放至 20 世纪 90 年代我国的产融结合模式处于初始发展阶段，这期间金融机构与实体企业之间的融合开始逐渐深入，产融结合模式也趋于多样化，这是国际产融结合发展进程与我国企业自身发展共同作用的综合结果。然而，此阶段产融结合发展速度过快，配套的法律并不健全，监管体制相对滞后，为产融结合有序发展埋入了危险的种子。

3.2.2　整治时期

进入 20 世纪 90 年代中期，产融结合快速发展的大背景下，国内企业近乎疯狂地盲目创建或者参股证券公司、保险公司、财务公司以及信托公司等金融机构，旨在分享金融行业的高额垄断利润。然而，相应的配套法律制度缺失以及监管体制的相对滞后难以匹配产融结合快速发展的步伐，加之实体企业同金融机构在经营管理理念与运行机制层面上有所差异，致使我国金融市场在 90 年代后期一度陷入混乱局面。毋庸置疑，产融结合的挫败给企业生存与发展带来重创的同时，还极易诱发金融市场的"多米诺骨牌效应"，蕴含的风险持续传导与释放，破坏性强，危害波及面广。其中，著名的"德隆"事件就是企业集团产融结合失败的典型。

针对金融市场的混乱局面，相关部门出台了一些法律法规来规范我国经济金融秩序，适当约束了产业资本向证券以及信托公司等金融机构渗透。同

时，1995 年，政府出台了《中华人民共和国商业银行法》，并明确规定商业银行禁止参股工商企业。为此，商业银行开始纷纷退出产业领域，进而导致大量金融资本从产业中撤出。基于这一情形，产业资本进入金融机构的热情也急剧降温。

综上所述，不难发现，整顿阶段产融结合制度变迁的显著特点就是在国家制度安排不规范和金融行业高额垄断利润驱动的综合作用下产业资本盲目进入金融业，这一过程中不乏一些违反市场规范的行为。针对这一现象，国家相继出台一系列政策来整顿与规范产融结合行为，而我国的产融结合模式发展也进入了短暂的低谷时期。

3.2.3　复苏与快速发展时期

进入整顿阶段后，我国的产融结合模式发展相对缓慢。然而，我国资本市场的跨越式发展以及市场准入管制的不断放松，政府对发展产融结合模式的态度逐渐由禁止转变为默许，无疑为产融结合的有序发展营造了宽松的政策环境。在有利的外部环境下，我国的产融结合迅速得以恢复，并展示出强劲的发展势头。

自 1997 年以来，工商企业与金融机构之间的产融结合便展现出良好的发展态势。尽管我国集团公司采纳产融结合型发展模式相对较晚，但也出现了一批如海尔、德隆以及新希望等集团公司，采取发起设立、收购兼并等方式来实施产融结合型发展战略，以此实现资源整合、发展壮大的目标。2001年海尔集团出资 5 亿元持有青岛商业银行股份，此后参股长江证券、鞍山信贷等，并于 2002 年创建了附属财务公司。与此同时，鲁能集团也迅速进入金融领域，全面实现了集团公司与金融机构的资本融合，比如控股华夏银行、湘财证券、济南英大国际信托以及山东金穗期货等金融机构。新希望集团依托参股民生银行创建投资公司，入主保险、证券等金融机构来实现产融结合。以宝钢集团以及中粮集团等为代表的中央企业也顺应时代发展趋势，相继参股或控股金融机构，创建了规模庞大的产融结合型集团。此外，在银监会与国资委的支持下中石油、国电电力、中国移动等多家中央企业纷纷进入银行、信托、保险、证券以及期货等金融领域。国资委的统计数据显示，仅仅截至 2010 年末，便有数十家中央企业参股或控股上百家金融机构。

综上可知，金融管制的放松以及金融自由化的积极推进，促使产业边界日趋模糊化，宽松的政策环境促使我国的产融结合模式逐渐摆脱了原有制度安排的种种约束，为实施"由产到融"模式下的产融结合型发展战略提供了契机。从亚洲金融危机之后的明令禁止，到随后的小范围试验，再到 2010 年政府颁布一系列支持性政策，这一转变充分说明我国政府已经意识到产融结合在推动产业转型升级过程中的重要作用。因此，为了进一步推动产融结合进入高速发展阶段，积极引导金融资本服务实体经济发展，我国各级政府部门开始积极倡导与支持金融资本同产业资本实现深度融合。

3.3 我国产融结合模式的特点

不同的政策环境促使我国的产融结合模式也经历着不断的调整，不同的发展阶段产融结合模式呈现出不同的特点。因此，接下来我们逐一阐述我国不同产融结合模式的各自特点。

3.3.1 政府主导模式逐步转向市场主导模式

改革开放以前，因执行计划经济体制而形成的产融结合模式是政府主导型。计划经济时期，几乎所有经济资源均由政府掌握与管控。产业资本与金融资本的融合主要是通过财政投融资与非市场性信贷实现的。政府主导型产融结合模式虽然顺应了时代发展，但是存在诸多弊端。比如，政府配置资源的主观性极易造成资源浪费现象，政府主导极易导致资本竞争与增值机制缺失。由此可见，政府主导型产融结合模式难以实现金融资本与产业资本的有效结合，甚至会诱发寻租行为，造成产融结合效率下降。

发达国家的产融结合模式通常是以市场为主导，在国际形势的推动下，我国的产融结合模式也逐渐由政府主导型向市场主导型转变。然而，作为新兴经济体，我国依然处于"新兴 + 转轨"的过渡时期，这在一定程度上决

定了我国尚不能实现完全以市场为主导的产融结合模式。比如，政府依然严格管控商业银行的经营行为，并禁止其以独立市场主体身份实施产融结合；资本市场本质上仍是政策市，行政色彩较浓；现代化公司治理机制难以有效介入国企经营之中，进而减缓了产融结合步伐。

综上可知，现阶段我国的产融结合模式已基本形成了以市场为主，政府为辅的模式。但受限于经济体制与经济发展水平，我国的产融结合模式在短期内还难以实现完全以市场为主导的发展模式。

3.3.2　"三位一体"的产融结合模式

从广义层面上看，根据产融结合的渠道可将其划分为信用型、股权型以及咨询服务型三种模式。现阶段，我国的产融结合模式是以信用型和股权型为主导，而咨询服务型尚处于探索阶段。结合产融结合的发展需求，在实现产融结合市场化进程中，有必要创建以信用型为基础，股权型为突破口，注重发挥咨询服务型的功能，建立"三位一体"的立体式产融结合通道。

就目前产融结合的发展趋势来看，信用型产融结合的地位逐渐由主导性向基础性转变。其中，银行信贷当属信用型产融结合最典型的模式。尽管信用型产融结合是以银行或者政府为后盾，且风险相对较小，这在一定程度上决定了工商企业以银行信贷为主要融资来源。然而，信用型产融结合模式难免会因模式单一、涉及面窄而难以匹配高速发展的市场经济需要。与此同时，证券市场的突飞猛进促使直接融资演变为工商企业十分青睐的融资方式。在这一背景下，信用型产融结合模式的主导地位逐渐发生了一些微妙的变化，由主导性向基础性转变的趋势愈加明显。

证券市场的突飞猛进为股权型产融结合模式的高速发展提供了重要平台。现阶段，我国的产融结合模式主要依托股权交易方式实现，并展现出了占据主导地位的强劲趋势。同时，将股权型产融结合模式作为发展突破口，借助证券市场的优胜劣汰机制优化资源配置，进而提升产融结合效率。值得注意的是，信用型与股权型产融结合模式均是实体型产融结合模式，工商企业与金融企业的融合属于真实的资本或股权之间的结合，但二者之间的无形资产同样可以融合，以交易无形资产来完成产融结合就是所谓的咨询服务型产融结合。比如金融企业可以利用自身拥有的金融知识、信息以及专业技术等无形资产向工商企业提供功能性金融服务，进而实现向工商企业逐步渗透的目标。咨询服务型产融结合模式在西方发达国家已经兴起，但在我国尚未引起足够重视。不可否认，咨询服务型产融结合模式在产业经济发展过程中扮演的角色日益凸显，我国政府理应予以重视与支持。

3.3.3　双向产融结合模式

根据融合方向，产融结合可划分为"由产到融"与"由融到产"两种模式。就产融结合现状而言，"由产到融"模式占据主导地位，并已展现出向双向融合模式发展的强劲趋势。所谓双向融合就是指工商企业与金融机构之间能够实现双向参股或控股，凭借资本双向渗透来改善资本运作效率，拓展融合范围的产融结合模式。

现阶段，我国的产融结合尚未实现完全的双向融合模式。其中，"由产到融"模式占据主导地位，而《中华人民共和国商业银行法》对金融业参股工商企业的约束在很大程度上抑制了"由融到产"模式的发展。然而，随着经济全球化进程的纵向推进以及我国监管体系的日臻完善，我国政府会逐渐放松对金融业的管制，"由融到产"模式将会迎来良好的发展机遇，这就意味着双向融合将会发展为产融结合的目标模式。

双向融合模式的发展是企业自身做大做强以及应对国际竞争的必然结果与现实需求。一方面，对金融企业而言，向工商企业渗透资本可以拓展自身的投资渠道，分散风险，增加了利润空间与渠道，有利于增强市场竞争力。另一方面，双向产融结合模式已发展为国际盛行的普遍模式，随着经济全球化进程的纵向推进，我国政府理应积极推广"由融到产"模式。因此，在上述两种力量的综合作用下，双向结合模式将是我国产融结合发展的必然趋势。

综上可知，现阶段，我国的产融结合模式正经历着由政府主导向市场主导的转变过程，而且这一转变过程中理应兼顾发展信用型、股权型以及咨询

服务型三种模式，尤其是咨询服务型模式和"由融到产"模式应予以高度重视。此外，鉴于"由产到融"模式的主导地位，本书将重点研究此种模式。

3.4　我国产融结合的现状

3.4.1　实施产融结合的实体企业占比及行业分布现状

表 3-2 报告了 2007~2017 年度实施产融结合的实体企业个数[①]。根据 CSMAR 和 Wind 数据库中"上市公司持股非上市金融机构"的数据统计结果，发现 2007~2017 年我国实体企业参股金融机构整体上呈现出上升趋势。由此可见，作为企业理性应对全球竞争、实现可持续发展的重要战略选择，产融结合已经演变为实践中的热点，其重要性日益凸显。

表 3-2　　　　2007~2017 年度实施产融结合的实体企业个数　　　　单位：个

年份	年末实施产融结合实体企业	年份	年末实施产融结合实体企业
2007	444	2013	831
2008	502	2014	868
2009	541	2015	129
2010	601	2016	87
2011	668	2017	83
2012	780	总计	5534

资料来源：作者根据 CSMAR 和 Wind 数据库中的相关数据手工整理获得。

接下来，图 3-1 绘制了实施产融结合的实体企业年度分布情况。由图 3-1 可知，2007~2014 年这 8 年间，我国实施产融结合的实体企业不断攀

①　2007 年证监会明确规定，上市公司需重点披露其持有银行、证券、保险、信托以及期货等非上市金融企业股权情况，涉及最初投资成本、期初持股比例、期末持股比例、期末账面值等信息。

升，然而 2015～2017 年这三年间，参股金融机构的实体企业数量急剧减少。事实上，这一现象同我国的金融发展水平以及国家政策息息相关。2008 年的全球金融危机严重冲击了我国经济的稳定发展，诸多金融机构的日常经营面临困境，迫切需要注入资金来维系金融机构的正常运作，加之"四万亿计划"的刺激作用，实体企业借此机会主动参股金融机构，旨在利用产融结合来拓宽融资渠道以及捕捉新的利润增长点。2010 年 12 月，时任国资委主任的王勇在中央企业负责人会议上强调，具备一定条件的企业可以率先尝试着探索产融结合模式。这是国资委首次明确支持产业资本渗入金融业，在这一制度安排下，实体企业尤其是国有企业踊跃踏上产融结合道路。

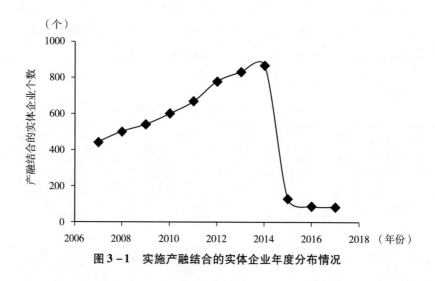

图 3 - 1　实施产融结合的实体企业年度分布情况

　　2011 年底，中央经济工作会议着重强调"金融服务实体经济"的指导方针。2012 年 1 月举行的第四次全国金融工作会议强调了"有效解决实体经济融资难、融资贵问题"，这次会议在很大程度上明确了未来五年金融工作的战略定位与发展方向。2014 年 12 月提出的《中国制造 2025》指出，实现制造大国向制造强国转变的目标必须加强完善金融扶持政策，充分发挥产融结合等金融服务在推动制造业转型升级中的积极作用。上述政策及其指导思想助推了金融市场的发展，为实体企业实施产融结合模式提供了契机。

　　然而，近年来，我国股市整体走势跌宕起伏，屡屡上演暴涨暴跌，尤其是 2015 年的"千股跌停"对我国金融市场稳定造成了巨大破坏。而金融行业原本就属于高风险行业，产融结合后，金融风险极易通过内部交易传染给母公司。为此，2015 年以后出现大量的实体企业纷纷退出产融结合模式。此外，十九大报告明确提出"完善金融监管体系，守住不发生系统性风险的底线"。在此背景下，日益严格的金融监管、低迷的股市以及 2013 年互联网金融的跨越式发展对传统金融业的冲击极大地降低了实体企业对金融机构发展前景的乐观预期，实体企业便主动放弃参股金融机构。特别地，鉴于我国实体企业参股金融机构以低比例居多（持股比例低于 10%），一旦实体企业预期难以分享金融业的高额利润，便会退出产融结合，这一现象可由图 3 - 1 中 2015 ~ 2017 的曲线走势加以印证。

　　表 3 - 3 报告了 2007 ~ 2017 年度实施产融结合的实体企业行业分布情况。结果显示，参股金融机构的实体企业主要集中于制造业，其占比高达51.23%，累计达到了 2835 家。同时，批发和零售业共计有 683 家实体企业参股金融机构，其占比为 12.35%。此外，电力、热力、燃气及水的生产和供应业共计有 324 家实体企业参股金融机构，其占比为 5.86%。由此可见，实施产融结合的实体企业主要分布在上述三个行业，呈现出明显的行业特征。这一统计结果预示着后文的实证分析有必要考虑行业效应。

表 3 - 3　　2007 ~ 2017 年度实施产融结合的实体企业行业分布情况

行业类别	行业代码	实体企业（个）	比例（%）
农、林、牧、渔业	A	265	4.78
采矿业	B	207	3.75
制造业	C	2835	51.23
电力、热力、燃气及水的生产和供应业	D	324	5.86
建筑业	E	257	4.65
批发与零售业	F	683	12.35
交通运输、仓储与邮政业	G	266	4.82

续表

行业类别	行业代码	实体企业（个）	比例（%）
住宿和餐饮业	H	9	0.15
信息传输、软件和信息技术服务业	I	135	2.45
房地产业	K	312	5.65
租赁和商务服务业	L	47	0.85
科学研究和技术服务业	M	9	0.15
水利、环境和公共设施管理业	N	68	1.22
文化、体育和娱乐业	R	42	0.75
综合	S	75	1.34
合计		5534	100

资料来源：作者根据 CSMAR 和 Wind 数据库中的相关数据手工整理获得。

3.4.2　实体企业参股金融机构的持股比例分布现状

表 3 - 4 报告了 2007 ~ 2017 年度实体企业参股金融机构的持股比例[①]统计结果。不难发现，整体上，2007 ~ 2017 年度实体企业参股金融机构的持股比例均保持在 10% 以上，而且不同实体企业之间的持股比例差异较大。具体而言，我们发现，2007 ~ 2014 年实体企业参股比例的平均水平在 10% 附近浮动，而 2015 ~ 2017 年实体企业参股比例的平均水平在 20% 附近浮动，但这一期间参股金融机构的实体企业数量大幅减少。这一现象与我国的经济、金融以及国家政策密不可分。此外，由于我国实体企业参股金融机构是以低比例居多（持股比例低于 10%），而唯有持股比例达到一定阈值才能确保实体企业能够分享金融业的高额利润，因此持股比例较低的实体企业便会退出产融结合。如此一来，2015 年以后就出现了参股金融机构的实体企业数量减少而整体参股比例却上升的现象。

---

①　若一家实体企业同时参股多家金融机构，则以最高比例计算该实体企业参股金融机构的持股比例，旨在反映实体企业对金融机构的最大影响力与控制力，还可以有效规避重复计量。

表 3 – 4　　2007～2017 年度实体企业参股金融机构的持股比例统计结果　　单位：%

年份	N	均值	标准差	最小值	最大值	p25	中位数	p75
2007	444	10.670	20.198	0.000	100	0.465	2.950	9.810
2008	502	11.475	19.873	0.000	100	0.700	3.115	10.000
2009	541	10.981	19.069	0.000	100	0.700	3.000	10.260
2010	601	11.736	20.239	0.000	100	0.670	3.000	11.000
2011	668	12.379	20.698	0.000	100	0.785	3.215	13.820
2012	780	10.843	18.955	0.000	100	0.627	3.140	10.000
2013	831	10.595	18.074	0.000	100	0.630	3.440	10.000
2014	868	10.978	18.773	0.000	100	0.633	3.685	10.000
2015	129	20.687	25.697	0.004	100	1.588	10.000	30.000
2016	87	21.431	25.483	0.004	100	1.280	10.000	35.400
2017	83	21.684	25.789	0.020	100	1.840	9.960	35.400
总计	5534	11.725	19.886	0.000	100	0.690	3.360	10.640

资料来源：作者根据 CSMAR 和 Wind 数据库中的相关数据手工整理获得。

接下来，图 3 – 2 绘制了实体企业参股金融机构比例的年度分布情况。由图 3 – 2 可知，2007～2017 年间我国实体企业参股比例持续攀升，尤其是 2015～2017 年这三年间，参股比例明显飙升，显著高于 20%。这也再次证实了前文观点"2015 年以后就出现了参股金融机构的实体企业数量减少而整体参股比例却上升的现象"。

表 3 – 5 报告了 2007～2017 年度实体企业参股金融机构的持股比例分布情况。结合实体企业的实际参股比例，将其划分为六组。不难发现，持股比例处于区间 [0，10%) 之内的实体企业占比最高，高达 70.817%，而且实体企业参股金融机构最多的是银行，其占比为 61.316%。对于持股比例介于区间 [10%，20%) 的实体企业，其参股最多的金融机构依然是银行。由此可见，商业银行是实体企业实施产融结合战略选择时最为青睐的金融机构。对于持股比例介于区间 [20%，30%) 和 [30%，40%) 的实体企业，其参股最多的金融机构均为财务公司，相应的占比分别为 42.857% 和 46.196%；

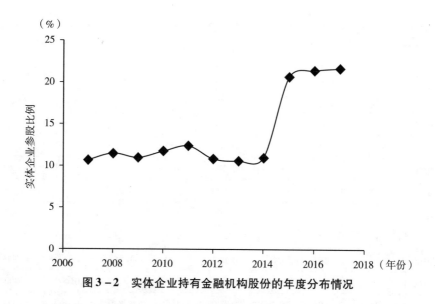

图3-2   实体企业持有金融机构股份的年度分布情况

而对于持股比例介于区间 [40%, 50%) 和 [50%, 100%] 的实体企业，其参股最多的金融机构分别为基金公司和期货公司，相应的占比分别为 35.849% 和 40.391%。

表3-5   2007~2017年度实体企业参股金融机构的持股比例分布

金融机构类型		[0, 10)	[10, 20)	[20, 30)	[30, 40)	[40, 50)	>50	合计
保险	公司数（个）	256	72	36	0	12	12	388
	百分比（%）	6.532	13.308	9.704	0.000	5.660	3.908	7.011
信托	公司数（个）	206	9	25	10	7	3	260
	百分比（%）	5.256	1.664	6.739	5.434	3.302	0.977	4.698
基金	公司数（个）	19	44	57	44	76	38	278
	百分比（%）	0.484	8.133	15.364	23.913	35.849	12.378	5.023
期货	公司数（个）	38	19	23	13	43	124	260
	百分比（%）	0.969	3.512	6.199	7.065	20.283	40.391	4.698
证券	公司数（个）	805	51	48	9	14	41	968
	百分比（%）	20.541	9.427	12.938	4.891	6.604	13.355	17.492
财务	公司数（个）	192	122	159	85	60	13	631
	百分比（%）	4.899	22.551	42.857	46.196	28.302	4.235	11.402

续表

金融机构类型		[0，10)	[10，20)	[20，30)	[30，40)	[40，50)	>50	合计
银行	公司数（个）	2403	224	23	23	0	76	2749
	百分比（%）	61.316	41.405	6.199	12.500	0.000	24.756	49.676
合计	公司数（个）	3919	541	371	184	212	307	5534
	百分比（%）	70.817	9.776	6.704	3.325	3.831	5.547	100

资料来源：作者根据 CSMAR 和 Wind 数据库中的相关数据手工整理获得。

综上可知，我国实体企业参股金融机构主要集中于商业银行，而且持股比例集中在20%附近，参股基金公司和期货公司的占比相对较低，但其持股比例却普遍偏高。

3.4.3　实体企业参股金融机构类型分布现状

表3-6报告了2007～2017年度实体企业参股金融机构类型的分布情况。结果显示，商业银行、证券公司以及财务公司是实体企业参股最多的三类金融机构。2007～2014年间实体企业参股这七类金融机构均呈现出稳步上升趋势，然而在2015～2017年间，实体企业纷纷退出产融结合，进而导致参股金融机构的实体企业数量大幅下降。如前所述，这可能与2015年股市波动对我国金融市场稳定造成了巨大影响有关。

表 3 - 6　　　　2007～2017 年度实体企业参股金融机构类型分布　　　单位：个

年份	保险	信托	基金	期货	证券	财务	银行	合计
2007	33	26	16	21	139	41	168	444
2008	39	29	22	23	138	46	205	502
2009	39	29	24	26	126	53	244	541
2010	39	32	27	31	117	61	294	601
2011	47	32	33	34	109	68	345	668
2012	47	33	35	39	109	93	424	780
2013	56	34	37	37	108	106	453	831

续表

年份	保险	信托	基金	期货	证券	财务	银行	合计
2014	57	34	45	38	99	116	479	868
2015	13	5	18	3	12	17	61	129
2016	10	4	10	4	6	16	37	87
2017	8	2	11	4	5	14	39	83
合计	388	260	278	260	968	631	2749	5534

资料来源：作者根据 CSMAR 和 Wind 数据库中的相关数据手工整理获得。

图 3 - 3 描绘了 2007 ~ 2017 年实体企业参股金融机构类型的分布情况。我们可以清晰地发现，商业银行独占鳌头，最受实体企业青睐。处于第二位的是证券公司，这可能是因为实体企业参股证券公司不仅可以同证券公司建立长期稳固的合作关系，而且可以增强实体企业资本运作以及并购整合的能力。处于第三位的是财务公司，其原因在于实体企业参股财务公司可以构建内部资本市场，降低交易成本、协同财务和经营以及增强资本运作能力等。

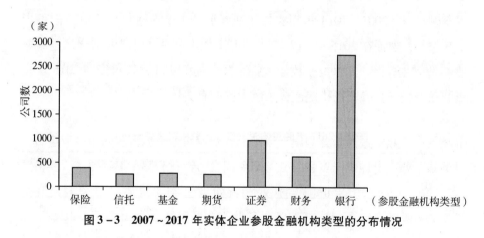

图 3 - 3   2007 ~ 2017 年实体企业参股金融机构类型的分布情况

3.5　本章小结

毋庸置疑，企业的生存与发展自然无法摆脱制度环境的影响，尤其是产融结合这一战略。通过梳理与分析我国产融结合模式的制度背景与现状，不

难发现，我国资本市场的跨越式发展以及市场准入管制的不断放松，政府对发展产融结合模式的态度逐渐由禁止转变为默许，无疑为产融结合的有序发展营造了宽松的政策环境。在有利的外部环境下，我国的产融结合迅速得以恢复，并展示出强劲的发展势头。与此同时，我国政府在金融发展与资源优化配置中扮演着关键角色，这在一定程度上造成国有企业与民营企业在政府干预、融资成本以及竞争压力等方面存在显著差异，这意味着不同产权性质的企业实施产融结合模式的动机可能存在差异。因此，在我国独特的制度背景下，有必要将产权性质纳入本书的分析框架。在上述背景的认识下，本书将系统考察产融结合模式下这两类企业创新投资决策的动因差异以及由此产生的经济后果。为此，我们确立文章的研究主题为：产融结合模式下企业创新投资决策及其经济后果研究。

纵观研究内容，本书遵循制度背景差异→产融结合模式下企业创新投资的动因差异→由此产生的经济后果的逻辑主线展开研究。为了便于理解行文逻辑，接下来，我们将详细阐述本书各章节之间的逻辑关系。具体而言，立足于我国独特的制度背景，首先整理和分析产融结合的制度沿革、发展历程、模式特点以及现状。其次，进一步分析讨论产融结合模式下不同产权性质企业的创新投资的动因差异，并从理论上阐述产融结合影响企业创新投资决策的内在机制，据此构建理论框架。再次，针对产融结合模式下不同产权性质企业的创新投资对实体企业的影响进行理论分析与实证检验，主要包括企业创新投资意愿、创新投入、创新产出以及创新效率。最后，本书从公司业绩和股价风险等方面就创新投资的经济后果展开研究，包括经营业绩、市场业绩、股价崩盘风险和股价同步性，并总结每一部分研究内容的相应结论，就整体研究结论，提出切实可行的政策建议。

第 4 章

产融结合对企业创新投资
意愿的实证分析

本章重点分析产融结合对企业创新投资意愿的影响。首先，基于资源基础理论和资源依赖等理论视角，系统分析产融结合对企业创新投资意愿的影响机理，在此基础上进一步探索产权性质对上述关系的调节效应，并提出相关研究假设。其次，根据研究假设进行研究设计，鉴于企业创新投资意愿的数据特征，构建 Logit 回归模型，并利用 2008 ~ 2017 年沪深两市 A 股上市公司的微观数据进行实证检验。再次，将从融资约束等方面展开机制检验，并从实体企业参股类型和比例对产融结合深度、广度与企业创新投资意愿进行拓展性分析。最后，为增强研究结果的稳健性，采用倾向得分（PSM）等方法进行内生性问题处理。

4.1   引言

进入 20 世纪 80 年代以后，随着金融管制的逐步放松以及金融自由化的积极推进，市场竞争环境动态化特征日益突显，产业边界日趋模糊化。而产业边界的模糊化为产业资本顺利渗透金融业提供了契机，与此同时，"由产到融"的产融结合模式日益发展成为一种全新的产业组织形式（黎文靖和李茫茫，2017）。所谓产融结合是指产业部门与金融部门借助资金、资本以及人事安排等方式彼此融合，并形成产融实体的一种经济现象（支燕和吴河北，2010）。在世界经济格局进入以集团为中心的时代背景下，突破实业与金融的行业边界，采取产融结合模式获取竞争优势，逐渐演变为企业理性应对全球竞争、实现可持续发展的重要战略选择。诸如，通用电气（GE）等大型制造业集团均通过积极参股或控股金融企业的方式来实施产融结合型的发展战略。中国作为新兴经济体，其集团公司采纳产融结合型的发展模式相对较晚，但也出现了一批诸如海尔、德隆以及新希望等集团公司，采取发起设立、收购兼并等方式来实施产融结合型发展战略，以此实现资源整合、发展壮大的目标。

产融结合作为一种新型的产业组织形式，是企业发展壮大的必由之路，在经济发展过程中扮演着重要角色，但是产融结合模式在我国的发展

历程并不顺畅。从亚洲金融危机之后的明令禁止，到随后的默许，再到 2010 年政府颁布一系列支持性政策，这一转变充分说明我国政府已经意识到产融结合在推动产业转型升级过程中的重要作用。为此，我国政府大力支持金融资本同产业资本之间的深度融合，充分发挥两种资本各自的优势，积极引导金融资本服务实体经济的发展需求。在我国政府的积极推动下，越来越多的大型企业积极参股或控股金融机构，"由产到融"的产融结合模式得到了高速发展。Wind 数据库统计结果显示，2008～2017 年这十年间我国参股金融机构的上市公司平均占比已经达到了 26.30%，相较于 2005 年的平均占比 13.45%，产融结合模式的发展速度十分迅猛。由此可见，基于产融结合模式下探究实体企业的行为动机及其经济后果具有重要的现实意义。

然而，关于产融结合的理论研究明显滞后于实践层面上的快速发展。现有文献主要从降低交易成本、实现多元化经营、缓解融资约束、分享垄断利润以及获取竞争优势（支燕和吴河北，2011；万良勇等，2015；王超恩等，2016；黎文靖和李茫茫，2017）等方面研究产融结合，鲜有文献从企业创新投资意愿角度研究我国企业产融结合的经济后果及其作用机制。事实上，产融结合模式具有信息效应、决策效应以及人力与资本供给效应等多方面优势，可以为企业营造稳定的外部融资环境（万良勇等，2015；黎文靖和李茫茫，2017；马红等，2018）。从这个层面上看，产融结合可以缓解实体企业创新活动所面临的融资约束问题，同时也为实体企业提供人力资本与技术支持，进而显著影响实体企业创新投资意愿。此外，产权异质性是中国企业所面临的最大的制度差异（黎文靖和李茫茫，2017）。然而，鲜有文献考察产融结合模式下不同产权性质企业创新投资意愿的差异。

基于上述分析和资源依赖等理论视角，本章将系统考察产融结合对不同产权性质企业创新投资意愿的影响机理，利用 2008～2017 年沪深两市 A 股上市公司参股金融机构的相关数据进行了实证分析。实证结果表明：产融结合有利于增强企业创新投资意愿，而且这一促进作用在民营企业中更明显；产融结合有利于增强企业创新投资意愿主要是通过缓解融资约束等途径实现的，这一作用机制在民营企业中更明显。进一步研究发现，实体企业参股商业银行、证券公司以及财务公司均有利于增强企业创新投资意愿，但参股信托公司和保险公司却未能显著增强实体企业创新投资意愿；实体企业参股金融机构确实有利于增强企业创新投资意愿，而且随着参股比例的提升，这一促进作用更明显。

4.2　研究假设

4.2.1　产融结合与企业创新投资意愿

创新是实现可持续发展的动力源泉。2015 年我国提出"大众创业、万众创新"的发展理念，随后党的十八大和十九大相继就创新引领做出重要部署，将创新定位为建设现代化经济体系的战略支撑。诚然，实现创新型国家建设和经济高质量发展的宏伟目标首先需要顶层设计，与此同时微观基础也不容忽视。作为微观主体，企业是最基本也是最重要的市场供给主体，更是积极推进创新的主力军。换言之，唯有增强企业创新意愿、提升创新活力、改善创新效率，才能真正夯实经济高质量发展的微观基础。

众所周知，企业创新是一个长期过程，而且需要持续投入巨额资金，这就意味着创新活动通常蕴含着高风险，同时调整成本也相对较高。一方面，企业创新活动充满不确定性，风险较高。创新投资往往会涉及商业秘密，企业不愿意对外披露有关创新投资的核心信息，这说明企业创新活动通常会存在较严重的信息不对称问题，导致外部监督机制难以渗透到企业创新活动的全过程。尤其是新兴经济体，其高效的信息传导机制相对欠缺，资本市场流动性相对较差，企业难以及时、准确地向外界传递有关创新活动投资价值的信息（Durnev et al. , 2010）。更值得注意的是，创新活动的持续高投入极易诱发逆向选择和道德风险问题，其外部融资市场类似"柠檬"市场，必然要求更高的风险溢价（鞠晓生等，2013）。另一方面，企业创新具有明显的长期性。创新活动是一个长期过程，创新投入具有高度的专用性，而且创新产出是以无形资产为主，这预示着一旦创新活动出现中断等突发状况，会造成企业无法弥补前期投入，即调整成本颇高。基于上述分析，不难发现，企业创新活动的高度不确定性导致信息不对称程度增加，进而造成企业创新面临严重的融资约束问题；企业创新活动的长期性在很大程度上决定了企业创新投资需要稳定的外部融资环境（王超恩等，2016；巫岑等，2016）。

作为企业实现快速扩张、多元化经营以及优化资源配置的有效途径，产融结合模式在我国经历了一波三折的发展历程。从亚洲金融危机之后的明令禁止，到随后的默许，再到 2010 年政府颁布一系列支持性政策，这一转变充分说明我国政府已经意识到产融结合在推动产业转型升级过程中的重要作用。产融结合是我国企业集团公司发展的新动向，以集团总公司、金融板块和下属上市公司形成的上中下三层结构为融资平台的多层次融资体系，有利于实现转变融资统筹管理方式、优化融资结构、降低融资成本等目标，进而便于服务集团主业（王新宇，2011）。同时，现有研究表明，产融结合具有信息效应和决策效应，有利于降低信息不对称程度和交易成本，优化资源配置，产生协同效应等竞争优势，进而能够有效缓解企业融资约束问题（李维安和马超，2014；万良勇等，2015；黎文靖和李茫茫，2017；马红和王元月，2017）。因此，相较于未参股金融机构的企业，实体企业参股金融机构具有信息、融资、人力与资本供给等多方面优势。

产融结合可以拓展融资渠道，简化流程，降低信息不对称和资本成本，为企业提供稳定的融资环境（王红建等，2017；马红等，2018）。从信息不对称层面上看，实体企业参股金融机构有利于拓展信息沟通渠道，增强信息交流的有效性与及时性，进而降低了信息不对称程度。而信息越透明，越能够抑制逆向选择与道德风险现象出现，这在一定程度上削减了金融机构的交易与监督成本，有利于增强金融机构提供长期信贷资金的意愿（万良勇等，2015；马红等，2018）。从决策效应层面上看，持有金融机构股权达到一定比例后，实体企业有权派遣相关人员进入金融机构董事会担任董事而直接影响信贷决策，极大地增加了实体企业获取关联贷款的可能性（Charumilind et al. ，2006；万良勇等，2015）。从信誉层面上看，实体企业参股金融机构可以金融机构作为隐形担保，增强实体企业在信贷市场中的声誉，提升信用评级，向资本市场释放利好信号，极大地提高了获得信贷支持的概率，进而缓解融资约束（Lu et al. ，2012；王红建等，2017）。解维敏（2013）利用2007~2011年我国A股上市公司的微观数据，研究发现参股保险业有利于缓解上市公司融资约束，而且这一现象在金融欠发达地区更明显。王秀丽等（2017）发现，产融结合型企业主要是借助金融资源来缓解融资约束，而非产融结合型企业主要是通过高水平内部资本市场发挥融资功能，因此二者在融资功能方面表现为一种替代关系。综上可知，产融结合具有信息效应、融资约束效应以及人力与资本供给效应等多方面优势，可以为企业营造稳定的外部融资环境。

基于上述理论分析，不难发现，高度信息不对称而造成企业创新面临严重的融资约束问题，同时企业创新活动的长期性在很大程度上决定了企业创新投资需要稳定的外部融资环境（王超恩等，2016；巫岑等，2016）。而产融结合模式具有信息效应、融资约束效应以及人力与资本供给效应等多方面优势，可以为企业营造稳定的外部融资环境。从这个层面上看，产融结合可以缓解实体企业创新活动所面临的融资约束问题，同时也为实体企业提供人力资本与技术支持，进而增强了实体企业创新投资的意愿。据此，我们提出本章第一个研究假设：

H4.1：产融结合有利于增强企业创新投资意愿。

4.2.2 产融结合、产权性质与企业创新投资意愿

产权"二元"结构是我国企业特有的属性。科学合理的制度安排能够提供有效的激励、监督机制，而不同所有制结构所对应的产权性质会带来不同的治理效果。现实中，信息不对称等问题导致金融市场存在诸多摩擦，并造成外部融资成本明显高于内部融资，进而诱发融资约束问题。经济转型时期，财政分权与政治锦标赛的激励有效地刺激了地方政府参与经济发展的积极性，在地方经济发展中扮演着"扶持之手"的角色，但考虑到政治升迁

问题，地方政府通常也会扮演着"干预之手"的角色，比如"拉郎配现象"、地区市场分割等问题（唐雪松等，2010；曹春方，2013）。由此可见，我国政府通常会深入介入经济事务，导致不同产权性质的企业在产融结合动因方面存在较为显著的制度性差异。

一方面，我国商业银行以国有属性居多，同国有企业的天然联系导致银行信贷更倾向于国有企业（Lu et al.，2012；李茫茫，2018）。另一方面，国有企业面临的市场竞争压力相对更小（李茫茫，2018）。此外，民营企业的经营年限通常相对较短，信息透明度也相对较低，难以与金融机构建立长期稳定的合作关系，导致民营企业在信贷方面需要承担更高的融资成本（李茫茫，2018）。由此可见，民营企业面临更为严重的融资约束问题和更大的市场竞争压力。此外，一些学者认为，国有产权性质并不利于创新投资（张保柱和黄辉，2009；Lin et al.，2010）。张保柱和黄辉（2009）指出，国有企业通常会替政府"分忧"而承担更多的社会职能，而且国企高管为追求政治晋升等短期利益会缩减创新投入，其创新投资动力相对不足。

综上可知，民营企业面临更为严重的融资约束问题和更大的市场竞争压力，而产融结合模式具有信息效应、融资约束效应以及人力与资本供给效应等多方面优势，可以为企业营造稳定的外部融资环境，缓解企业创新活动的融资约束问题，尤其是民营企业。基于上述分析，产融结合对融资约束的缓解作用在民营企业中更显著，进而更能显著强化民营企业的创新投资意愿。据此，我们提出本章的第二个研究假设。

H4.2：相对于国有企业而言，产融结合对创新投资意愿的促进作用在民营企业中更显著。

4.3　研究设计

4.3.1　样本选择与数据来源

股权分置改革完成后，股权流通在一定程度上加快了实体企业参股金融机构的进程，同时考虑到 2007 年我国开始执行新会计准则，国泰安（CS-MAR）数据库可获得的关于研发投入数据最早年份为 2007 年，而且实证分析过程中需要使用超前—滞后项。鉴于此，本书以 2008～2017 年沪深两市非金融类 A 股上市公司作为原始样本，并对其实施如下处理：（1）剔除金融、保险行业的上市公司；（2）剔除 ST、ST* 以及数据出现缺失的上市公司。经过筛选，最终我们得到 13762 个有效的"公司—年度"观测值。与此同时，为排除极端值的不利影响，对所有连续变量均进行了上下 1% 分位的缩尾（Winsorize）处理。其中，上市公司参股金融机构的原始数据来自万得（Wind）数据库，并结合年报进行适当调整；其余财务数据均来自国泰安（CSMAR）数据库以及色诺芬（CCER）数据库。统计分析软件是以 Stata 14.0 为主。

4.3.2　模型构建与变量定义

为了考察产融结合对创新投资意愿的影响，借鉴陈（2014）、黎文靖和郑曼妮（2016）、王超恩等（2016）的研究，在控制相关特征变量、行业以及年度效应的基础上，引入产融结合的代理变量作为核心解释变量，以创新投资意愿为被解释变量，构建如下 Logit 回归模型：

$$
\begin{aligned}
P(RDW_{i,t} = 1) = {} & \beta_0 + \beta_1 FIN_{i,t} + \beta_2 State_{i,t} + \beta_3 Cash_{i,t} + \beta_4 INDP_{i,t} \\
& + \beta_5 LEV_{i,t} + \beta_6 Size_{i,t} + \beta_7 INST_{i,t} + \beta_8 LNAGE_{i,t} \\
& + \beta_9 SHC_{i,t} + \beta_{10} ROA_{i,t} + \beta_{11} Sub_{i,t} + \beta_{12} ETR_{i,t} \\
& + \sum Year + \sum Id + \varepsilon_{i,t}
\end{aligned}
\tag{4.1}
$$

其中，RDW 表示创新投资意愿，参照陈爽英等（2010）的做法，根据企业当年是否存在研发投资行为作为判断标准，若企业当年实施研发投资，则取值为 1，否则取 0；FIN 表示产融结合变量，若企业参股金融机构，则 FIN 取值为 1，否则取 0，而且实体企业参股金融机构主要涉及商业银行、证券、信托、财务、期货、基金以及财务公司七类。

在控制变量方面，参考陈（2014）、黎文靖和郑曼妮（2016）、王超恩等（2016）以及李茫茫（2018）的研究思路，选取以下关键特征变量作为

控制变量：产权性质（State）、现金流量（Cash）、董事会独立性（INDP）、财务杠杆（LEV）、企业规模（Size）、机构持股（INST）、公司年龄（LNAGE）、股权集中度（SHC）、总资产收益率（ROA）、政府补贴（Sub）、税收优惠（ETR）以及行业（Id）和年度（Year）虚拟变量。变量的具体定义详见表 4 - 1。此外，针对可能存在的异方差问题，遵循已有文献的研究惯例，对所有回归分析中的公司代码进行聚类分析（Cluster），并采用 Robust 调整标准误。

表 4 - 1　　　　　　　　　　　　变量定义

变量名称	变量符号	变量界定
创新投资意愿	RDW	若企业当年实施研发投资，则取值为 1；否则取 0
产融结合	FIN	若企业参股金融机构，则 FIN 取 1；否则取 0
产权性质	State	若企业实际控制人为国有，则取 1；否则取 0
现金流量	Cash	经营活动现金流净额与总资产之比
董事会独立性	INDP	独立董事总人数与董事会总人数之比
财务杠杆	LEV	权益资本收益变动率与息税前利润变动率之比
企业规模	Size	企业总资产的自然对数
机构持股	INST	机构投资者持股与企业总股数之比
公司年龄	LNAGE	研究当期年份减去成立年份再加 1 后取自然对数
股权集中度	SHC	第一大股东持股比例
总资产收益率	ROA	净利润与企业总资产之比
政府补贴	Sub	上一年度政府补助除以总资产
税收优惠	ETR	（所得税费用减去递延所得税）与息税前利润之比
年份	Year	年度虚拟变量，以 2008 年为基准
行业	Id	行业虚拟变量，根据 2012 年证监会分类，以 A 类为准

4.4　实证结果及分析

4.4.1　描述性统计分析

表 4 - 2 报告了本章所涉及变量的描述性统计结果。不难发现，创新投资意愿（RDW）的均值为 0.572，说明至少有 57.2% 的上市公司从事了创新投资活动，而且由中位数的统计结果也可以发现这一现象。同时，我们发现产融结合（FIN）的均值为 0.263，说明 2008 ~ 2017 年这 10 年间已有 26.3% 的上市公司以参股金融机构的方式实现了产融结合。由此可见，作为新兴的产业组织形式，产融结合已颇具规模，这一发现也与马红等（2018）的研究结论一脉相承。

控制变量方面，产权性质（State）的均值为 0.525，说明本书选取的样本公司中有 52.5% 的上市公司是国有企业，即国有上市公司依然占据主导地位。机构持股（INST）的均值为 0.052，最大值为 0.242，说明机构投资者持有上市公司的比例整体上依然相对较低，而且不同上市公司之间的持股比例差异较大。政府补助（Sub）的均值为 0.004，标准差为 0.018，这一统计结果与黎文靖和郑曼妮（2016）的研究结果比较相近。此外，税收优惠（ETR）的均值为 0.232，标准差为 0.315，而且最大值高达 1.728，说明我国上市公司享受的税收优惠状况差异较大，也证实了政府扮演的"扶持之手"角色。其余变量的统计结果也与万良勇等（2015）、马红等（2018）等已有文献的研究结果基本一致，说明本书的样本选取是合理的，为本书研究结论的稳健性提供了可靠的经验证据。

表 4 - 2　　　　　　　　　　　　　描述性统计结果

变量	N	均值	标准差	中位数	最小值	最大值
RDW	13762	0.572	0.427	1.000	0.000	1.000
FIN	13762	0.263	0.395	0.000	0.000	1.000

续表

变量	N	均值	标准差	中位数	最小值	最大值
State	13762	0.525	0.479	1.000	0.000	1.000
Cash	13762	0.192	0.185	0.143	0.015	0.782
INDP	13762	0.394	0.018	0.333	0.333	0.712
LEV	13762	0.452	0.525	0.448	0.075	0.935
Size	13762	22.248	0.595	23.284	12.576	28.278
INST	13762	0.052	0.158	0.032	0.000	0.242
LNAGE	13762	2.762	0.352	2.628	1.124	3.302
SHC	13762	0.329	0.252	0.294	0.007	0.685
ROA	13762	0.042	0.529	0.039	-0.217	0.224
Sub	13762	0.004	0.018	0.003	0.000	0.037
ETR	13762	0.232	0.315	0.228	-1.058	1.728

4.4.2　相关性分析

遵循研究惯例，进行回归分析之前，先对本章所要研究的主要变量进行相关性分析，结果如表4-3所示。不难发现，创新投资意愿（RDW）与产融结合（FIN）的相关性系数为0.127，且在5%的水平上显著。由此可知，产融结合与企业创新投资意愿显著正相关，说明实体企业参股金融机构的产融结合模式确实能够增强企业创新投资意愿，初步验证了研究假设H4.1。创新投资意愿（RDW）与产权性质（State）的相关性系数为-0.018，且在5%的水平上显著，说明产权性质与企业创新投资意愿在5%的水平上显著负相关，即民营企业的创新投资意愿可能要强于国有企业。同时，我们发现，现金流量（Cash）、总资产收益率（ROA）、政府补助（Sub）以及税收优惠（ETR）均与创新投资意愿（RDW）显著正相关，说明企业自身盈利能力越强，政府支持力度越大，越能增强企业创新投资意愿。然而，资产负债率（LEV）与创新投资意愿（RDW）显著负相关，表明企业负债越多，其从事创新投资的意愿越弱，这可能是因为企业负债越高，其财务风险越高，管理层可能出于风险管控的顾虑而不愿意从事风险较高的创新投资活动。

表 4-3

相关性分析结果

变量	RDW	FIN	State	Cash	INDP	LEV	Size	INST	LNAGE	SHC	ROA	Sub	ETR
RDW	1												
FIN	0.127**	1											
State	-0.018**	-0.007*	1										
Cash	0.145***	-0.014*	-0.083	1									
INDP	0.119*	0.003	-0.011	0.073*	1								
LEV	-0.127*	0.032*	-0.014*	-0.028**	0.021	1							
Size	0.103*	0.015**	0.027***	0.082*	0.032	-0.053	1						
INST	-0.059*	0.137*	0.012	0.011*	0.164*	-0.007	0.082*	1					
LNAGE	0.126	0.018*	0.024*	0.064*	0.049	-0.062*	0.153**	0.009	1				
SHC	0.032*	0.012*	0.146	0.106**	-0.017*	-0.001	-0.015	-0.053*	-0.012*	1			
ROA	0.218***	0.125*	-0.153**	0.262***	0.106**	-0.014*	0.148	0.137*	0.105	0.085	1		
Sub	0.138**	0.002	0.168**	0.072**	0.014	-0.072*	0.075*	0.003	0.067*	0.116	0.056	1	
ETR	0.172**	0.028	0.078**	0.129**	0.026	-0.124*	0.125**	0.017	0.046*	0.069	0.167*	0.128	1

注：*、**、*** 分别表示在10%、5%、1%的水平上显著；表中采用 Pearson 相关性检验法。

此外，其余变量的相关性检验结果也基本符合已有文献的结论，而且相关性系数的绝对值均小于0.5，说明不存在严重的多重共线性问题。

4.4.3　面板数据的平稳性检验及协整分析

鉴于本书面板数据的时间跨度相对较长，为增强估计结果的有效性，有必要进行平稳性检验，以规避"伪回归"问题。遵循已有文献的惯用方法，采用Fisher-ADF进行单位根检验，该检验方法的主要思想：若拒绝"单位根存在"，则说明是平稳的；反之；则为非平稳。

表4-4报告的单位根检验结果显示，企业创新投资意愿（RDW）、创新产出（Patent）以及产融结合（FIN）等变量为平稳序列，均在1%的水平上显著。在此基础上，采用KAO检验法进行协整检验分析。结果显示，ADF统计量为4.485，相应的P值为0.003，即在1%的显著水平上拒绝了原假设，即各变量之间存在严格的协整关系，不存在"伪回归"问题。由此可见，本书多元回归的估计结果是有效的。

表4-4　　　　　　　　　**面板数据单位根检验结果**

变量	统计量	变量	统计量	是否平稳
RDW	52.26（0.000）	Size	382.49（0.000）	是
Patent	43.75（0.001）	INST	212.57（0.006）	是
FIN	64.93（0.002）	LNAGE	157.38（0.001）	是
State	112.86（0.000）	SHC	82.59（0.000）	是
Cash	89.81（0.000）	ROA	202.48（0.000）	是
INDP	135.98（0.001）	Sub	158.82（0.001）	是
LEV	142.82（0.000）	ETR	196.23（0.000）	是

注：括号内为P值；LLC（Levin-Lin-Chu）检验法适用于相同单位根和平衡面板，而Fisher-ADF检验法适用于不相同单位根和非平衡面板，显然后者应用范围更广且满足本书数据特征。

4.4.4 产融结合影响企业创新投资意愿的检验结果分析

表4-5报告了产融结合影响企业创新投资意愿的检验结果①。第（1）、（2）列基于全样本的检验结果显示，产融结合（FIN）的估计系数均在1%的水平上显著为正，这说明实体企业参股金融机构确实能够增强企业创新投资意愿。究其原因，"实业+金融"的产融结合模式具有信息效应、融资约束效应以及人力与资本供给效应等多方面优势，能够拓展融资渠道，简化流程，降低信息不对称和资本成本，可以为企业营造稳定的外部融资环境（万良勇等，2015；黎文靖和李茫茫，2017；马红等，2018）。因此，相较于未参股金融机构的企业，实体企业参股金融机构拥有信息、融资、人力与资本供给等多方面优势。从这个层面上看，产融结合既可以缓解实体企业创新活动所面临的融资约束问题，同时也为实体企业提供人力资本与技术支持，进而增强了实体企业创新投资的意愿。因此，研究假设H4.1通过检验。

表4-5　　　　　　　　　　**产融结合与企业创新投资意愿**

变量	(1)	(2)	(3)	(4)	(5)	(6)
	全样本		国有企业		民营企业	
	RDW		RDW		RDW	
FIN	0.372*** (12.48)	0.342*** (9.59)	0.175* (1.82)	0.152* (1.76)	0.425*** (21.16)	0.383*** (17.92)
State		-0.015*** (-7.62)				
Cash		0.324*** (14.82)		0.179*** (12.05)		0.349*** (15.39)
INDP		0.571*** (22.89)		0.205* (1.74)		0.473*** (12.69)

① 关于模型选定问题，我们遵循研究惯例，首先进行F检验：若接受原假设，则选用混合模型（Pool OLS）；否则，选用固定效应模型或随机效应模型。此时，还需要进行Hausman检验：若接受原假设，则选用随机效应模型；否则选用固定效应模型。此处报告的是固定效应的检验结果，后文同，不再赘述。

续表

变量	(1)	(2)	(3)	(4)	(5)	(6)
	全样本		国有企业		民营企业	
	RDW		RDW		RDW	
LEV		-0.624*** (-21.48)		-0.327*** (-12.74)		-0.641*** (-9.45)
Size		-0.175** (-2.17)		-0.202*** (-6.28)		-0.124** (-2.35)
INST		-0.214*** (-11.28)		-0.172** (-2.27)		-0.233*** (-15.38)
LNAGE		0.213** (2.06)		0.196* (1.79)		0.237** (2.36)
SHC		0.125* (1.79)		0.176* (1.72)		0.182** (2.45)
ROA		0.423*** (19.48)		0.375*** (17.82)		0.585*** (15.73)
Sub		0.642*** (9.24)		0.475*** (7.85)		0.578*** (5.35)
ETR		0.165*** (7.69)		0.216*** (11.71)		0.142*** (9.43)
常数项	0.539*** (14.25)	0.512*** (13.27)	0.476*** (11.73)	0.452*** (9.72)	0.725*** (17.85)	0.642*** (9.76)
行业效应	控制	控制	控制	控制	控制	控制
年度效应	控制	控制	控制	控制	控制	控制
N	13762	13762	7225	7225	6537	6537
Pseudo R^2	0.229	0.231	0.219	0.226	0.235	0.238

注：*、**、***分别表示在10%、5%、1%上显著；括号内是 T 值；"经验 P 值"用于检验组间 FIN 系数差异的显著性，组间差异 Chow 检验所得到的经验 P 值为 0.012，表明国有企业与民营企业之间产融结合（FIN）系数的差异显著。

为了检验产融结合对企业创新投资意愿的影响在不同产权性质企业中是否存在显著差异，我们在基准模型（4.1）的基础上，进一步依据产权性质将全样本划分为国有企业与民营企业两个子样本，其中第（3）（4）（5）（6）列报告了基于子样本的检验结果。结果显示，在国有企业组中产融结合（FIN）的估计系数均在 10% 的水平上显著为正，而在民营企业组中产融结合（FIN）的估计系数均在 1% 的水平上显著为正，说明无论是对于国有企业还是民营企业，其参股金融机构均能增强创新投资意愿。与此同时，由组间差异 Chow 检验所得到的"经验 P 值"则进一步证实了产融结合（FIN）的组间差异在统计上的显著性：第（4）与（6）列的组间差异检验对应的"经验 P 值"为 0. 012，且在 5% 水平上显著。由此可见，"实业 + 金融"的产融结合模式有利于增强实体企业创新投资意愿，而且这一促进作用在民营企业中更强。其原因可能在于：民营企业面临更为严重的融资约束问题和更大的市场竞争压力，而"实业 + 金融"的产融结合模式具有信息效应、融资约束效应以及人力与资本供给效应等多方面优势，可以为企业营造稳定的外部融资环境，缓解企业创新活动的融资约束问题，尤其是民营企业。换言之，产融结合对融资约束的缓解作用在民营企业中更显著，进而更能显著强化民营企业的创新投资意愿。因此，上述研究发现支持了研究假设 H4. 2。

在控制变量方面，现金流量（Cash）、总资产收益率（ROA）、政府补助（Sub）以及税收优惠（ETR）的估计系数在统计上显著为正，这表明实体企业盈利能力越强，政府补助越多，税收优惠力度越大，实体企业创新投资意愿也就越强烈。我们还发现，资产负债率（LEV）的估计系数至少在 5% 的水平上显著为负，表明实体企业负债越多，其从事创新投资的意愿越弱，这可能是因为过高的负债，导致实体企业的财务风险处于高位，而过多的创新投资必然会进一步加大企业风险，因此管理层可能出于风险管控的顾虑而不愿意从事风险较高的创新投资活动。此外，其他变量的估计结果也基本符合已有研究结论，而且由 R^2 的值也可看出模型拟合效果比较理想，说明本书模型设定合理。

4. 4. 5　基于融资约束视角的机制检验

本章实证结果表明，实体企业参股金融机构的产融结合模式有利于增强企业创新投资意愿，而且这一促进作用在民营企业中更明显。那么，其内在

机理是什么呢？正如本章理论分析部分所阐述，实体企业参股金融机构的产融结合模式具有信息效应和决策效应，能够降低信息不对称程度，进而可以有效缓解创新投资活动的融资约束问题。遵循这一理论逻辑，我们将实证检验不同产权性质企业参股金融机构如何缓解融资约束问题，即融资约束路径检验。

我们将借助修正的阿尔梅达（Almeida et al.，2004）的现金持有量—现金流量模型用于检验融资约束是否存在以及产融结合对其的作用。参考阿尔梅达等（2004）和万良勇等（2015）的做法，构建如下模型：

$$\Delta CashHoldings_{i,t} = \beta_0 + \beta_1 Cash_{i,t} + \beta_2 FIN_{i,t} + \beta_3 Cash_{i,t} \times FIN_{i,t}$$
$$+ \beta_4 TOBINQ_{i,t} + \beta_5 Size_{i,t} + \beta_6 STDC_{i,t} + \beta_7 NWCC_{i,t}$$
$$+ \beta_8 Invest_{i,t} + \sum Year + \sum Id + \varepsilon_{i,t} \qquad (4.2)$$

其中，$\Delta CashHoldings$ 表示现金持有量变动，其值等于（第 t 年现金持有量 − 第 t − 1 年现金持有量）与第 t 年总资产之比；FIN 表示产融结合变量，若企业参股金融机构，则 FIN 取值为 1，否则取 0，而且实体企业参股金融机构主要涉及商业银行、证券、信托、财务、期货、基金以及财务公司七类；Cash 表示现金流量，其值等于企业经营活动现金流量净额与总资产的比值；TOBINQ 表示托宾 Q 值，Size 表示企业规模，用企业总资产的自然对数度量；STDC 表示短期流动负债增加额，其值等于（第 t 年短期流动负债 − 第 t − 1 年短期流动负债）与第 t 年总资产之比；NWCC 表示净营运资本增加额，其值等于（第 t 年净营运资本 − 第 t − 1 年净营运资本）与第 t 年总资产之比；Invest 表示资本支出，用购买固定资产、无形资产的现金支出之和与总资产比值度量；Id 和 Year 分别表示行业、年度虚拟变量。此外，针对可能存在的异方差问题，遵循已有文献的研究惯例，对所有回归分析中的公司代码进行聚类分析（Cluster），并采用 Robust 调整标准误。

表 4 − 6 报告了产融结合影响企业创新投资意愿的机制检验结果。第（1）列基于全样本的检验结果显示，现金流量（Cash）的估计系数在 1% 的水平上显著为正，说明实体企业持有现金的增量变化显著依赖于内部融资来源的替代指标——经营现金流量，即实体企业倾向于借助内部融资积累现

金，用于满足未来投资的资金需求，故存在融资约束问题（万良勇等，2015）。现金流量（Cash）与产融结合（FIN）的交互项（Cash × FIN）的估计系数在1%的水平上显著为负，这说明实体企业参股金融机构可以显著降低现金－现金流敏感度，即实体企业参股金融机构确实能够缓解实体企业的融资约束问题，这一发现与万良勇等（2015）、黎文靖和李茫茫（2017）的研究结论相一致。

表 4 – 6　　　　　　　　产融结合、产权性质与现金—现金流敏感度

变量	(1) 全样本 ΔCashHoldings	(2) 国有企业 ΔCashHoldings	(3) 民营企业 ΔCashHoldings
Cash	0.436*** (25.28)	0.393*** (17.56)	0.462*** (18.92)
FIN	0.012* (1.73)	0.011 (1.45)	0.013* (1.82)
Cash × FIN	−0.212*** (−7.26)	−0.103 (−1.26)	−0.235*** (−9.64)
TOBINQ	0.011*** (2.79)	0.005 (1.24)	0.013** (2.08)
Size	0.017*** (7.37)	0.012*** (5.24)	0.024*** (8.52)
STDC	0.264*** (8.23)	0.192*** (5.76)	0.273*** (6.23)
NWCC	0.435*** (12.26)	0.386*** (11.92)	0.446*** (15.39)
Invest	−0.125*** (−7.95)	−0.112*** (−4.57)	−0.132*** (−8.24)
常数项	−0.292*** (−3.74)	−0.145*** (−2.82)	−0.328*** (−4.62)
行业效应	控制	控制	控制
年度效应	控制	控制	控制
N	13762	7225	6537
Adj_R^2	0.284	0.287	0.278

续表

变量	（1）	（2）	（3）
	全样本	国有企业	民营企业
	ΔCashHoldings	ΔCashHoldings	ΔCashHoldings
F 值	79.38	64.31	58.64
经验 P 值	—	0.021**	

注：* 、** 、*** 分别表示在 10% 、5% 、1% 上显著；括号内是 T 值；被解释变量为现金变动量（ΔCashHoldings）；Chow 检验所得到的"经验 P 值"用于检验 Cash×FIN 的组间差异。

第（2）和（3）列基于子样本的检验结果显示，现金流量（Cash）的估计系数均在 1% 的水平上显著为正，说明两类企业存在融资约束问题。与此同时，交互项（Cash×FIN）的估计系数均为负，国有企业样本组中交互项（Cash×FIN）在统计上不显著，而在民营企业组中交互项（Cash×FIN）在 1% 的水平上显著，这表明相较于国有企业而言，民营企业参股金融机构有助于缓解融资约束问题，而国有企业中未发现这一现象。此外，由组间差异 Chow 检验所得到的"经验 P 值"则进一步证实了交互项（Cash×FIN）的组间差异在统计上的显著性：第（2）和（3）列的组间差异 Chow 检验对应的"经验 P 值"为 0.021，且在 5% 水平上显著。由此可见，"实业＋金融"的产融结合模式更有利于缓解民营企业融资约束问题。

控制变量方面，短期流动负债增加额（STDC）的估计系数显著为正，说明短期流动性负债的增加会引起上市公司增加现金持有水平；净营运资本增加额（NWCC）的估计系数均在 1% 的水平上显著为正，这意味着提升净营运资本也会显著增加现金持有量；资本支出（Invest）的估计系数均在 1% 的水平上显著为负，由此可知，增加资本支出会造成现金持有量下降。上述这些研究结果与万良勇等（2015）他们的研究发现基本一致，说明本书模型设定合理，结果具有可信性。

综上可知，"实业＋金融"的产融结合模式有利于增强企业创新投资意愿，而且这一促进作用在民营企业中更明显，主要是因为"实业＋金融"的产融结合模式更有利于缓解民营企业融资约束问题。

4.4.6　基于金融机构类型与参股比例层面的拓展性分析

1. 参股金融机构类型对企业创新投资意愿的影响

金融机构之间存在明确的业务经营范围界限，同时不同类型的金融机构与实体企业之间也存在不同的产业契合度，而产业契合度在一定程度上会影响产融结合的协同效应（蔺元，2010），进而可能会影响企业创新投资意愿。基于上述分析，我们认为，有必要进一步考察参股金融机构类型对实体企业创新投资意愿的影响。为此，我们参照蔺元（2010）的研究思路，设置度量金融机构类型的虚拟变量 FIN_DUM。如果实体企业参股的金融机构分别为商业银行、证券公司、财务公司、信托公司以及保险公司，则 FIN_DUM 取值为 1；否则取 0。

表 4 - 7 报告了参股不同类型金融机构影响企业创新投资意愿的检验结果。第（1）列的结果显示，金融机构类型虚拟变量（FIN_DUM）的估计系数在 1% 的水平上显著为正，这说明相对于其他金融机构，实体企业参股商业银行能够显著增强企业创新投资意愿。这可能是因为，作为我国金融体系的主体，商业银行能够为合作伙伴提供规模更大、期限更长的信贷资金（Lu et al., 2012；王红建等，2017），而实体企业参股商业银行自然能够建立长期稳固的合作关系，降低信息不对称程度，进而有利于实体企业获取更多的"关系"信贷，缓解实体企业创新投资活动的融资约束问题。

表 4 - 7　　　　产融结合与企业创新投资意愿：参股金融机构类型

变量	（1） RDW 银行	（2） RDW 证券	（3） RDW 财务	（4） RDW 信托	（5） RDW 保险
FIN_DUM	0.128*** (7.45)	0.114*** (5.91)	0.092** (2.08)	0.067 (1.24)	0.051 (1.27)
State	-0.009*** (-6.24)	-0.011** (-2.04)	-0.017*** (-7.45)	-0.012*** (-5.84)	-0.007*** (-6.52)
Cash	0.412*** (13.22)	0.392*** (9.02)	0.294*** (15.35)	0.405*** (14.92)	0.372*** (10.24)

续表

变量	(1) RDW 银行	(2) RDW 证券	(3) RDW 财务	(4) RDW 信托	(5) RDW 保险
INDP	0.419*** (12.92)	0.395*** (15.23)	0.402** (2.14)	0.383** (2.06)	0.297** (2.29)
LEV	-0.584*** (-18.23)	-0.482*** (-13.39)	-0.394*** (-15.46)	-0.417*** (-10.52)	-0.431*** (-8.52)
Size	-0.155* (-1.72)	-0.129** (-2.31)	-0.203*** (-7.81)	-0.164* (-1.75)	-0.143** (-2.05)
INST	-0.194** (-2.02)	-0.172** (-2.18)	-0.167** (-2.07)	-0.183*** (-7.82)	-0.201*** (-14.81)
LNAGE	0.183* (1.76)	0.179** (2.12)	0.182** (2.18)	0.206* (1.75)	0.197** (2.13)
SHC	0.112** (2.09)	0.103** (2.21)	0.162* (1.81)	0.124** (2.07)	0.132** (2.15)
ROA	0.293*** (13.81)	0.314*** (17.21)	0.352*** (14.27)	0.378*** (9.32)	0.425*** (11.32)
Sub	0.521*** (17.42)	0.492*** (8.29)	0.451*** (12.26)	0.517*** (21.58)	0.482*** (6.52)
ETR	0.156*** (8.92)	0.147*** (7.29)	0.162*** (12.16)	0.154*** (10.37)	0.129*** (8.32)
常数项	0.752*** (3.81)	0.723*** (3.26)	0.693*** (2.92)	0.584** (2.17)	0.527** (2.06)
行业效应	控制	控制	控制	控制	控制
年度效应	控制	控制	控制	控制	控制
N	13762	13762	13762	13762	13762
Pseudo R^2	0.242	0.238	0.232	0.238	0.247

注：*、**、***分别表示在10%、5%、1%上显著；括号内是 T 值；被解释变量为创新投资意愿（RDW）；本书研究样本的统计结果显示，企业参股金融机构主要集中在银行、证券、财务、信托、保险公司，故以此为主要研究对象。

第（2）列的检验结果显示，金融机构类型虚拟变量（FIN_DUM）的估计系数在1%的水平上显著为正，这说明实体企业参股证券公司也可以增强企业创新投资意愿。究其原因：一方面，实体企业参股证券公司，不仅可以同证券公司建立长期稳固的合作关系，而且可以增强实体企业资本运作以及并购整合的能力。另一方面，实体企业参股证券公司，可以借助券商超强的咨询、专业特长来改善自身经营管理能力，提高投资效率。此外，我国证券市场日益成熟，尤其是牛市阶段，证券市场行情极其火爆，券商佣金收入极为可观，而实体企业参股证券公司也能够借此获取丰厚的投资回报，增加利润，进而增加了实体企业内部现金流，降低了外部融资依赖性。

第（3）列的检验结果显示，金融机构类型虚拟变量（FIN_DUM）的估计系数在5%的水平上显著为正，这说明实体企业参股财务公司有助于增强企业创新投资意愿。这其中的原因在于：实体企业参股财务公司可以构建内部资本市场，降低交易成本、协同财务和经营以及增强资本运作能力等，有利于企业获取融资便利等竞争优势。

然而，第（4）（5）列的检验结果显示，金融机构类型虚拟变量（FIN_DUM）的估计系数虽然均为正，但在统计上并不显著，表明实体企业参股信托公司和保险并不能显著增强企业创新投资意愿，这可能是因为信托和保险公司的股权相对分散，而持有金融机构股权比例过低难以影响其管理层的决策，进而难以为企业提供充足的资金支持，因此参股信托和保险公司在短期内难以缓解创新企业的融资约束。

综上可知，实体企业参股商业银行、证券公司以及财务公司有利于增强企业创新投资意愿，但参股信托和保险公司却未能显著增强实体企业创新投资意愿。

2. 参股金融机构比例对企业创新投资意愿的影响

股权结构是影响公司治理水平的重要因素，唯有持有金融机构股权达到一定比例，实体企业才能派遣相关员工进驻相应的金融机构董事会担任董事，并直接对金融机构管理层的决策施加影响（蔺元，2010），进而可能会影响实体企业创新投资意愿。基于上述分析，我们认为，有必要进一步考察参股金融机构比例①对实体企业创新投资意愿的影响。为此，我们参照蔺元（2010）的研究思路，设置度量金融机构比例的虚拟变量 FIN_DUM。如果实体企业参股金融机构的参股比例小于10%、参股比例介于10%~20%和参股比例超过20%均为虚拟变量，则 FIN_DUM 分别相应地取值1和0。

表4-8 报告了参股比例影响企业创新投资意愿的检验结果。第（1）列的检验结果显示，金融机构比例虚拟变量（FIN_DUM）的估计系数在10%的水平上显著为正，且系数为0.212；第（2）列的检验结果显示，金融机构比例虚拟变量（FIN_DUM）的估计系数在1%的水平上显著为正，且系数为0.245；第（3）列的结果显示，金融机构比例虚拟变量（FIN_DUM）的估计系数在1%的水平上显著为正，且系数为0.315。上述检验结果表明，参股金融机构股权比例越高，产融结合对企业创新投资意愿的促进作用越明显。究其原因：如果实体企业持有金融机构股权比例越高，那么实体企业对金融机构施加的影响也就越大。尤其是实体企业绝对或相对控股金融机构时，实体企业能够有效操控其战略决策以及运营机制等，比如企业获取"关系"信贷，进而实现战略协同、管理协同以及财务协同，最终增强企业创新投资意愿。

表 4-8　　　　　产融结合与企业创新投资意愿：参股金融机构比例

变量	(1)	(2)	(3)
	RDW	RDW	RDW
	小于10%	10%~20%	超过20%
FIN_DUM	0.212* (1.85)	0.245*** (5.19)	0.315*** (7.82)
State	-0.007*** (-5.48)	-0.013*** (-6.34)	-0.009*** (-8.52)
Cash	0.382*** (21.09)	0.297*** (18.27)	0.348*** (14.52)

① 若一家实体企业同时参股多家金融机构，则以最高持股比例计算该实体企业参股金融机构比例，旨在反映实体企业对金融机构的最大影响力与控制力，还可以有效规避重复计量。

续表

变量	（1） RDW 小于10%	（2） RDW 10%~20%	（3） RDW 超过20%
INDP	0.392** （2.05）	0.372** （1.98）	0.389*** （8.45）
LEV	−0.374*** （−12.39）	−0.418*** （−15.92）	−0.421*** （−9.62）
Size	−0.141** （−2.07）	−0.132** （−2.12）	−0.183*** （−5.15）
INST	−0.182* （−1.74）	−0.167** （−2.09）	−0.179** （−2.35）
LNAGE	0.172** （2.13）	0.164** （2.28）	0.192* （1.76）
SHC	0.092* （1.71）	0.117** （2.15）	0.173* （1.88）
ROA	0.237*** （9.18）	0.294*** （12.08）	0.307*** （16.77）
Sub	0.481*** （7.27）	0.475*** （8.96）	0.414*** （11.28）
ETR	0.131*** （4.24）	0.114*** （5.93）	0.146*** （8.64）
常数项	0.372*** （5.14）	0.323*** （7.61）	0.437*** （4.25）
行业效应	控制	控制	控制
年度效应	控制	控制	控制
N	13762	13762	13762
Pseudo R^2	0.229	0.231	0.232

注：*、**、***分别表示在10%、5%、1%上显著；括号内是 T 值；被解释变量为创新投资意愿（RDW）。

　　综上可知，实体企业参股金融机构确实有利于增强企业创新投资意愿，而且随着参股比例的提升，这一促进作用更明显。

4.4.7　稳健性检验

1. 关于"样本自选择"内生性问题的处理

实体企业参股金融机构实现产业资本渗透金融行业的产融结合模式可能存在"样本自选择"问题。换言之，即使我们观察到参股金融机构的实体企业，其创新投资意愿相对较强，但这也可能是实体企业自身特征造成的。具体而言，实体企业实现产融结合模式的目的在于做大做强，降低信息不对称程度和交易成本，优化资源配置，产生协同效应等竞争优势。因此，对于参股金融机构的实体企业，其拥有信息、融资、人力与资本供给等多方面优势（万良勇等，2015；黎文靖和李茫茫，2017）。由此可见，对于参股金融机构的实体企业，其创新投资意愿可能原本就相对较强。因此，为了解决可能存在的"样本自选择"问题，我们遵循研究惯例，采用处理该类问题的常用方法，即倾向得分匹配法（PSM）。

首先，利用倾向得分匹配法构建配对样本，借鉴万良勇等（2015）、黎文靖和李茫茫（2017）等已有研究文献，选定能够反映公司特征和公司治理层面的相关变量作为匹配依据，构建模型（4.3）进行 Logit 回归，借助最近邻匹配法测算出倾向得分值，据此筛选出配对样本。其中，模型（4.3）的具体形式如下：

$$
\begin{aligned}
FIN\_DUM_{i,t} = {} & \beta_0 + \beta_1 Double_{i,t} + \beta_2 GGCG_{i,t} + \beta_3 INDP_{i,t} + \beta_4 ROA_{i,t} \\
& + \beta_5 Cash_{i,t} + \beta_6 LEV_{i,t} + \beta_7 Size_{i,t} + \beta_8 State_{i,t} \\
& + \beta_9 TOBINQ_{i,t} + \beta_{10} LNAGE_{i,t} + \beta_{11} SHC_{i,t} \\
& + \beta_{12} Growth_{i,t} + \sum Year + \sum Id + \varepsilon_{i,t}
\end{aligned} \tag{4.3}
$$

其中，因变量 FIN_DUM 是虚拟变量，如果实体企业同金融机构建立股权关系，则取 1；否则取 0。同时，参考万良勇等（2015）、王超恩等（2016）、黎文靖和李茫茫（2017）等学者的相关研究，选取相关关键因素作为特征变量，主要包括：董事长与总经理是否两职合一（Double），如果两职兼任，则取 1，否则取 0；管理层持股比例（GGCG），用管理层持有的股份占比表示；董事会独立性（INDP），采用独立董事占比表示；总资产收益率

（ROA）、现金流量（Cash）、财务杠杆（LEV）、企业规模（Size）、产权性质（State）、托宾 Q 值（TOBINQ）、公司年龄（LNAGE）、股权集中度（SHC）；公司成长性（Growth），采用企业营业收入的增长率表示。此外，各个变量的具体定义同前文。

然后，在筛选出配对样本的基础上，进一步利用配对样本重新回归模型（4.1），基于配对样本的检验结果如表4-9所示。基于配对样本的检验结果显示，实体企业参股金融机构确实有利于增强企业创新投资意愿，而且这一促进作用在民营企业中更明显。由此可见，控制企业主要特征变量的差异后，基于配对样本的检验结果未发生实质性变化，说明本章基于全样本所得到的研究结论是稳健的。限于篇幅，不再赘述。

表4-9   产融结合与企业创新投资意愿：PSM 检验

变量	(1)	(2)	(3)	(4)	(5)	(6)
	全样本		国有企业		民营企业	
	RDW		RDW		RDW	
FIN	0.364*** (9.84)	0.335*** (8.92)	0.169* (1.77)	0.146* (1.82)	0.395*** (18.62)	0.378*** (15.23)
State		-0.008*** (-5.94)				
Cash		0.295*** (12.29)		0.215*** (10.54)		0.354*** (17.95)
INDP		0.482*** (12.94)		0.357** (2.04)		0.513*** (8.92)
LEV		-0.576*** (-17.85)		-0.458*** (-8.48)		-0.616*** (-14.52)
Size		-0.158* (-1.72)		-0.192** (-2.02)		-0.147* (-1.85)
INST		-0.195** (-2.12)		-0.157** (-2.08)		-0.204*** (-8.82)
LNAGE		0.204* (1.76)		0.184* (1.72)		0.216** (2.03)
SHC		0.143** (2.08)		0.115* (1.87)		0.173** (2.25)

续表

变量	(1)	(2)	(3)	(4)	(5)	(6)
	全样本		国有企业		民营企业	
	RDW		RDW		RDW	
ROA		0.366*** (9.82)		0.329*** (11.27)		0.425*** (13.32)
Sub		0.573*** (22.48)		0.618*** (12.59)		0.484*** (9.52)
ETR		0.152*** (15.92)		0.184*** (18.32)		0.127*** (12.38)
常数项	0.495*** (6.57)	0.483*** (5.79)	0.362*** (4.38)	0.324*** (5.22)	0.651*** (12.52)	0.593*** (8.62)
行业效应	控制	控制	控制	控制	控制	控制
年度效应	控制	控制	控制	控制	控制	控制
N	13489	13489	7085	7085	6404	6404
Pseudo R^2	0.212	0.217	0.197	0.205	0.203	0.214

注：*、**、***分别表示在10%、5%、1%上显著；括号内是 T 值；组间差异 Chow 检验所得到的经验 P 值为 0.014，表明国有企业与民营企业之间产融结合（FIN）系数的差异显著；PSM 配对过程，需要满足共同支撑假设等配对条件，故样本量有所减少。

2. 其他稳健性检验

为了增强研究结论的稳健性，本章还做了如下敏感性分析：（1）变更产融结合的度量方法，采用连续变量衡量，即根据实体企业参股金融机构的实际持股比例衡量变量 FIN，以此为解释变量，重新估计模型（4.1）；（2）鉴于我国的产融结合模式是以实体企业参股商业银行为主，为此我们采用实体企业是否参股商业银行的虚拟变量作为产融结合的代理变量，如果参股商业银行，则取 1，否则取 0，重新估计（4.1）。按照上述度量方式重新回归了模型（4.1），我们发现以上检验结果未发生实质性差异。此部分检验结果未列出，如果有读者感兴趣，可向作者索取。

4.5　本章小结

"十三五"规划明确提出"提高金融服务实体经济效率",而产融结合以"由产到融"的方式将产业资本选择性地进入金融机构,构建服务于产业发展的金融核心,更好地满足产业经济发展过程中日益膨胀的融资需求。与此同时,产业资本在核心技术研发以及市场开拓等层面拥有金融资本难以企及的独特优势,而金融资本在信息、融资、人力与资本供给等多方面具有绝对优势。二者彼此渗透融合可以实现优势互补,有利于降低信息不对称程度和交易成本,优化资源配置,产生协同效应等竞争优势(李维安和马超,2014;万良勇等,2015;王超恩等,2016;黎文靖和李茫茫,2017)。进入20世纪80年代以后,市场竞争环境动态化特征日益突显。与此同时,金融管制的放松以及金融自由化的积极推进,促使产业边界日趋模糊化。在世界经济格局进入以集团为中心的时代背景下,突破实业与金融的行业边界,采取"实业 + 金融"的产融结合模式获取竞争优势,逐渐演变为企业理性应对全球竞争、实现可持续发展的重要战略选择。因此,产融结合逐渐发展成为一种新型的产业组织形式,在我国经济发展中扮演着举足轻重的角色。基于这一实现背景,本章基于资源依赖等理论视角,系统考察了产融结合对企业创新投资意愿的影响机理,并利用2008 ~ 2017年沪深两市 A 股上市公司参股金融机构的相关数据进行了实证分析。

实证结果显示:(1)"实业 + 金融"的产融结合模式有利于增强企业创新投资意愿,而且这一促进作用在民营企业中更明显;(2)机制检验结果表明,产融结合有利于增强企业创新投资意愿主要是通过缓解融资约束等途径实现的,而且这一作用机制在民营企业中更明显。进一步地,基于参股类型和参股比例的拓展性分析结果表明:(1)实体企业参股商业银行、证券公司以及财务公司均有利于增强企业创新投资意愿,但参股信托公司和保险公司却未能显著增强实体企业创新投资意愿;(2)实体企业参股金融机构确实有利于增强企业创新投资意愿,并且随着参股比例的提升,这一促进作用更明显。

第 5 章

产融结合对企业创新绩效的
实证分析

本章分析与检验产融结合对企业创新绩效的影响。首先，基于资源基础以及资源依赖等理论视角，将从企业创新投入、创新产出以及创新效率三个方面系统考察产融结合对企业创新绩效的影响，在此基础上进一步对比分析上述关系在不同产权性质企业中的差异，并提出相关研究假设。其次，根据研究假设进行研究设计，鉴于企业创新绩效的数据特征，构建 TOBIT 回归模型，并利用 2008～2017 年沪深两市 A 股上市公司的微观数据进行实证检验。再次，将从政府补贴、银行贷款等方面检验不同产权性质企业的创新动机，并从实体企业参股类型和比例对产融结合深度、广度与企业创新绩效进行拓展性分析。最后，为增强研究结果的稳健性，采用倾向得分法（PSM）以及工具变量法等方法进行内生性问题处理。

5.1 引言

党的十九大报告进一步明确指出，创新是引领发展的第一驱动力，是建设现代化经济体系的战略支撑。而增强国家自主创新能力的关键在于积极引导企业创新，同时企业创新在很大程度上决定了自身的发展前景、竞争优势、市场价值以及投资回报等（虞义华等，2018）。提升企业自主创新能力是企业管理者、国家政策制定者以及社会大众普遍关注的焦点话题。从理论层面上看，企业创新取决于诸多因素。现有文献主要遵循由外部宏观环境到内部企业特征的逻辑对企业创新投入、创新产出以及创新效率展开一系列相关研究，主要聚焦于高管特质、公司治理、外部融资、政府优惠政策以及投资者法律保护等视角考察企业创新绩效（鲁桐和党印，2015；申宇等，2017；Mukheijee et al.，2017；虞义华等，2018）。然而，现阶段鲜有文献从产融结合角度考察企业创新绩效。事实上，实体企业参股金融机构的目的就是在于利用金融机构雄厚的资金实力来实现企业做大做强的目标。因此，产融结合对实体企业的影响首先体现在投资行为层面上，而且投资是企业实现价值创造的唯一源泉。从这个层面上看，作为增强企业核心竞争力的投资行为，企业创新投资势必会受到产融结合的影响。

作为高风险、高成本以及长周期的投资活动，企业创新需要持续的资金支持以及有利的创新环境。融资约束与信息不对称是制约企业创新的两大"枷锁"（申宇等，2017；辜胜阻等，2018），而产融结合可以有效缓解这些问题。就"融资约束"而言，解维敏（2013）发现，参股保险业有利于缓解上市公司融资约束，而且这一现象在金融欠发达地区更明显（万良勇等，2015）。王秀丽等（2017）发现，产融结合型企业主要是借助金融资源来缓解融资约束，而非产融结合型企业主要是通过高水平内部资本市场发挥融资功能，二者在融资功能方面表现为一种替代关系。因此，"实业 + 金融"的产融结合模式可以缓解融资约束问题，可为企业营造稳定的外部融资环境。就"信息不对称"而言，万良勇等（2015）、马红等（2018）认为，实体企业参股金融机构有利于拓展信息沟通渠道，增强信息交流的有效性与及时性，进而降低信息不对称程度。由此可见，产融结合既可以降低信息不对称，又能为实体企业提供资金支持，进而促进企业创新投资。因此，产融结合模式下探究实体企业的创新绩效具有重要的现实意义。

基于上述分析，本章将从资源基础、资源依赖、融资约束等理论视角出发，系统考察产融结合对不同产权性质企业创新绩效的影响机理，利用 2008 ~ 2017 年沪深两市 A 股上市公司参股金融机构的相关数据进行实证分析。实证结果表明：产融结合模式有利于提升企业创新绩效，即产融结合有利于实体企业提高创新投入、创新产出以及创新效率，而且这一促进作用在民营企业中更明显。进一步研究发现，国有企业提升创新绩效的动机可能在于获取更多的政府补贴，而民营企业的动机可能在于获取更多的银行贷款。此外，我们还发现，实体企业参股商业银行、证券公司以及财务公司均有利于增强创新绩效，但参股信托公司和保险公司却未显著提升实体企业创新绩效；实体企业参股金融机构确实有利于提升创新绩效，而且随着参股比例的提升，这一促进作用更明显。

5.2   研究假设

5.2.1   产融结合与企业创新绩效

党的十八大以来，我国逐渐形成了"大众创业、万众创新"的新格局。在此背景下，十九大报告进一步明确指出，创新是引领发展的第一驱动力，是建设现代化经济体系的战略支撑。然而，作为高风险、高成本以及长周期的投资活动，企业创新需要持续的资金支持与有利的创新环境。值得注意的是，学者们一致认为，融资约束与信息不对称问题是制约企业创新的两大"枷锁"（辜胜阻等，2018）。沙尔尼茨基和霍滕罗特（Czarnitzki and Hotten-rott，2011）指出，融资约束致使企业创新过度依赖内源融资。鞠晓生等（2013）强调，高昂的调整成本以及不稳定的融资来源制约着企业创新（戴小勇和成力为，2015）。唐清泉和巫岑（2015）认为，我国金融体系是以商业银行为主导，这在一定程度上致使创新企业承担着繁重的融资压力（马红等，2018）。由此可见，融资约束问题是企业创新过程中必须解决的首要难题。

而实体企业参股金融机构属于"由产到融"的产融结合模式，有利于促使实体企业与金融机构建立股权关系，是将外部资本市场实现内部化的有效方式，进而有助于实体企业实现资源外取、能力整合以及路径刚性突破等目标（支燕和吴河北，2011），是缓解融资约束问题和降低信息不对称程度的有效手段（Lu et al.，2012；王红建等，2017；马红等，2018）。从资金流效应层面上看，实体企业参股金融机构所建立的金融股权关系有利于拓展信息沟通渠道，增强信息交流的有效性与及时性，进而增进资金供求双方的了解，便于突破融资障碍。同时，社会资本理论认为，社会关系网络实质上就是各种渠道的联结，充满不断流动的资源与信息。而在中国这个人情社会，作为特殊的社会关系网络，金融股权关系通常也被资源化与通道化。游家兴和刘淳（2011）发现，社会关系网络能够有效低投资者要求的额外风险补偿。从信誉层面上看，关系网络内部圈子的"声誉机制"所产生的隐性担保也有利于提升融资机会，降低融资成本（申宇等，2017）。而实体企业参股商业银行等金融机构可以向市场释放利好信号，增强企业在信贷市场中的声誉（万良勇等，2015），提升信用评级，增加了企业获得信贷资金支持的可能性，进而缓解融资约束压力（Lu et al.，2012；王红建等，2017）。由此可见，企业创新需要长期的稳定投入，而产融结合具有的资金流效应与信息流效应有利于拓展融资渠道，简化流程，降低信息不对称和资本成本，为企业创新提供稳定的外部融资环境，进而有利于缓解企业创新活动的融资约束问题（王红建等，2017；马红等，2018）。基于上述理论分析，我们提出本章的第一个研究假设。

H5.1：产融结合有利于增加企业创新投入。

诚然，创新投入的增加并不一定意味着创新产出与创新效率的提高。然而，社会资本理论认为，社会关系网络实质上就是各种渠道的联结，充满不断流动的资源与信息。而在中国这个人情社会，作为特殊的社会关系，金融股权关系通常也被资源化与通道化。关系网络内部"圈子"拥有许多涉及商业机密的私有信息，并且突破信息交流壁垒，共享私有信息，是关系网络的重要功能。法捷耶夫等（Faleye et al.，2014）指出，信息共享有利于缩小创新活动的"试错成本"，及时明确正确的研发方向，提升创新投资成功的概率（申宇等，2017）。

另外，产融结合具有信息效应、决策效应以及人力与资本供给效应等多方面优势，不仅可以为企业营造稳定的外部融资环境，还可以为实体企业提供人力资本与技术支持（万良勇等，2015；王超恩等，2016；黎文靖和李茫茫，2017；马红等，2018）。而人力资本以及专业技术支持有助于优化配置研发资源，可以减少低效甚至无效创新而浪费稀缺的创新投入，进而提升实体企业的研发成功率以及研发效率。金和莱文（King and Levine，1993）认为，经济增长的关键在于金融机构可以甄别出更有能力的创新者。随后，李维安和马超（2014）进一步指出，我国金融机构已具备监督能力，有能力获取相关的关键信息，可以监督与规范企业行为（翟胜宝等，2014）。唐清泉和巫岑（2015）强调，具有良好发展潜力的创新性企业才是金融机构竞相争夺的合作对象。巫岑等（2016）也认为，产融结合有利于金融机构获取实体企业大量的"软"信息，特别是涉及商业秘密的研发资源信息，这表明银行等金融机构的风险性贷款通常会投向有价值的创新项目。由此可见，实体企业参股金融机构所形成的金融股权关系作为特殊的社会关系，有利于信息共享，降低了实体企业创新的"试错成本"，进而提升实体企业的研发成功率以及研发效率。因此，我们提出如下研究假设：

H5.2：产融结合不仅有利于提升企业创新投入，而且还可以提高企业创新产出。

H5.3：产融结合不仅有利于提升企业创新投入和创新产出，还可以进一步提高企业创新效率。

5.2.2 产融结合、产权性质与企业创新绩效

产权性质会显著影响企业经营环境与目标，而且产权异质性是我国企业所面临的最大的制度环境差异。同时，我国的经济转轨在某种意义上可以视为以地区分权、民营企业发展、"二元"金融体制改革以及双轨制下市场改革等方式来改善政府行为的过程（Qian，2000）。因此，转轨经济背景下，研究我国企业创新投资决策有必要嵌入政府干预这一制度特征。

承前所述，"实业＋金融"的产融结合模式具有信息效应、融资约束效应以及人力与资本供给效应等多方面优势，可以为企业营造稳定的外部融资环境，其实质在于有效整合外部知识资源，形成多元化知识结构，促进企业突破其核心能力的路径依赖，实现核心竞争力的提升与技术创新（支燕和吴河北，2011）。因此，唯有提升企业创新能力才能增强企业核心竞争力，缓解企业承担的市场竞争压力。从这个层面上看，稳定的外部融资环境下民营企业创新投入力度更大。与此同时，民营企业产权界定更加明晰，代理问题相对更轻，这意味着民营企业参股金融机构后，更有利于金融机构获取实体企业大量的"软"信息，特别是涉及商业秘密的研发资源信息（巫岑等，2016），可以监督与规范企业行为（翟胜宝等，2014）。此外，张保柱和黄

辉（2009）指出，国有企业通常会替政府"分忧"而承担更多的社会职能，而且国企高管为追求政治晋升等短期利益而减少创新投入，即国有产权性质并不利于创新投资（Lin et al.，2010）。据此，在上述研究假设的基础上，提出以下假设：

H5.4：产融结合对企业创新绩效的促进作用在民营企业中更显著，即产融结合更有利于提升民营企业的创新投入、创新产出以及创新效率。

5.3　研究设计

5.3.1　样本选择与数据来源

股权分置改革完成后，股权流通在一定程度上加快了实体企业参股金融机构的进程，同时考虑到 2007 年我国开始执行新会计准则，而且国泰安（CSMAR）数据库可获得的关于研发投入数据最早年份为 2007 年。因此，为了保证样本期间内会计准则的一致性，本书将以 2008～2017 年沪深两市非金融类 A 股上市公司为原始样本，并在此基础上进行如下处理：（1）剔除金融、保险行业的上市公司；（2）剔除 ST、ST* 以及数据出现缺失的上市公司。经此筛选，最终得到 13762 个有效的"公司—年度"观测值。同时，为排除极端值的"噪音"干扰，对所有连续变量均进行了上下 1% 分位的缩尾（Winsorize）处理。其中，上市公司参股金融机构和政府补贴的原始数据来自 Wind 数据库，并结合年报进行适当调整；专利数据来自 CSMAR 数据库和中国国家知识产权局专利数据库；其余财务数据均来自 CSMAR 数据库以及 CCER 数据库。统计分析软件以 Stata 14.0 为主。

5.3.2　模型构建与变量定义

为了考察产融结合对创新绩效的影响，借鉴常等（Chang et al.，2014）、黎文靖和郑曼妮（2016）、张杰等（2017）以及虞义华等（2018）的研究方法，在控制相关特征变量、行业以及年度效应的基础上，引入产融结合的代理变量（FIN）作为核心解释变量，以创新绩效（Innovation）为被解释变量，构建如下回归模型：

$$\text{Innovation}_{i,t} = \beta_0 + \beta_1 \text{FIN}_{i,t} + \beta_2 \text{State}_{i,t} + \beta_3 \text{Cash}_{i,t} + \beta_4 \text{INDP}_{i,t}$$
$$+ \beta_5 \text{LEV}_{i,t} + \beta_6 \text{Size}_{i,t} + \beta_7 \text{INST}_{i,t} + \beta_8 \text{LNAGE}_{i,t}$$
$$+ \beta_9 \text{SHC}_{i,t} + \beta_{10} \text{ROA}_{i,t} + \beta_{11} \text{FIXED}_{i,t} + \beta_{12} \text{Growth}_{i,t}$$
$$+ \beta_{13} \text{SALESP}_{i,t} + \beta_{14} \text{MB}_{i,t} + \beta_{15} \text{Sub}_{i,t} + \beta_{16} \text{ETR}_{i,t}$$
$$+ \sum \text{Year} + \sum \text{Id} + \varepsilon_{i,t} \tag{5.1}$$

其中，Innovation 表示企业创新绩效，参照虞义华等（2018）的做法，从创新投入、创新产出以及创新效率三个维度来综合衡量创效绩效。具体而言，创新投入（RDR）采用当期企业实际研发投入来度量，其值等于企业实际研发支出与营业总收入之比；创新产出（Patent）采用企业所获专利授权数衡量，包括发明专利授权数（Patent_I）、实用新型专利授权数（Patent_A）以及外观设计专利授权数（Patent_D）三类；创新效率[①]（Efficiency）采用单位研发支出转化的专利授权数度量（Hirshleifer et al.，2013）。FIN 表示产融结合变量，若企业参股金融机构，则 FIN 取值为 1，否则取 0，而且实体企业参股金融机构主要涉及商业银行、证券、信托、财务、期货、基金以及财务公司七类。

控制变量方面，参考常等（2014）、黎文靖和郑曼妮（2016）以及虞义华等（2018）的研究思路，选取以下关键特征变量作为控制变量：企业资本密度（FIXED）采用上市公司人均固定资产净额的自然对数度量；员工劳动生产率（SALESP）采用企业员工人均营业收入的自然对数度量；企业成长性（Growth）采用营业收入增长率度量，通常而言，企业成长性越高，其发展前景越乐观，企业实施创新投资的动机越强烈；市值账面比（MB）表示上市公司未来成长机会；在此基础上，我们还进一步控制了产权性质

---

① Hirshleifer 等（2013）将企业创新效率（Efficiency）的计算方法界定如下：

$$\text{Efficiency}_{i,t} = \text{Patent}_{i,t+1} / (\text{RD}_{i,t} + 0.8\text{RD}_{i,t-1} + 0.6\text{RD}_{i,t-2} + 0.4\text{RD}_{i,t-3} + 0.2\text{RD}_{i,t-4})$$

其中，RD 表示研发支出，包括资本化和费用化两部分，单位为百万元；研发支出的缺失值用 0 补充。

（State）、现金流量（Cash）、董事会独立性（INDP）、财务杠杆（LEV）、企业规模（Size）、机构持股（INST）、公司年龄（LNAGE）、股权集中度（SHC）、总资产收益率（ROA）、政府补贴（Sub）、税收优惠（ETR）以及行业（Id）和年度（Year）虚拟变量。其中，各个变量的具体定义详见表 5 – 1。此外，针对可能存在的异方差问题，遵循已有文献的研究惯例，对所有回归分析中的公司代码进行聚类分析（Cluster），并采用 Robust 调整标准误。

表 5 – 1　　　　　　　　　　　　　　变量定义

变量名称	变量符号	变量界定
创新绩效	Innovation	包括创新投入、创新产出以及创新效率三个维度
创新投入	RDR	企业实际研发支出与营业收入之比
创新产出	Patent	企业所获专利授权数，包括发明专利、实用新型专利以及外观设计专利授权数总和
创新效率	Efficiency	单位研发支出转化的专利授权数（单位为百万元）
发明专利授权数	Patent_I	企业实际所获发明专利授权数
实用新型专利授权数	Patent_A	企业实际所获实用新型专利授权数
外观设计专利授权数	Patent_D	企业实际所获外观设计专利授权数
产融结合	FIN	若企业参股金融机构，则 FIN 取 1；否则取 0
产权性质	State	若企业实际控制人为国有，则取 1；否则取 0
现金流量	Cash	经营活动现金流净额与总资产之比
董事会独立性	INDP	独立董事总人数与董事会总人数之比
财务杠杆	LEV	权益资本收益变动率与息税前利润变动率之比
企业规模	Size	企业总资产的自然对数
机构持股	INST	机构投资者持股与企业总股数之比
公司年龄	LNAGE	研究当期年份减去成立年份再加 1 后取自然对数
股权集中度	SHC	第一大股东持股比例
总资产收益率	ROA	净利润与企业总资产之比
资本密度	FIXED	上市公司人均固定资产净额的自然对数
劳动生产率	SALESP	员工人均营业收入的自然对数
企业成长性	Growth	利用营业收入增长率度量

续表

变量名称	变量符号	变量界定
市值账面比	MB	企业市值与账面价值之比
政府补贴	Sub	上一年度政府补助除以总资产
税收优惠	ETR	（所得税费用减去递延所得税）与息税前利润之比
年份	Year	年度虚拟变量，以2008年为基准
行业	Id	行业虚拟变量，根据2012年证监会分类，以A类为准

5.4 实证结果及分析

5.4.1 描述性统计分析

表5-2报告了本章所涉及变量的描述性统计结果。不难发现，创新投入（RDR）的均值为4.2%，略高于卢馨等（2013）的统计结果"中国高新技术上市公司研发投资支出的平均水平为3.17%"，但尚未达到5%这一国际标准，说明我国上市公司的创新投入力度虽然有所提升，但相较于国际标准，依然存在不容小觑的差距。同时，我们发现专利授权数（Patent）的均值为17.199件，其中发明专利授权数（Patent_I）的均值为3.926件，实用新型专利授权数（Patent_A）的均值为9.648件，外观设计专利授权数（Patent_D）的均值为3.625件，这说明我国上市公司的创新产出是以实用新型专利为主，然而技术含量较高的发明专利却严重偏少，即我国专利质量整体偏低，这一发现支持了黎文靖和郑曼妮（2016）以及虞义华等（2018）的观点。创新效率（Efficiency）的均值为0.087略大于其中位数0.075，说明至少有一半上市公司的创新效率处于平均水平以上。此外，我们还发现产融结合（FIN）的均值为0.263，说明2008~2017年这10年间已有26.3%的上市公司以参股金融机构的方式实现了产融结合，由此可见，作为新兴的产业组织形式，产融结合已粗具规模，这一发现也与马红等（2018）的研究结论一脉相承。

控制变量方面，资本密度（FIXED）的均值为 392.312 千元，标准差高达 1196.528，说明上市公司之间的资本密度存在显著差异。员工劳动生产率（SALESP）的均值为 1156.378 千元，标准差高达 5784.236，表明上市公司之间的劳动生产率存在较大差异。企业成长性（Growth）的均值为 0.346，市值账面比（MB）的均值为 0.064，而且上市公司之间存在一定的差异。产权性质（State）的均值为 0.525，说明本书所选取的样本公司中有 52.5% 的上市公司是国有企业，即国有上市公司依然占据主导地位。政府补助（Sub）的均值为 0.004，标准差为 0.018，这一统计结果与黎文靖和郑曼妮（2016）的研究结果比较相符。此外，税收优惠（ETR）的均值为 0.232，标准差为 0.315，而且最大值高达 1.728，说明我国上市公司享受的税收优惠状况差异较大，也证实了政府扮演的"扶持之手"角色。其余变量的统计结果也与万良勇等（2015）、马红等（2018）以及虞义华等（2018）等已有文献的研究结果基本一致，说明本书的样本选取是合理的，为研究结论的稳健性提供了可靠的经验证据。

表 5 - 2　　　　　　　　　　　　描述性统计结果

变量	N	均值	标准差	中位数	最小值	最大值
RDR	13762	0.042	0.102	0.038	0.000	0.712
Patent	13762	17.199	72.369	16.000	0.000	546.000
Patent_I	13762	3.926	43.642	3.000	0.000	268.000
Patent_A	13762	9.648	31.236	9.000	0.000	458.000
Patent_D	13762	3.625	18.963	3.000	0.000	532.000
Efficiency	13762	0.087	4.623	0.075	0.000	0.418
FIN	13762	0.263	0.395	0.000	0.000	1.000
State	13762	0.525	0.479	1.000	0.000	1.000
Cash	13762	0.192	0.185	0.143	0.015	0.782
INDP	13762	0.394	0.018	0.333	0.333	0.712
LEV	13762	0.452	0.525	0.448	0.075	0.935
Size	13762	22.248	0.595	23.284	12.576	28.278

续表

变量	N	均值	标准差	中位数	最小值	最大值
INST	13762	0.052	0.158	0.032	0.000	0.242
LNAGE	13762	2.762	0.352	2.628	1.124	3.302
SHC	13762	0.329	0.252	0.294	0.007	0.685
ROA	13762	0.042	0.529	0.039	-0.217	0.224
FIXED	13762	392.312	1196.528	396.346	84.278	2196.012
SALESP	13762	1156.378	5784.236	1172.362	439.384	9736.148
Growth	13762	0.346	0.926	0.403	-0.458	13.278
MB	13762	0.064	0.125	0.052	0.006	1.095
Sub	13762	0.004	0.018	0.003	0.000	0.037
ETR	13762	0.232	0.315	0.228	-1.058	1.728

注：资本密度（FIXED）和员工劳动生产率（SALESP）的单位为千元。

5.4.2 相关性分析

表 5 - 3 报告了本章所要研究变量的相关性分析结果。我们发现，创新投入（RDR）与产融结合（FIN）的相关性系数为 0.102，且在 5% 的水平上显著，表明产融结合与企业创新投入显著正相关，由此可见，实体企业参股金融机构有利于提升企业创新投入强度，初步验证了本章的研究假设 H5.1。创新产出（Patent）与产融结合（FIN）的相关性系数为 0.214，且在 5% 的水平上显著，由此可见，产融结合与企业创新产出显著正相关，说明实体企业参股金融机构能够显著增加企业创新产出，初步验证了本章的研究假设 H5.2。创新效率（Efficiency）的相关性分析结果，发现创新效率（Efficiency）与创新投入（RDR）、创新产出（Patent）显著正相关，这与理论预期相一致。创新投入（RDR）与产权性质（State）的相关性系数为 -0.006，且在 5% 的水平上显著，说明产权性质与企业创新投入在 5% 的水平上显著负相关，即民营企业的创新投入可能要高于国有企业。同时，我们也发现，创新产出（Patent）与产权性质（State）的相关性系数为 -0.014，且在 10% 的水平上显著，说明产权性质与企业创新产出在 10% 的水平上显

表 5 - 3

相关性分析结果

Panel A

Panel A	RDR	Patent	FIN	State	Cash	INDP	LEV	Size	INST	LNAGE	SHC
RDR	1										
Patent	0.412***	1									
FIN	0.102**	0.214**	1								
State	-0.006**	-0.014*	-0.007*	1							
Cash	0.204***	0.329**	-0.014*	-0.083	1						
INDP	0.012**	0.275	0.003	-0.011	0.073*	1					
LEV	-0.207**	-0.465*	0.032*	-0.014*	-0.028*	0.021	1				
Size	0.167	0.145*	0.015*	0.027***	0.082*	0.032	-0.053	1			
INST	-0.193	-0.132	0.137	0.012	0.011*	0.164*	-0.007	0.082*	1		
LNAGE	0.243	0.401	0.018**	0.024*	0.064*	0.049	-0.062*	0.153**	0.009	1	
SHC	0.307	0.178	0.012*	0.146	0.106**	-0.017*	-0.001	-0.015	-0.053*	-0.012*	1

Panel B

Panel B	RDR	Patent	Efficiency	Sub	ETR	FIXED	SALESP	Growth	MB
RDR	1								
Patent	0.412***	1							
Efficiency	0.074**	0.623***	1						
Sub	0.281***	0.484**	0.189**	1					
ETR	0.225***	0.327***	0.137**	0.018	1				
FIXED	0.075*	0.059*	0.024**	0.281**	0.072	1			

续表

Panel B	RDR	Patent	Efficiency	Sub	ETR	FIXED	SALESP	Growth	MB
SALESP	0.142*	0.028**	0.098*	0.044	0.025*	0.036	1		
Growth	0.024**	0.052*	0.0184*	0.242*	0.173*	0.039	0.021**	1	
MB	0.005*	0.017*	0.001*	0.032	0.007	0.013	0.029	0.191*	1

注：*、**、*** 分别表示在10%、5%、1%的水平上显著；表中采用 Pearson 相关性检验法。

著负相关，即民营企业的创新产出水平可能要高于国有企业。

此外，现金流量（Cash）、总资产收益率（ROA）、政府补助（Sub）、税收优惠（ETR）、资本密度（FIXED）、员工劳动生产率（SALESP）以及企业成长性（Growth）均与创新投入（RDR）、创新产出（Patent）显著正相关，说明企业盈利能力越强，政府支持力度越大，未来发展机会越多，企业创新投入以及创新产出也越多。然而，财务杠杆（LEV）与创新投入（RDR）、创新产出（Patent）显著负相关，表明企业负债越严重，其创新投入和创新产出越少。这可能是因为企业负债越多，管理层可能出于风险管控的顾虑而不愿意从事风险较高的创新投资活动，进而减少创新投入，自然创新产出也会降低。此外，其余变量的相关性检验结果也基本符合已有文献的结论，而且相关性系数的绝对值均小于0.5，说明不存在严重的多重共线性问题。

5.4.3　产融结合影响企业创新绩效的检验结果分析

表 5 - 4 报告了产融结合影响企业创新绩效的检验结果。其中，第（1）列报告了基于创新投入（RDR）层面的 TOBIT 回归结果。结果显示，产融结合（FIN）的估计系数约为 0.062，且在 1% 的水平上显著，说明实体企业参股金融机构确实能够提升企业创新投入，即参股金融机构可以促使实体企业创新投入强度平均提高约 6.2 个百分点。由此可见，参股金融机构对实体企业创新投入的促进作用既具有显著的统计意义，又具有显著的经济意义。这可能是因为产融结合具有的资金流效应与信息流效应有利于拓展融资渠道，简化流程，降低信息不对称和资本成本，为企业创新提供稳定的外部融资环境。因此，相较于未参股金融机构的实体企业，参股金融机构的那些实体企业拥有信息、融资、人力与资本供给等多方面优势。从这个层面上看，产融结合可以缓解实体企业创新活动所面临的融资约束问题（王红建等，2017；马红等，2018），同时也为实体企业提供了人力资本与技术支持，进而有利于实体企业加大创新投入力度。因此，研究假设 H5.1 通过检验。

表 5 - 4   产融结合与企业创新绩效：主检验

变量	(1)	(2)	(3)	(4)	(5)	(6)
	RDR	Patent	Patent_I	Patent_A	Patent_D	Efficiency
FIN	0.062***	0.822***	0.472***	0.692*	0.412*	0.059***
	(7.82)	(22.97)	(12.26)	(1.77)	(1.81)	(5.78)
State	-0.017**	-0.015**	-0.016*	-0.009**	-0.011*	-0.012**
	(-2.02)	(-2.06)	(-1.73)	(-2.14)	(-1.72)	(-2.29)
Cash	0.027***	0.731***	0.358***	0.492***	0.368***	0.039***
	(19.24)	(21.29)	(14.52)	(16.27)	(9.45)	(5.92)
INDP	0.041**	0.458**	0.192*	0.242**	0.185*	0.065**
	(2.07)	(2.12)	(1.82)	(2.05)	(1.77)	(2.08)
LEV	-0.042***	-0.545***	-0.207***	-0.473***	-0.235***	-0.042***
	(-10.82)	(-15.56)	(-7.42)	(-8.42)	(-5.28)	(-4.12)
Size	-0.025*	-0.112*	-0.036**	-0.085*	-0.027**	-0.004**
	(-1.72)	(-1.82)	(-2.04)	(-1.82)	(-2.09)	(-2.12)
INST	-0.042*	-0.342**	-0.128*	-0.137	-0.103	-0.014
	(-1.83)	(-2.12)	(-1.75)	(-1.24)	(-1.52)	(-1.43)
LNAGE	0.032*	0.427*	0.302*	0.272**	0.193*	0.016**
	(1.76)	(1.84)	(1.82)	(2.03)	(1.78)	(2.07)
SHC	0.014*	0.206*	0.184**	0.162	0.122	0.025**
	(1.78)	(1.82)	(2.03)	(1.41)	(1.52)	(2.12)
ROA	0.031***	0.136***	0.084***	0.097***	0.087***	0.027***
	(6.82)	(8.15)	(5.59)	(4.75)	(3.92)	(4.39)
FIXED	0.004**	-0.137**	-0.062***	-0.093**	-0.052***	0.001**
	(2.13)	(-2.28)	(-5.25)	(-2.42)	(-4.23)	(2.08)
Growth	0.002*	0.052**	0.024*	0.035*	0.044*	0.017*
	(1.73)	(2.32)	(1.71)	(1.83)	(1.77)	(1.83)
SALESP	-0.005***	-0.044**	-0.037*	-0.024*	-0.018**	-0.011**
	(-5.26)	(-2.35)	(-1.83)	(-1.76)	(-2.03)	(-2.21)
MB	-0.003***	-0.114**	-0.053**	-0.072**	-0.046*	-0.006*
	(-6.82)	(-2.27)	(-2.05)	(-2.37)	(-1.83)	(-1.74)
Sub	0.002***	0.028***	0.016***	0.012***	0.009***	0.005***
	(5.48)	(7.43)	(6.45)	(4.57)	(3.42)	(4.32)
ETR	0.052***	0.152***	0.102***	0.143***	0.095***	0.032***
	(12.92)	(4.92)	(3.93)	(8.16)	(4.46)	(4.35)
常数项	0.225***	0.306***	0.284***	0.346***	0.265***	0.232***
	(4.58)	(3.78)	(5.32)	(6.28)	(6.52)	(6.27)

变量	（1）	（2）	（3）	（4）	（5）	（6）
	RDR	Patent	Patent_I	Patent_A	Patent_D	Efficiency
行业效应	控制	控制	控制	控制	控制	控制
年度效应	控制	控制	控制	控制	控制	控制
N	13762	13762	13762	13762	13762	13762
Pseudo R^2	0.218	0.219	0.221	0.216	0.225	0.223

注：＊、＊＊、＊＊＊分别表示在 10%、5%、1% 水平上显著；括号内是 T 值。

第（2）（3）（4）（5）列基于创新产出层面分别报告了专利授权总数以及发明、实用新型、外观设计三种类型专利授权数的 TOBIT 回归结果。第（2）列的结果显示，产融结合（FIN）的估计系数约为 0.822，且在 1% 的水平上显著，表明实体企业参股金融机构可以促进企业创新产出的提升，即参股金融机构可以促进实体企业创新产出平均提高约 82.2%。显然，这一促进作用既具有显著的统计意义，又具有显著的经济意义。第（3）（4）（5）列的结果显示，产融结合（FIN）的估计系数分别为 0.472、0.692 和 0.412，且至少在 10% 的水平上显著，这意味着参股金融机构可以促进实体企业发明专利、实用新型专利以及外观设计专利授权数相应地平均增加约 47.2%、69.2% 以及 41.2%。由此可见，产融结合确实有利于提升实体企业创新产出，故研究假设 H5.2 通过检验。

第（6）列报告了基于创新效率（Efficiency）层面的 TOBIT 回归结果。结果显示，产融结合（FIN）的估计系数约为 0.059，且在 1% 的水平上显著，说明实体企业参股金融机构不仅可以显著增加创新产出，而且有利于提升实体企业的创新效率。换言之，同等的创新投入水平，对于参股金融机构的实体企业，其创新产出水平更高。由此可见，实体企业参股金融机构在提升创新投入和创新产出的同时，也可以提高实体企业创新效率。究其原因，正如前文所述，作为特殊的社会关系，金融股权关系通常也被资源化与通道化。产融结合有利于金融机构获取实体企业大量的"软"信息，特别是涉及商业秘密的研发资源信息（唐清泉和巫岑，2015），而且实体企业参股金融机构所形成的金融股权关系作为特殊的社会关系，有利于信息共享，降低了实体企业创新的"试错成本"，进而提升实体企业的研发成功率以及研发效率（Faleye et al.，2014；巫岑等，2016；申宇等，2017）。综上可知，研究假设 H5.3 通过检验。

控制变量方面，现金流量（Cash）、总资产收益率（ROA）、政府补助（Sub）以及税收优惠（ETR）的估计系数在统计上显著为正，说明实体企业盈利能力越强，政府补助越多，税收优惠力度越大，实体企业创新投入力度越大，相应的创新产出越多，创新效率越高。我们也发现，资本密度（FIXED）越高，创新产出反而越少，说明实体企业人均固定资产净额并非越多越好。我们还发现，资产负债率（LEV）的估计系数均在 1% 的水平上显著为负，表明实体企业负债水平越高，其创新投入越少，创新产出水平自然也就越低，这可能是因为创新投资是一项高风险、高投入的投资活动，因此管理层可能出于风险管控的顾虑而不愿意过多从事风险较高的创新投资活动。此外，其他变量的估计结果也基本符合已有研究结论，比如虞义华等（2018），说明本书模型设定合理。

5.4.4   产融结合影响不同产权性质企业创新绩效的差异性结果分析

为了检验产融结合对企业创新绩效的影响在不同产权性质企业中是否存在显著差异，我们在基准模型（5.1）的基础上，进一步依据产权性质将全样本划分为国有企业与民营企业两个子样本，具体检验结果如表 5 – 5 所示。

表 5 – 5   产融结合与企业创新绩效：基于产权性质

变量	（1）	（2）	（3）	（4）	（5）	（6）
	国有企业	民营企业	国有企业	民营企业	国有企业	民营企业
	RDR	RDR	Patent	Patent	Efficiency	Efficiency
FIN	0.037* (1.75)	0.094*** (4.76)	0.382 (1.46)	0.932*** (6.72)	0.012* (1.79)	0.086*** (4.83)

续表

变量	(1)	(2)	(3)	(4)	(5)	(6)
	国有企业	民营企业	国有企业	民营企业	国有企业	民营企业
	RDR	RDR	Patent	Patent	Efficiency	Efficiency
Cash	0.018**	0.035***	0.482**	0.908***	0.028***	0.042***
	(2.43)	(6.92)	(2.25)	(6.75)	(5.58)	(7.23)
INDP	0.029*	0.053*	0.328	0.472*	0.045*	0.084**
	(1.77)	(1.82)	(1.42)	(1.75)	(1.82)	(2.14)
LEV	-0.027***	-0.075***	-0.372***	-0.703***	-0.035***	-0.064***
	(-9.27)	(-14.62)	(-6.28)	(-6.84)	(-4.84)	(-5.26)
Size	-0.017*	-0.042*	-0.076	-0.115*	-0.002	-0.004
	(-1.87)	(-1.79)	(-1.45)	(-1.82)	(-1.49)	(-1.32)
INST	-0.037*	-0.048**	-0.422*	-0.327	-0.023	0.011*
	(-1.72)	(-2.05)	(-1.84)	(-1.53)	(-1.52)	(1.72)
LNAGE	0.027	0.052*	0.287	0.324*	0.023	0.013*
	(1.22)	(1.76)	(1.48)	(1.83)	(1.53)	(1.77)
SHC	0.017	0.025*	0.242*	0.184	0.027	0.035*
	(1.52)	(1.82)	(1.93)	(1.51)	(1.32)	(1.72)
ROA	0.024*	0.036***	0.057**	0.147***	0.021**	0.054***
	(1.75)	(4.59)	(2.12)	(5.56)	(2.28)	(6.92)
FIXED	0.003*	0.007	-0.074*	-0.143**	0.002	0.001*
	(1.73)	(1.36)	(-1.75)	(-2.04)	(1.34)	(1.75)
Growth	0.001	0.004*	0.041*	0.072***	0.012*	0.026**
	(1.43)	(1.72)	(1.85)	(4.36)	(1.75)	(2.13)
SALESP	-0.004	-0.006*	-0.038	-0.047*	-0.008	-0.014*
	(-1.32)	(-1.75)	(-1.35)	(-1.77)	(-1.31)	(-1.81)
MB	-0.003	-0.004*	-0.073*	-0.126**	-0.004	-0.007*
	(-1.28)	(-1.87)	(-1.75)	(-2.06)	(-1.34)	(-1.87)
Sub	0.011***	0.001*	0.037***	0.022**	0.012***	0.004*
	(6.82)	(1.73)	(5.57)	(2.03)	(4.28)	(1.72)
ETR	0.107***	0.017*	0.224***	0.102**	0.015*	0.039**
	(8.22)	(1.82)	(4.32)	(2.05)	(1.76)	(2.15)
常数项	0.217***	0.285***	0.242***	0.267***	0.238***	0.257***
	(3.82)	(2.97)	(4.29)	(5.81)	(4.27)	(5.75)
行业效应	控制	控制	控制	控制	控制	控制

续表

变量	(1)	(2)	(3)	(4)	(5)	(6)
	国有企业	民营企业	国有企业	民营企业	国有企业	民营企业
	RDR	RDR	Patent	Patent	Efficiency	Efficiency
年度效应	控制	控制	控制	控制	控制	控制
N	7225	6537	7225	6537	7225	6537
Pseudo R^2	0. 212	0. 215	0. 216	0. 218	0. 214	0. 217
经验 P 值	0. 007***		0. 012**		0. 002***	

注: * 、 ** 、 *** 分别表示在 10% 、5% 、1% 水平上显著；括号内是 T 值；组间差异 Chow 检验所得到的 "经验 P 值" 是用于检验国有企业与民营企业之间产融结合（FIN）系数的显著性差异。

第（1）和（2）列报告了不同产权性质企业基于创新投入（RDR）层面的 TOBIT 回归结果。结果显示，在国有企业中产融结合（FIN）的估计系数在 10% 的水平上显著为正，而在民营企业中产融结合（FIN）的估计系数在 1% 的水平上显著为正，说明无论是对于国有企业还是民营企业，其参股金融机构均能增加创新投入力度。与此同时，由组间差异 Chow 检验所得到的 "经验 P 值" 则进一步证实了产融结合（FIN）的组间差异在统计上的显著性：第（1）与（2）列的组间差异检验对应的 "经验 P 值" 为 0.007，且在 1% 水平上显著。由此可见， "实业 + 金融" 的产融结合模式有利于增加实体企业创新投入，而且这一促进作用在民营企业中更明显。其原因可能在于：如前所述，国有企业受政府干预的程度相对较大，但民营企业却面临更为严重的融资约束问题以及更大的市场竞争压力，而 "实业 + 金融" 的产融结合模式具有信息效应、融资约束效应以及人力与资本供给效应等多方面优势，可以为企业营造稳定的外部融资环境，而且唯有提升企业创新能力才能增强企业核心竞争力，缓解企业承担的市场竞争压力。从这个层面上看，稳定的外部融资环境下民营企业创新投入力度更大。

第（3）和（4）列报告了不同产权性质企业基于创新产出（Patent）层面的 TOBIT 回归结果。结果显示，在国有企业中产融结合（FIN）的估计系数为正，但在统计上并不显著，而在民营企业中产融结合（FIN）的估计系

数在 1% 的水平上显著为正，说明对于民营企业，其参股金融机构可以显著提升创新产出。与此同时，由组间差异 Chow 检验所得到的"经验 P 值"则进一步证实了产融结合（FIN）的组间差异在统计上的显著性：第（3）与（4）列的组间差异检验对应的"经验 P 值"为 0.012，且在 5% 水平上显著。由此可见，"实业 + 金融"的产融结合模式有利于增加实体企业创新产出，而且这一促进作用在民营企业中更明显。

第（5）和（6）列报告了不同产权性质企业基于创新效率（Efficiency）层面的 TOBIT 回归结果。结果显示，在国有企业中产融结合（FIN）的估计系数在 10% 的水平上显著为正，而在民营企业中产融结合（FIN）的估计系数在 1% 的水平上显著为正，说明无论是对于国有企业还是民营企业，其参股金融机构均有利于提升实体企业创新效率。与此同时，由组间差异 Chow 检验所得到的"经验 P 值"则进一步证实了产融结合（FIN）的组间差异在统计上的显著性：第（5）与（6）列的组间差异检验对应的"经验 P 值"为 0.002，且在 1% 水平上显著。由此可见，"实业 + 金融"的产融结合模式有利于提升实体企业创新效率，而且这一促进作用在民营企业中更明显。

综上可知，产融结合对企业创新绩效的促进作用在民营企业中更显著，即产融结合更有利于提升民营企业的创新投入、创新产出以及创新效率，因此研究假设 H5.4 通过检验。

5.4.5　产融结合模式下企业创新动机的考察

产融结合的目的在于通过参股金融机构的方式来获取资金支持，以此实现企业做大做强的目标，而企业投资活动是其自身实现价值创造的唯一源泉，因此产融结合对实体企业的影响首先体现在投资行为层面（李茫茫，2018）。作为一种高风险、高投入的投资活动，企业创新投资是引领发展的第一驱动力，有利于推动技术进步，获取竞争优势，进而促进企业发展（黎文靖和郑曼妮，2016）。如前所述，转轨经济背景下，研究我国企业创新投资决策有必要嵌入政府干预这一制度特征，而我国政府通常会深入介入经济事务，导致不同产权性质的企业在产融结合动因方面存在较为显著的制度性差异。具体而言，国有企业受政府干预的程度相对较大，而民营企业却面临更为严重的融资约束问题以及更大的市场竞争压力。

此外，前文实证结果表明，实体企业参股金融机构有利于提升创新绩效，而且产融结合对企业创新绩效的促进作用在民营企业中更显著。那么，产融结合模式下不同产权性质企业的创新动机又有何差异呢？因此，为了进一步考察不同产权性质企业的创新动机及其经济后果的形成机制，分别从银行借款与政府补贴两个角度来综合分析不同产权性质企业的创新动机与资源获取效应，具体结果如表 5 - 6 和表 5 - 7 所示。

表 5 - 6   创新产出、产权性质与银行借款

变量	(1)	(2)	(3)	(4)	(5)	(6)
	全样本	全样本	国有企业	民营企业	国有企业	民营企业
	Debt	Debt	Debt	Debt	Debt	Debt
Patent	0.032** (2.25)	0.018* (1.86)	0.012 (1.52)	0.042*** (4.63)	0.011 (1.47)	0.036** (2.29)
Patent_FIN		0.022** (2.05)			0.014 (1.43)	0.027** (2.09)
FIN		0.014* (1.72)			0.009* (1.74)	0.006* (1.84)
State	-0.007* (-1.82)	-0.005* (-1.76)				
Size	0.017*** (4.72)	0.012** (2.37)	0.026** (2.25)	0.015* (1.78)	0.012** (2.04)	0.014* (1.83)
LEV	0.272*** (12.79)	0.251*** (11.28)	0.324*** (6.85)	0.236*** (4.45)	0.315*** (7.45)	0.214*** (5.48)
ROA	0.124*** (4.52)	0.116*** (3.48)	0.236*** (3.94)	0.087** (2.04)	0.212** (2.02)	0.074** (2.17)
TOBINQ	-0.037* (-1.75)	-0.034* (-1.72)	-0.022** (-2.14)	-0.046* (-1.83)	-0.023** (-2.24)	-0.041* (-1.79)
Cash_dum	0.087*** (11.28)	0.082** (2.16)	0.067* (1.82)	0.079** (2.03)	0.063** (2.23)	0.073* (1.73)

续表

变量	(1) 全样本 Debt	(2) 全样本 Debt	(3) 国有企业 Debt	(4) 民营企业 Debt	(5) 国有企业 Debt	(6) 民营企业 Debt
FIXED	0.043*** (4.35)	0.037* (1.76)	0.074** (2.25)	0.033* (1.84)	0.072* (1.74)	0.031* (1.82)
INTCOV	0.002*** (5.49)	0.001** (2.29)	0.003** (2.15)	0.002** (2.06)	0.001* (1.79)	0.001** (2.04)
SHC	0.027** (2.12)	0.025* (1.84)	0.012* (1.73)	0.034** (2.21)	0.007* (1.82)	0.025* (1.79)
常数项	0.107*** (2.92)	0.085*** (2.67)	0.082*** (3.95)	0.267*** (3.15)	0.078*** (4.05)	0.252*** (3.07)
行业效应	控制	控制	控制	控制	控制	控制
年度效应	控制	控制	控制	控制	控制	控制
N	13762	13762	7225	6537	7225	6537
Adj_R^2	0.182	0.185	0.179	0.187	0.184	0.189
F 值	82.23	85.36	74.29	76.13	68.63	71.25
经验 P 值	—		0.009***		0.008***	

注：*、**、*** 分别表示在 10%、5%、1% 水平上显著；括号内是 T 值；"经验 P 值"是用于检验国有企业与民营企业之间 Patent 的组间系数差异显著性。

表 5-7　　　　　创新产出、产权性质与政府补助

变量	(1) 全样本 Sub	(2) 全样本 Sub	(3) 国有企业 Sub	(4) 民营企业 Sub	(5) 国有企业 Sub	(6) 民营企业 Sub
Patent	0.432** (2.12)	0.316* (1.73)	0.518** (2.35)	0.245 (1.46)	0.435* (1.86)	0.236 (1.32)
Patent_FIN		0.112** (2.25)			0.104** (2.32)	0.087 (1.29)
FIN		0.214* (1.82)			0.172* (1.84)	0.146* (1.78)
State	-0.011* (-1.78)	-0.012* (-1.83)				

续表

变量	(1) 全样本 Sub	(2) 全样本 Sub	(3) 国有企业 Sub	(4) 民营企业 Sub	(5) 国有企业 Sub	(6) 民营企业 Sub
Size	0.472*** (24.57)	0.445** (2.23)	0.524*** (22.58)	0.418** (2.08)	0.518** (2.24)	0.384* (1.78)
LEV	1.728*** (18.92)	1.519*** (16.83)	1.428*** (9.55)	1.369*** (7.52)	1.358*** (6.53)	1.249*** (4.82)
ROA	3.824*** (5.27)	3.625*** (4.86)	2.326*** (4.42)	4.072*** (6.48)	2.252*** (3.82)	3.754*** (3.71)
Loss	2.237*** (7.56)	2.148*** (6.29)	2.482*** (12.45)	1.746** (2.35)	2.203*** (5.47)	1.481* (1.72)
Growth	−0.227** (−2.08)	−0.182** (−2.01)	−0.627*** (−3.27)	−0.079* (−1.73)	−0.613** (−2.12)	−0.062* (−1.74)
SHC	−1.027** (−2.25)	−1.012* (−1.82)	−1.226* (−1.74)	−1.142* (−1.81)	−1.103* (−1.78)	−1.025* (1.73)
Deficit	0.219** (2.04)	0.195** (2.12)	0.438*** (5.59)	−0.362*** (−3.54)	0.411** (2.17)	−0.351* (−1.74)
常数项	−11.107*** (−24.62)	−9.825*** (−17.72)	−16.228*** (−23.56)	−7.627*** (−16.57)	−12.728*** (−14.52)	−6.523** (−2.17)
行业效应	控制	控制	控制	控制	控制	控制
年度效应	控制	控制	控制	控制	控制	控制
N	13762	13762	7225	6537	7225	6537
Adj_R^2	0.232	0.235	0.229	0.227	0.236	0.231
F 值	125.38	128.62	97.25	82.36	98.35	82.59
经验 P 值	—		0.025**		0.017**	

注：*、**、*** 分别表示在 10%、5%、1% 水平上显著；括号内是 T 值；"经验 P 值"是用于检验国有企业与民营企业之间 Patent 的组间系数差异显著性。

首先，以银行借款为被解释变量，借鉴姚立杰等（2010）、赵刚等（2014）以及李茫茫（2018）的研究思路，并构建模型（5.2）：

$$Debt_{i,t+1} = \beta_0 + \beta_1 Patent_{i,t} + \beta_2 State_{i,t} + \beta_3 Size_{i,t} + \beta_4 LEV_{i,t}$$
$$+ \beta_5 ROA_{i,t} + \beta_6 TOBINQ_{i,t} + \beta_7 Cash\_dum_{i,t}$$

$$+ \beta_8 \text{FIXED}_{i,t} + \beta_9 \text{INTCOV}_{i,t} + \beta_{10} \text{SHC}_{i,t}$$
$$+ \sum \text{Year} + \sum \text{Id} + \varepsilon_{i,t} \qquad\qquad (5.2)$$

其中，银行借款（Debt）采用现金流量表中的"取得借款收到的现金"度量，并用总资产标准化，为弱化互为因果所导致的内生性问题，本书使用下一期的银行借款作为被解释变量；创新产出（Patent）采用企业所获专利授权数衡量，包括发明专利授权数（Patent_I）、实用新型专利授权数（Patent_A）以及外观设计专利授权数（Patent_D）三类；选取以下关键特征变量作为控制变量：产权性质（State），若企业实际控制人为国有，则取 1，否则取 0；企业规模（Size），采用企业总资产的自然对数度量；财务杠杆（LEV）、总资产收益率（ROA）、托宾 Q 值（TOBINQ）；筹资需求（Cash_dum），如果经营活动现金净流量与投资活动现金净流量之和小于等于 0，则 Cash_dum 取 1，否则取 0；企业资本密度（FIXED）采用上市公司人均固定资产净额的自然对数度量；利息保证倍数（INTCOV），其值等于利润总额与利息费用之和除以财务费用；股权集中度（SHC），采用第一大股东持股比例衡量；我们还加入了行业（Id）和年度（Year）虚拟变量。

表 5-6 报告了不同产权性质企业创新产出与银行借款之间影响关系的检验结果。第（1）和（2）列基于全样本的结果显示，创新产出（Patent）的估计系数至少在 10% 的水平上显著为正，而且创新产出（Patent）与产融结合（FIN）的交互项（Patent_FIN）的估计系数也在 5% 的水平上显著为正，说明提升创新产出有利于实体企业获取银行借款。第（3）和（4）列的结果显示，在国有企业样本组中创新产出（Patent）的估计系数为正，但在统计上并不显著，而在民营企业样本组中创新产出（Patent）的估计系数在 1% 的水平上显著为正，这表明实体企业创新产出越多，越有利于民营企业获得更多的银行借款。同时，由组间差异 Chow 检验所得到的"经验 P 值"则进一步证实了创新产出（Patent）的组间差异在统计上的显著性：第（3）与（4）列的组间差异检验对应的"经验 P 值"为 0.009，且在 1% 水平上显著。此外，第（5）和（6）列的结果显示，交互项（Patent_FIN）的估计系数在国有企业样本组中并不显著，但在民营企业样本组中显著为

正，说明参股金融机构有利于强化民营企业创新产出对银行借款的促进作用，但对国有企业并不明显。这一发现同李维安和马超（2014）以及李茫茫（2018）的观点是一脉相承的。

事实上，这一现象并不难理解：一方面，如前所述，"实业＋金融"的产融结合模式下民营企业的创新意愿和创新能力更强，而具有良好发展潜力的创新性企业才是金融机构竞相争夺的合作对象（唐清泉和巫岑，2015）。李茫茫（2018）强调，国有企业采取产融结合模式是政府干预的结果，而民营企业则是在融资约束与市场竞争双重约束下自由选择的综合结果。从这个层面上看，创新能力更强的民营企业更受金融机构青睐，自然金融机构对其提供的资金支持力度更大。另一方面，实体企业参股商业银行等金融机构可以向市场释放利好信号，增强企业在信贷市场中的声誉（万良勇等，2015），提升信用评级，增加了企业获得信贷资金支持的可能性（Lu et al.，2012；王红建等，2017）。综上可知，"实业＋金融"的产融结合模式下民营企业的创新动机在于获取银行借款。

接下来，我们以政府补助为被解释变量，并借鉴孔东民等（2013）、赵璨等（2015）、李茫茫（2018）的研究思路，构建模型（5.3）：

$$
\begin{aligned}
\mathrm{Sub}_{i,t+1} = {} & \beta_0 + \beta_1 \mathrm{Patent}_{i,t} + \beta_2 \mathrm{State}_{i,t} + \beta_3 \mathrm{Size}_{i,t} + \beta_4 \mathrm{LEV}_{i,t} \\
& + \beta_5 \mathrm{ROA}_{i,t} + \beta_6 \mathrm{Loss}_{i,t} + \beta_7 \mathrm{Growth}_{i,t} + \beta_8 \mathrm{SHC}_{i,t} \\
& + \beta_9 \mathrm{Deficit}_{i,t} + \sum \mathrm{Year} + \sum \mathrm{Id} + \varepsilon_{i,t} \qquad (5.3)
\end{aligned}
$$

其中，政府补助（Sub）采用下一期的实际政府补贴度量；创新产出（Patent）采用企业所获专利授权数衡量，包括发明专利授权数（Patent_I）、实用新型专利授权数（Patent_A）以及外观设计专利授权数（Patent_D）三类；选取以下关键特征变量作为控制变量：产权性质（State），若企业实际控制人为国有，则取1，否则取0；企业规模（Size），采用企业总资产的自然对数度量；财务杠杆（LEV）、总资产收益率（ROA）；是否亏损（Loss）衡量公司是否亏损，若亏损则取1，否则取0；企业成长性（Growth）采用营业收入增长率度量；股权集中度（SHC），采用第一大股东持股比例衡量；地方财政赤字（Deficit），其值等于地方财政收入与地方财政支出之差除以地方财政收入；我们还加入了行业（Id）和年度（Year）虚拟变量。

表 5 - 7 报告了不同产权性质企业创新产出与政府补助之间影响关系的检验结果。第（1）和（2）列基于全样本的结果显示，创新产出（Patent）的估计系数至少在 10% 的水平上显著为正，而且创新产出（Patent）与产融结合（FIN）的交互项（Patent_FIN）的估计系数也在 5% 的水平上显著为正，这意味着创新产出的增加有利于实体企业获取更多的政府补助。第（3）和（4）列的结果显示，在民营企业样本组中创新产出（Patent）的估计系数为正，但在统计上并不显著，而在国有企业样本组中创新产出（Patent）的估计系数在 5% 的水平上显著为正，这进一步说明实体企业创新产出越多，越有利于国有企业获得更多的政府补助。同时，由组间差异 Chow 检验所得到的"经验 P 值"则进一步证实了创新产出（Patent）的组间差异在统计上的显著性：第（3）与（4）列的组间差异检验对应的"经验 P 值"为 0.025，且在 5% 水平上显著。此外，第（5）和（6）列的结果显示，交互项（Patent_FIN）的估计系数在国有企业样本组中显著为正，但在民营企业样本组中并不显著，说明参股金融机构有利于强化国有企业创新产出对政府补助的促进作用，但对民营企业并不明显。这一发现也间接支持了李茫茫（2018）的观点"国有企业采取产融结合模式是政府干预的结果"。

事实上，这一现象并不难理解：一方面，因股权关联而形成的绝对控制权以及国企高管的任命机制决定了政府对国企的干预程度要远大于民营企业。李茫茫（2018）强调，国有企业采取产融结合模式是政府干预的结果，而民营企业则是在融资约束与市场竞争双重约束下自由选择的综合结果。另一方面，国有企业创新可能是一种策略性行为（Hall and Harhoff，2012；Tong et al.，2014），其目的在于获取私利，更多的是对政府政策与监管的一种迎合行为，并非实质性地增强企业核心竞争力（黎文靖和郑曼妮，2016）。唐等（2014）发现，中国第二次修订后的专利法支持国企申请专利，在这一背景下，技术含量较低的实用新型和外观设计专利显著增加，但高质量的发明专利却未明显增加，这表明国有企业创新行为更多的是一种策略性行为。此外，国有企业与政府之间天然的"父子"关系赋予其诸多比较优势，比如土地、财政补贴、税收优惠以及劳动力政策等关键性资源。综上可知，产融结合模式下国有企业创新动机可能在于获取更多的政府补助。

综上所述，"实业 + 金融"的产融结合模式下国有企业创新绩效的改善可能在于获取更多的政府补助，而民营企业改善创新绩效可能在于获取更多的银行借款。

5.4.6　基于金融机构类型与参股比例层面的拓展性分析

1. 参股金融机构类型对企业创新绩效的影响

如前所述，不同类型的金融机构与实体企业之间存在不同的产业契合度，而产业契合度会在一定程度上会影响产融结合的协同效应（蔺元，2010），进而可能会影响企业创新绩效。为此，我们认为，有必要进一步考察参股金融机构类型对实体企业创新绩效的影响。参照蔺元（2010）的研究思路，设置度量金融机构类型的虚拟变量 FIN_DUM。如果实体企业参股的金融机构分别为商业银行、证券公司、财务公司、信托公司以及保险公司，则 FIN_DUM 取值为 1；否则取 0，具体检验结果如表 5 – 8 所示。

表 5 – 8　　　　　　产融结合与企业创新投入：参股金融机构类型

变量	(1) RDR 银行	(2) RDR 证券	(3) RDR 财务	(4) RDR 信托	(5) RDR 保险
FIN_DUM	0.162*** (5.24)	0.122*** (6.72)	0.072** (2.06)	0.052 (1.47)	0.041 (1.41)
State	– 0.007** (– 2.04)	– 0.005** (– 2.14)	– 0.011* (– 1.77)	– 0.009** (– 2.27)	– 0.012* (– 1.82)
Cash	0.372*** (21.74)	0.315*** (18.92)	0.287*** (15.27)	0.382*** (14.78)	0.348*** (11.52)
INDP	0.421* (1.77)	0.382** (2.43)	0.259** (2.07)	0.275* (1.75)	0.228* (1.78)
LEV	– 0.392*** (– 12.29)	– 0.425*** (– 8.62)	– 0.371*** (– 14.28)	– 0.432*** (– 9.27)	– 0.385*** (– 8.82)

续表

变量	(1)	(2)	(3)	(4)	(5)
	RDR	RDR	RDR	RDR	RDR
	银行	证券	财务	信托	保险
Size	-0.152** (-2.18)	-0.126* (-1.78)	-0.076* (-1.84)	-0.082** (-2.12)	-0.074* (-1.89)
INST	-0.227* (-1.73)	-0.322** (-2.17)	-0.208* (-1.85)	-0.174 (-1.43)	-0.127 (-1.28)
LNAGE	0.127* (1.87)	0.275* (1.74)	0.224** (1.99)	0.217* (1.78)	0.184 (1.58)
SHC	0.174** (2.08)	0.156* (1.72)	0.146** (2.13)	0.152* (1.71)	0.134 (1.51)
ROA	0.273*** (7.28)	0.162*** (9.52)	0.104** (2.09)	0.174** (2.15)	0.227** (2.26)
FIXED	0.104 (1.34)	-0.097* (-1.85)	-0.074** (-2.02)	-0.081* (-1.74)	-0.063* (-1.83)
Growth	0.017** (2.07)	0.047* (1.73)	0.027* (1.81)	0.032* (1.73)	0.024* (1.76)
SALESP	-0.011*** (-4.68)	-0.029** (-2.04)	-0.023* (-1.87)	-0.041* (-1.72)	-0.023* (-1.83)
MB	-0.007** (-2.18)	-0.084** (-2.02)	-0.064* (-1.75)	-0.057* (-1.89)	-0.042* (-1.73)
Sub	0.014*** (8.28)	0.022*** (6.83)	0.018*** (5.57)	0.021*** (3.87)	0.014*** (2.92)
ETR	0.078*** (13.28)	0.122*** (12.24)	0.094*** (7.39)	0.132*** (9.63)	0.105*** (4.26)
常数项	0.145*** (2.78)	0.204*** (2.67)	0.184*** (3.72)	0.165*** (4.87)	0.158*** (5.27)
行业效应	控制	控制	控制	控制	控制
年度效应	控制	控制	控制	控制	控制
N	13762	13762	13762	13762	13762
Pseudo R^2	0.221	0.223	0.218	0.217	0.224

注：*、**、***分别表示在 10%、5%、1% 水平上显著；括号内是 T 值；被解释变量为创新投入（RDR），限于篇幅，此处省略了创新产出和创新效率的结果，作为稳健性检验；本书研究样本的统计结果显示，企业参股金融机构主要集中在银行、证券、财务、信托、保险公司，故以此为主要研究对象。

表 5 - 8 报告了参股不同类型金融机构影响企业创新绩效的检验结果。第 (1)(2)(3) 列的检验结果显示,金融机构类型虚拟变量 (FIN_DUM) 的估计系数至少在 5% 的水平上显著为正,这说明相对于其他金融机构,实体企业参股商业银行、证券公司以及财务公司都能够显著提高企业创新投入。然而,第 (4) 和 (5) 列的检验结果显示,金融机构类型虚拟变量 (FIN_DUM) 的估计系数均为正,但在统计上并不显著,这表明相对于其他金融机构,实体企业参股信托银行和保险公司并不能显著提高企业创新投入。这可能是因为,作为我国金融体系的主体,商业银行能够为合作伙伴提供规模更大、期限更长的信贷资金 (Lu et al. , 2012;王红建等,2017),而参股证券公司可以增强实体企业资本运作以及并购整合的能力,同时财务公司可以构建内部资本市场,降低交易成本、协同财务和经营以及增强资本运作能力等,有利于企业获取融资便利等竞争优势。然而,因为信托和保险公司的股权相对分散,而持有金融机构股权比例过低难以影响其决策,难以为企业提供充足的资金支持,因此参股信托和保险公司在短期内难以缓解创新企业的融资约束。

综上可知,实体企业参股商业银行、证券公司以及财务公司有利于提升企业创新绩效,但参股信托公司和保险公司却未能显著提升实体企业创新绩效。

2. 参股金融机构比例对企业创新绩效的影响

参照蔺元 (2010) 的研究思路,设置度量金融机构比例的虚拟变量 FIN_DUM。如果实体企业参股金融机构的参股比例小于 10% 、参股比例介入 10% ~ 20% 和参股比例超过 20% 均为虚拟变量,则 FIN_DUM 分别相应地取值 1 和 0,具体检验结果如表 5 -9 所示。

表 5 -9 报告了参股比例影响企业创新投入的检验结果。第 (1) 列的检验结果显示,金融机构比例虚拟变量 (FIN_DUM) 的估计系数在 10% 的水平上显著为正,且系数为 0. 124;第 (2) 列的检验结果显示,金融机构比例虚拟变量 (FIN_DUM) 的估计系数在 1% 的水平上显著为正,且系数为 0. 157;第 (3) 列的检验结果显示,金融机构比例虚拟变量 (FIN_DUM) 的

表 5 − 9　　　　　产融结合与企业创新投入：参股金融机构比例

变量	(1) RDR 小于10%	(2) RDR 10% ~ 20%	(3) RDR 超过20%
FIN_DUM	0. 124* (1. 84)	0. 157*** (4. 28)	0. 226*** (6. 56)
State	− 0. 008* (− 1. 84)	− 0. 006** (− 2. 02)	− 0. 009* (− 1. 87)
Cash	0. 325*** (12. 57)	0. 282*** (14. 25)	0. 304*** (10. 27)
INDP	0. 371* (1. 87)	0. 412** (2. 13)	0. 392** (2. 23)
LEV	− 0. 284*** (− 8. 92)	− 0. 312*** (− 7. 25)	− 0. 327*** (− 6. 82)
Size	− 0. 115* (− 1. 81)	− 0. 102* (− 1. 75)	− 0. 089* (− 1. 78)
INST	− 0. 174** (− 2. 02)	− 0. 142* (− 1. 75)	− 0. 168* (− 1. 81)
LNAGE	0. 112 (1. 57)	0. 125 (1. 42)	0. 142* (1. 73)
SHC	0. 124* (1. 78)	0. 112* (1. 81)	0. 126* (1. 73)
ROA	0. 139*** (6. 84)	0. 147*** (8. 25)	0. 097** (2. 14)
FIXED	0. 096 (1. 42)	− 0. 105* (− 1. 73)	− 0. 081* (− 1. 81)
Growth	0. 021* (1. 72)	0. 035* (1. 84)	0. 027* (1. 78)
SALESP	− 0. 021** (− 2. 06)	− 0. 017* (− 1. 73)	− 0. 026* (− 1. 81)
MB	− 0. 045* (− 1. 78)	− 0. 051* (− 1. 82)	− 0. 062** (− 2. 05)

续表

变量	(1) RDR 小于 10%	(2) RDR 10% ~ 20%	(3) RDR 超过 20%
Sub	0.017*** (7.85)	0.024*** (5.83)	0.027*** (6.72)
ETR	0.102*** (8.12)	0.091*** (7.45)	0.121*** (6.92)
常数项	0.114*** (3.12)	0.132*** (2.79)	0.147*** (3.18)
行业效应	控制	控制	控制
年度效应	控制	控制	控制
N	13762	13762	13762
Pseudo R^2	0.232	0.234	0.231

注：*、**、***分别表示在10%、5%、1%水平上显著；括号内是 T 值；被解释变量为创新投入（RDR），限于篇幅，此处省略了创新产出和创新效率的结果，作为稳健性检验。

估计系数在 1% 的水平上显著为正，且系数为 0.226。上述检验结果表明，参股金融机构股权比例越高，产融结合对企业创新投入的促进作用越明显。究其原因：实体企业持有金融机构股权比例越高，其对金融机构施加的影响也就越大。尤其是绝对或相对控股金融机构时，实体企业可以拥有决策权，比如决定"关系"信贷的规模、期限等，进而实现战略协同、管理协同以及财务协同，最终提升企业创新投入。

综上可知，实体企业参股金融机构确实有利于提升企业创新绩效，而且随着参股比例的提升，这一促进作用更强。

5.4.7 稳健性检验

1. 关于"样本自选择"内生性问题的处理

实体企业参股金融机构实现产业资本渗透金融行业的产融结合模式可能存在"样本自选择"问题。换言之，即使我们观察到参股金融机构的实体

企业，其创新投资意愿相对较强，但这也可能是实体企业自身特征造成的。因此，首先遵循 4.4.7 小节利用倾向得分匹配法（PSM）构建配对样本，然后筛选出配对样本，并进一步利用配对样本重新回归模型（5.1），基于配对样本的检验结果如表 5 - 10 所示。基于配对样本的检验结果显示，实体企业参股金融机构确实有利于提升企业创新绩效，而且这一促进作用在民营企业中更明显。由此可见，控制企业主要特征变量的差异后，基于配对样本的检验结果未发生实质性变化，说明本章基于全样本得到的研究结论是稳健的。

表 5 - 10　　　　　　　产融结合与企业创新绩效：PSM 检验

Panel A：产融结合与企业创新绩效：主检验						
变量	(1)	(2)	(3)	(4)	(5)	(6)
	RDR	Patent	Patent_I	Patent_A	Patent_D	Efficiency
FIN	0.058***	0.796***	0.452***	0.638*	0.385*	0.048***
	(6.54)	(15.72)	(9.65)	(1.82)	(1.79)	(4.82)
年度、行业效应以及控制变量均已控制						
N	13489	13489	13489	13489	13489	13489
Pseudo R^2	0.215	0.217	0.214	0.217	0.218	0.218
Panel B：产融结合与企业创新绩效：基于产权性质						
变量	(1)	(2)	(3)	(4)	(5)	(6)
	国有企业	民营企业	国有企业	民营企业	国有企业	民营企业
	RDR	RDR	Patent	Patent	Efficiency	Efficiency
FIN	0.032*	0.084***	0.346	0.849***	0.014*	0.075***
	(1.71)	(5.14)	(1.52)	(5.84)	(1.74)	(4.62)
年度、行业效应以及控制变量均已控制						
N	7085	6404	7085	6404	7085	6404
Pseudo R^2	0.209	0.212	0.211	0.214	0.212	0.216
经验 P 值	0.027**		0.018**		0.006***	

注：＊、＊＊、＊＊＊分别表示在 10%、5%、1% 水平上显著；括号内是 T 值；"经验 P 值"是用于检验国有企业与民营企业之间产融结合（FIN）系数的显著性差异；PSM 配对过程，需要满足共同支撑假设等配对条件，故样本量有所减少。

2. 关于遗漏重要变量内生性的处理

诚然，影响企业创新投资活动的因素众多，这意味着模型（5.1）的设定中可能存在遗漏重要变量的问题。为此，我们借鉴王超恩等（2016）的研究方法，选取上市公司注册地处于同一地级市的金融关联比率（FIN_LO-CAL）、属于同一行业的所有上市公司金融关联比率的年度均值（FIN_IND）作为工具变量。事实上，地理位置邻近、行业属性相似的企业所面临的外部环境以及行业特征比较相似，进而导致相应的产融结合决策彼此相互影响，具有一定的相关性。这意味着，对于处于相同区域或行业门类相同的企业，其金融关联比率均值与单个企业金融关联比率密切相关，但不会直接影响到单个企业。因此，从单个企业层面上讲，金融关联比率年度均值（FIN_LO-CAL）和行业均值（FIN_IND）满足外生性与相关性条件。

表5-11中Panel A报告的结果表明，金融关联比率年度均值（FIN_LOCAL）、行业均值（FIN_IND）均与产融结合（FIN）显著正相关。同时，"弱工具"变量检验结果显示，Shea's partial R^2 达到41.6%，F值为823.27，远大于经验值10，p值接近于0，说明拒绝原假设，即不存在"弱工具"变量问题。表5-11中Panel B报告的结果表明，Hansen J统计量的P值均显著大于10%，说明接受"所有工具变量是外生的"原假设。由此可见，我们选取的工具变量是有效的。此外，不难发现，基于工具变量法的检验结果与本章前部分检验结果基本一致，故本章结论是可靠的。

表5-11   产融结合与企业创新绩效：工具变量法

Panel A：第一阶段（限于篇幅，省略控制变量的回归结果）	
因变量（FIN）	
FIN_LOCAL	0.312*** (6.94)
FIN_IND	0.182*** (5.16)

弱工具变量检验（H0：工具变量在第一阶段回归中的系数都为0）：Shea's partial $R^2 = 0.416$；F = 823.27；p = 0.0001

续表

Panel B：第二阶段					
Panel B1：产融结合与企业创新绩效：主检验					
变量	（1）	（2）	（3）	（4）	（5）	（6）
	RDR	Patent	Patent_I	Patent_A	Patent_D	Efficiency
FIN	0.052***	0.724***	0.437***	0.582*	0.372*	0.042***
	（5.87）	（14.26）	（5.82）	（1.73）	（1.84）	（4.53）
限于篇幅，控制变量结果省略						
R²	0.227	0.223	0.219	0.224	0.218	0.221
Wald 值	75.43	72.84	81.35	86.28	87.18	76.28
过度识别检验（H0：所有工具变量都是外生的）						
Hansen J 值	0.516	0.473	0.892	0.572	0.471	0.398
P 值	0.523	0.574	0.614	0.416	0.432	0.601

Panel B2：产融结合与企业创新绩效：基于产权性质					
变量	（1）	（2）	（3）	（4）	（5）	（6）
	国有企业	民营企业	国有企业	民营企业	国有企业	民营企业
	RDR	RDR	Patent	Patent	Efficiency	Efficiency
FIN	0.029*	0.076***	0.325	0.726***	0.016*	0.063***
	（1.76）	（5.38）	（1.43）	（5.29）	（1.82）	（4.27）
限于篇幅，控制变量结果省略						
N	7225	6537	7225	6537	7225	6537
R²	0.217	0.221	0.223	0.225	0.219	0.221
Wald 值	79.28	81.45	84.72	86.82	82.72	79.25
过度识别检验（H0：所有工具变量都是外生的）						
Hansen J 值	0.462	0.434	0.729	0.489	0.518	0.408
P 值	0.438	0.515	0.582	0.453	0.429	0.561
经验 P 值	0.031**		0.009***		0.022**	

注：*、**、*** 分别表示在 10%、5%、1% 水平上显著；括号内是 T 值；"经验 P 值"是用于检验国有企业与民营企业之间产融结合（FIN）系数的显著性差异；行业、年度效应已控制。

3. 其他稳健性检验

为了增强研究结论的稳健性，本章还做了如下敏感性分析：（1）变更产融结合的度量方法，采用连续变量衡量，即根据实体企业参股金融机构的实际持股比例衡量变量 FIN，以此为解释变量，重新估计模型（5.1）；（2）鉴于我国的产融结合模式是以实体企业参股商业银行为主，为此我们采用实体企业是否参股商业银行的虚拟变量作为产融结合的代理变量，如果参股商业银行，则取 1，否则取 0，重新估计模型（5.1）；（3）鉴于企业创新的长周期特征，同时为检验产融结合对企业创新能力影响的持续性，借鉴科尔纳贾等（Cornaggia et al.，2015）和王超恩等（2016）的做法，将第 T 期至第 T + 2 期专利申请数依次加总，以此为因变量，重新估计模型（5.1）；（4）将专利申请数小于 1 的样本剔除，使用 OLS 法重新估计模型（5.1）。按照上述度量方式重新回归了模型（5.1），我们发现以上检验结果未发生实质性差异。由此可见，前文研究结论是可靠的。限于篇幅，上述稳健性检验结果未报告，留存备索。

5.5　本章小结

毋庸置疑，增强国家自主创新能力的关键在于积极引导企业创新，而企业创新在很大程度上决定了自身的发展、竞争优势、市场价值以及投资回报等（虞义华等，2018）。现有文献主要遵循由外部宏观环境到内部企业特征的逻辑对企业创新投入、创新产出以及创新效率展开一系列相关研究，主要聚焦于高管特质、公司治理、外部融资、政府优惠政策以及投资者法律保护等视角考察企业创新绩效。然而，现阶段鲜有文献从产融结合角度考察企业创新绩效。事实上，实体企业参股金融机构的目的是利用金融机构雄厚的资金实力来实现企业做大做强的目标。因此，产融结合对实体企业的影响首先体现在投资行为上，而且投资是企业实现价值创造的唯一源泉。从这个层面上看，作为增强企业核心竞争力的投资行为，企业创新投资势必会受到产融结合的影响。鉴于此，基于资源基础和资源依赖等理论视角，本章系统考察产融结合对企业创新绩效的影响机理，并利用 2008 ~ 2017 年沪深两市 A 股上市公司参股金融机构的相关数据构建了 TOBIT 回归模型进行实证分析。

　　实证结果显示：（1）产融结合模式有利于提升企业创新绩效，而且这一促进作用在民营企业中更明显，即产融结合更有利于提升民营企业的创新投入、创新产出以及创新效率；（2）企业创新动机的检验结果表明，产融结合模式下国有企业创新绩效的改善可能在于获取更多的政府补助，而民营企业可能在于获取更多的银行借款。进一步地，基于参股类型和参股比例的拓展性分析结果表明：（1）实体企业参股商业银行、证券公司以及财务公司均有利于提升企业创新绩效，但参股信托公司和保险公司却未能显著提升实体企业创新绩效；（2）实体企业参股金融机构确实有利于提升企业创新绩效，而且随着参股比例的提升，这一促进作用更明显。上述结论经过稳健性检验后，依然稳健。

第6章

产融结合与企业创新绩效对公司业绩的实证分析

　　本章实证分析产融结合模式下企业创新绩效对公司业绩的影响。首先，基于资源基础、资源依赖以及融资约束等理论视角，本章将重点从公司业绩层面考察产融结合模式下企业创新绩效的经济后果，即从公司经营业绩和市场业绩两个方面系统考察产融结合与企业创新绩效对公司业绩的影响，在此基础上进一步对比分析上述关系在不同产权性质企业中的差异，并提出相关研究假设。其次，根据研究假设进行研究设计，并利用 2008～2017 年沪深两市 A 股上市公司的微观数据进行实证检验。此外，从创新动机角度将企业创新划分为高质量的实质性创新和技术含量较低的策略性创新，进一步分析不同类型的创新行为与公司业绩之间的关系，旨在从创新效果角度提供经验证据。最后，为增强研究结果的稳健性，采用工具变量法和倾向得分（PSM）等方法进行内生性问题处理。

6.1　引言

　　作为产业资本同金融资本彼此之间相互融合的一种新兴产业组织形式，产融结合是指工商企业与金融企业以参股、人事派遣等方式彼此渗透而实现资本结合的行为（支燕和吴河北，2010）。在世界经济格局进入以集团为中心的时代背景下，突破实业与金融的行业边界，采取"实业 + 金融"的产融结合模式获取竞争优势，逐渐演变为企业理性应对全球竞争、实现可持续发展的重要战略选择。然而，产融结合在我国的发展历程并不顺畅。从亚洲金融危机之后的明令禁止，到随后的默许，再到 2010 年政府颁布一系列支持性政策，这一转变充分说明我国政府已经意识到产融结合在推动产业转型升级过程中的重要作用。近年来，我国政府逐渐放松了对金融业的管制，这在一定程度上激励了越来越多的实体企业以参股或控股的方式尝试着渗透金融领域（李维安和马超，2014），进而促使"由产到融"的产融结合模式得到了高速发展。Wind 数据库统计结果显示，2008～2017 这十年间我国参股金融机构的上市公司平均占比已经达到了 26.30%，相较于 2005 年的平均占比 13.45%，产融结合模式的发展速度十分迅猛。由此可见，在我国政府相继出台一系列支持性政策的背景下，"实业 + 金融"的产融结合模式实现了飞跃式发展，拥有雄厚产业资本的大型企业开始渗入金融机构。

　　鉴于国家政策支持以及现实中产融结合模式迅速发展的事实，学者们开始积极探究产融结合的相关话题。大多数学者认为，产融结合具有信息效应、决策效应以及人力与资本供给效应等多方面优势，可以为企业营造稳定的外部融资环境（Li and Greenwood，2004；万良勇等，2015；王超恩等，2016；黎文靖和李茫茫，2017；马红等，2018）。由此可见，产融结合既能够充分发挥金融资本的规模效应，同时也可为实体企业实现"资本输血"目标，缓解实体企业融资压力，还能够影响实体企业的投资决策。众所周知，资本具有逐利本性，而投资是企业实现价值创造的唯一源泉。那么，作为增强企业核心竞争力的投资行为，创新投资活动在产融结合模式下将如何为实体企业创造价值？此外，作为新兴经济体，中国依然处于经济转轨时期，我国政府在金融发展与资源优化配置中扮演着关键角色，这在一定程度上造成国有企业与民营企业在政府干预、融资成本以及竞争压力等方面存在显著差异，即政府干预是一个不容忽视的重要制度特征。因此，转轨经济时期考察我国企业创新投资的经济后果，有必要嵌入产权性质这一特殊制度特征。那么，产融结合模式下不同产权性质企业的创新投资活动所产生的经济后果又有何差异？显然，上述问题的解答将有助于我们深入理解产融结合的现实价值，具有十分重要的实践意义。

　　针对上述问题，基于社会资本以及资源依赖等理论视角，本章系统考察产融结合模式下创新绩效对公司业绩的影响以及两者在不同产权性质企业中的差异，并利用 2008 ~ 2017 年沪深两市 A 股上市公司参股金融机构的相关数据进行了实证分析。实证结果表明：提升创新绩效有利于改善公司业绩，而且产融结合可以强化这一促进作用；创新绩效对公司业绩的促进作用在民营企业中更显著，而且产融结合可以强化这一促进作用。拓展性分析结果表明，只有实质性创新才能真正改善公司业绩，而且产融结合可以强化实质性创新对公司业绩的促进作用，同时这一现象在民营企业中更明显，但并没有经验证据支持策略性创新对公司业绩的提升作用。换言之，只有高质量的实质性创新才是实体企业实现价值创造的源泉，而且产融结合有利于增强实质性创新对企业价值的边际贡献。

6.2　研究假设

6.2.1　产融结合、创新绩效与公司业绩

众所周知，增强国家自主创新能力的关键在于积极引导企业创新，而企业创新在很大程度上决定了自身的发展前景、竞争优势、市场价值以及投资回报等（虞义华等，2018）。内生增长理论认为，技术创新与进步是经济稳定增长的动力源泉。作为创新主体，企业创新效率高，且成本低，同时也是经济的微观组成元素（黎文靖和郑曼妮，2016）。因此，内生增长理论对经济增长的解释同样适用于解释企业价值创造。信号传递理论认为，信息不对称问题会扭曲企业的市场价值。显然，企业创新投资活动通常因涉及商业机密等内部信息而不愿意向外界披露，一旦企业向外界传播有关技术创新的信息，投资者倾向于将其视为利好信号，进而强化投资者对企业价值的乐观预期（陈修德等，2011）。蒙特和巴巴格尼（Monte and Papagni，2003）发现，市场对企业加大研发投资力度的反应是积极的。此外，企业创新有利于增强企业核心竞争力，促进企业拥有竞争优势，进而可以增加其市场份额，巩固市场地位，实现业绩持续增长（林慧婷和王茂林，2014）。黎文靖和郑曼妮（2016）强调，对于拥有高质量专利技术的企业，其财务绩效更好（周煊等，2012），而且核心专利的批准有利于助推股价的上升（Austin，1993）。徐欣和唐清泉（2010）也指出，上市公司拥有的专利数越多，对公司价值提升的贡献度越大。由此可见，企业创新投资有利于改善企业业绩。

如前所述，实体企业参股金融机构属于"由产到融"的产融结合模式，有利于促使实体企业与金融机构建立股权关系，是将外部资本市场实现内部化的有效方式，进而有助于实体企业实现资源外取、能力整合以及路径刚性突破等目标（支燕和吴河北，2011），是缓解融资约束问题和降低信息不对

称程度的有效手段（Lu et al.，2012；王红建等，2017；马红等，2018）。
而金融资本同产业资本的融合有利于降低交易成本，优化资源配置，可以通
过协同效应产生收益（张庆亮和孙景同，2007）。同时，融资约束问题的缓
解有助于实体企业及时把握投资机会而获得收益（李维安和马超，2014；
万良勇等，2015；黎文靖和李茫茫，2017）。因此，实体企业参股金融机构
拥有信息、融资、人力与资本供给等多方面优势，有助于改善实体企业的
业绩。

诚然，产融结合模式具有信息效应、决策效应以及人力与资本供给效应
等多方面优势，不仅能为实体企业营造稳定的外部融资环境（万良勇等，
2015；王超恩等，2016；黎文靖和李茫茫，2017；马红等，2018），还能为
实体企业提供人力资本与技术支持。而人力资本以及专业技术支持有助于优
化配置研发资源，可以规避低效甚至无效创新而浪费稀缺的创新投入，进而
提升实体企业的研发成功率以及研发效率。此外，作为特殊的社会关系，金
融股权关系已被资源化与通道化。关系网络内部"圈子"拥有许多涉及商
业机密的私有信息，而且突破信息交流壁垒，共享私有信息，是关系网络的
重要功能。法利耶等（2014）指出，信息共享有利于缩减创新活动的"试
错成本"，及时明确正确的研发方向，提升创新投资成功的概率（申宇等，
2017）。李维安和马超（2014）进一步指出，我国金融机构已具备监督能
力，有能力获取相关的关键信息，可以监督与规范企业行为（翟胜宝等，
2014）。综上可知，产融结合模式下创新投资活动有利于改善企业业绩。据
此，提出如下研究假设：

H6.1：提升创新绩效能改善公司业绩，而且产融结合可以强化这一促
进作用。

6.2.2　产融结合、创新绩效与公司业绩：基于产权性质

产权性质会显著影响企业的经营环境与目标，而且产权异质性是我国企
业所面临的最大的制度环境差异。作为新兴经济体，中国依然处于经济转轨
时期，政府干预是一个不容忽视的重要制度特征。由此可见，我国政府在金

融发展与资源优化配置中扮演着关键角色，这在一定程度上造成国有企业与民营企业在政府干预、融资成本以及竞争压力等方面存在显著差异。因此，转轨经济时期考察我国企业创新投资的经济后果，有必要嵌入产权性质这一特殊制度特征。

承前所述，国有企业受政府干预的程度相对较大，而民营企业却面临更为严重的融资约束问题以及更大的市场竞争压力（黎文靖和李茫茫，2017）。同时，李茫茫（2018）强调，国有企业采取"实业 + 金融"的产融结合模式是政府干预的结果，而民营企业则是在融资约束与市场竞争双重约束下主动选择的结果。从这个层面看，对于国有企业而言，政府干预下的产融结合可能会导致资源要素扭曲，降低资源配置效率，进而导致市场机制下企业的逐利本性受到妨碍，甚至造成国有企业效率下降。而民营企业在融资约束与市场竞争双重约束下直接面对市场竞争，其决策更多的是基于自身利益最大化综合权衡的结果，这意味着民营企业主动采取"实业 + 金融"的产融结合模式是实体企业逐利的结果，有利于改善民营企业配置资源，进而提升民营企业效率。由此可见，实体企业参股金融机构更有利于民营企业改善业绩。

此外，民营企业产权界定更加明晰，代理问题相对较轻，信息透明度相对较高，这表明产融结合后，金融机构更容易获取民营企业的"软"信息，特别是涉及商业秘密的研发信息（巫岑等，2016），进而能够有效监督与规范民营企业行为，提高创新效率（翟胜宝等，2014）。金和莱文（King and Levine，1993）认为，经济增长的关键在于金融机构可以甄别出更有能力的创新者。如前所述，产融结合更有利于提升民营企业的创新投入、创新产出以及创新效率，并且产融结合可以强化创新绩效对公司业绩的促进作用。据此，在上述研究假设的基础上，提出以下假设：

H6.2：创新绩效对公司业绩的促进作用在民营企业中更显著，而且产融结合可以强化这一促进作用。

6.3 研究设计

6.3.1 样本选择与数据来源

股权分置改革完成后，股权流通在一定程度上加快了实体企业参股金融机构的进程，同时考虑到 2007 年我国开始执行新会计准则，CSMAR 数据库可获得的关于研发投入数据最早年份为 2007 年，而且实证分析过程中需要使用超前一滞后项。因此，为了保证样本期间内会计准则的一致性，本书将以 2008 ~ 2017 年沪深两市非金融类 A 股上市公司为原始样本，并在此基础上进行如下处理：（1）剔除金融、保险行业的上市公司；（2）剔除 ST、ST* 以及数据出现缺失的上市公司。经此筛选，最终得到 13762 个有效的"公司—年度"观测值。同时，为排除极端值的"噪音"干扰，对所有连续变量均进行了上下 1% 分位的缩尾（Winsorize）处理。其中，上市公司参股金融机构的原始数据来自 Wind 数据库，并结合年报进行适当调整；专利数据来自 CSMAR 数据库和中国国家知识产权局专利数据库；其余财务数据均来自 CSMAR 数据库以及 CCER 数据库。本章的统计分析软件以 Stata 14.0 为主。

6.3.2 模型构建与变量定义

为了考察产融结合模式下企业创新绩效对公司业绩的影响，借鉴周煊等（2012）、黎文靖和郑曼妮（2016）以及李茫茫（2018）的研究方法，在控制相关特征变量、行业以及年度效应的基础上，引入创新绩效（Innovation）作为核心解释变量，以经营业绩（ROA）和市场业绩（TOBINQ）为被解释变量，构建如下回归模型：

$$
\begin{aligned}
\text{ROA/TOBINQ}_{i,t+1} = {} & \beta_0 + \beta_1 \text{Innovation}_{i,t} + \beta_2 \text{State}_{i,t} + \beta_3 \text{Cash}_{i,t} \\
& + \beta_4 \text{INDP}_{i,t} + \beta_5 \text{LEV}_{i,t} + \beta_6 \text{Size}_{i,t} + \beta_7 \text{LNAGE}_{i,t} \\
& + \beta_8 \text{SHC}_{i,t} + \beta_9 \text{Double}_{i,t} + \beta_{10} \text{Growth}_{i,t}
\end{aligned}
$$

$$+ \beta_{11}\text{Liquidity}_{i,t} + \beta_{12}\text{Tangibility}_{i,t} + \beta_{13}\text{RE}_{i,t}$$

$$+ \sum \text{Year} + \sum \text{Id} + \varepsilon_{i,t} \tag{6.1}$$

$$\text{ROA/TOBINQ}_{i,t+1} = \beta_0 + \beta_1\text{Innovation}_{i,t} + \beta_2\text{Innovation\_FIN}_{i,t}$$

$$+ \beta_3\text{FIN}_{i,t} + \beta_4\text{State}_{i,t} + \beta_5\text{Cash}_{i,t} + \beta_6\text{INDP}_{i,t}$$

$$+ \beta_7\text{LEV}_{i,t} + \beta_8\text{Size}_{i,t} + \beta_9\text{LNAGE}_{i,t} + \beta_{10}\text{SHC}_{i,t}$$

$$+ \beta_{11}\text{Double}_{i,t} + \beta_{12}\text{Growth}_{i,t} + \beta_{13}\text{Liquidity}_{i,t}$$

$$+ \beta_{14}\text{Tangibility}_{i,t} + \beta_{15}\text{RE}_{i,t} + \sum \text{Year}$$

$$+ \sum \text{Id} + \varepsilon_{i,t} \tag{6.2}$$

其中，ROA 表示经营业绩，采用资产收益率度量；TOBINQ 表示市场业绩，采用托宾 Q 值表示，即（债权账面价值＋股权市场价值）/总资产，然后取自然对数。同时，考虑到创新行为的滞后效应，并为了弱化互为因果所导致的内生性问题，本书使用下一期的公司业绩作为被解释变量。Innovation 表示企业创新绩效，参照虞义华等（2018）的做法，从创新投入、创新产出以及创新效率三个维度来综合衡量创效绩效。具体而言，创新投入（RDR）采用当期企业实际研发投入来度量，其值等于企业实际研发支出与营业总收入之比；创新产出（Patent）采用企业所获专利授权数衡量；创新效率（Efficiency）采用单位研发支出转化的专利授权数度量（Hirshleifer et al.，2013）。FIN 表示产融结合变量，若企业参股金融机构，则 FIN 取值为 1，否则取 0，而且实体企业参股金融机构主要涉及商业银行、证券、信托、财务、期货、基金以及财务公司七类；Innovation_FIN 表示创新绩效（Innovation）和产融结合（FIN）的交互项。

控制变量方面，参考周煊等（2012）、黎文靖和郑曼妮（2016）以及李茫茫（2018）的研究思路，选取以下特征变量作为控制变量：流动比率（Liquidity）采用流动资产与流动负债比值衡量；资产结构（Tangibility），采用固定资产净额与总资产之比衡量；留存收益（RE）采用留存收益的自然对数衡量；两职合一（Double）表示董事长与总经理是否两职合一，若兼任取 1，否则取 0；在此基础上，我们还进一步控制了产权性质（State）、现

金流量（Cash）、董事会独立性（INDP）、财务杠杆（LEV）、企业规模
（Size）、公司年龄（LNAGE）、公司成长性（Growth）、股权集中度（SHC）
以及行业（Id）和年度（Year）虚拟变量。其中，各个变量的具体定义详
见表6-1。此外，针对可能存在的异方差问题，遵循已有文献的研究惯例，
对所有回归分析中的公司代码进行聚类分析（Cluster），并采用 Robust 调整
标准误。

表 6-1　　　　　　　　　　　变量定义

变量名称	变量符号	变量界定
经营业绩	ROA	总资产收益率，即净利润与企业总资产之比
市场业绩	TOBINQ	托宾 Q 值，即（债权账面价值 + 股权市场价值）/总资产，然后取自然对数
创新绩效	Innovation	包括创新投入、创新产出以及创新效率三个维度
创新投入	RDR	企业实际研发支出与营业收入之比
创新产出	Patent	企业所获专利授权数，包括发明专利、实用新型专利以及外观设计专利授权数总和
创新效率	Efficiency	单位研发支出转化的专利授权数（单位为百万元）
发明专利授权数	Patent_I	企业实际所获发明专利授权数
实用新型专利授权数	Patent_A	企业实际所获实用新型专利授权数
外观设计专利授权数	Patent_D	企业实际所获外观设计专利授权数
产融结合	FIN	若企业参股金融机构，则 FIN 取 1；否则取 0
产权性质	State	若企业实际控制人为国有，则取 1；否则取 0
现金流量	Cash	经营活动现金流净额与总资产之比
董事会独立性	INDP	独立董事总人数与董事会总人数之比
财务杠杆	LEV	权益资本收益变动率与息税前利润变动率之比
企业规模	Size	企业总资产的自然对数
公司年龄	LNAGE	研究当期年份减去成立年份再加 1 后取自然对数
股权集中度	SHC	第一大股东持股比例
两职合一	Double	董事长与总经理是否两职合一，兼任取 1；否则取 0
企业成长性	Growth	营业收入增长率度量

续表

变量名称	变量符号	变量界定
流动比率	Liquidity	流动资产与流动负债比值
资产结构	Tangibility	其值等于固定资产净额/总资产
留存收益	RE	用留存收益的自然对数衡量
年份	Year	年度虚拟变量,以2008年为基准
行业	Id	行业虚拟变量,根据2012年证监会分类,以A类为准

6.4　实证结果及分析

6.4.1　描述性统计分析

表6-2报告了本章所涉及变量的描述性统计结果。不难发现,经营业绩(ROA)的均值为0.042,标准差为0.529,说明总资产构成中有4.2%来自净利润。市场业绩(TOBINQ)的均值为0.695,中位数为0.705,说明至少存在半数以上的上市公司,其市场业绩处于平均水平线以上。正如第5章表5-2所示,我们发现,创新投入(RDR)的均值为4.2%,相较于国际标准5%,依然有待于加强我国上市公司的创新投入力度。同时,由表易知,专利授权数(Patent)的均值为17.199件,其中发明专利授权数(Patent_I)的均值为3.926件,实用新型专利授权数(Patent_A)的均值为9.648件,外观设计专利授权数(Patent_D)的均值为3.625件,上述结果表明我国上市公司的创新产出更多的是"小发明、小创造",专利质量明显偏低(黎文靖和郑曼妮,2016;虞义华等,2018)。此外,我们还发现产融结合(FIN)的均值为0.263,这意味着2008~2017年间以参股或者控股金融机构方式实现产融结合模式的上市公司占比达到了26.3%,可见"实业+金融"的产融结合模式在我国上市公司中具有一定的普遍性(马红等,2018)。

表 6 - 2　　　　　　　　　　　　描述性统计结果

变量	N	均值	标准差	中位数	最小值	最大值
ROA	13762	0.042	0.529	0.039	-0.217	0.224
TOBINQ	13762	0.695	0.485	0.705	-0.152	2.426
RDR	13762	0.042	0.102	0.038	0.000	0.712
Patent	13762	17.199	72.369	16.000	0.000	546.000
Patent_I	13762	3.926	43.642	3.000	0.000	268.000
Patent_A	13762	9.648	31.236	9.000	0.000	458.000
Patent_D	13762	3.625	18.963	3.000	0.000	532.000
Efficiency	13762	0.087	4.623	0.075	0.000	0.418
FIN	13762	0.263	0.395	0.000	0.000	1.000
State	13762	0.525	0.479	1.000	0.000	1.000
Cash	13762	0.192	0.185	0.143	0.015	0.782
INDP	13762	0.394	0.018	0.333	0.333	0.712
LEV	13762	0.452	0.525	0.448	0.075	0.935
Size	13762	22.248	0.595	23.284	12.576	28.278
LNAGE	13762	2.762	0.352	2.628	1.124	3.302
SHC	13762	0.329	0.252	0.294	0.007	0.685
Double	13762	0.235	0.452	0.000	0.000	1.000
Growth	13762	0.346	0.926	0.403	-0.458	13.278
Liquidity	13762	1.496	0.912	1.269	0.334	6.352
Tangibility	13762	0.287	0.156	0.258	0.017	0.745
RE	13762	18.952	1.273	19.125	14.352	22.531

　　控制变量方面，企业成长性（Growth）的均值为 0.346，留存收益（RE）的均值为 18.952，而且不同上市公司之间存在一定的差异。流动比率（Liquidity）的均值为 1.496，说明我国上市公司流动资产的平均水平大约为流动负债的 1.496 倍。资产结构（Tangibility）的均值为 0.287，说明总资产构成中的固定资产净额占比约为 28.7%。产权性质（State）的均值为 0.525，说明本书选取的样本公司中有 52.5% 的上市公司是国有企业，即国有上市公

司依然占据主导地位。两职合一（Double）的均值为 0. 235，这意味着样本公司中约有 23. 5% 的上市公司存在董事长兼任总经理的现象。其余变量的统计结果也与黎文靖和郑曼妮（2016）、马红等（2018）以及虞义华等（2018）等已有文献的研究结果基本一致，说明本书的样本选取是合理的，为研究结论的稳健性提供了可靠的经验证据。

6. 4. 2 相关性分析

表 6 - 3 报告了本章所要研究变量的相关性分析结果。我们发现，经营业绩（ROA）与创新投入（RDR）的相关性系数为 0. 389，且在 1% 的水平上显著，表明经营业绩与企业创新投入显著正相关；同时，我们也发现，经营业绩（ROA）与创新产出（Patent）的相关性系数为 0. 294，且在 1% 的水平上显著，说明经营业绩与企业创新产出也是显著正相关的。由此可见，创新投资活动可能有利于改善企业经营业绩。不难发现，市场业绩（TO-BINQ）与创新投入（RDR）、创新产出（Patent）的相关性系数也均显著为正，这说明创新投资活动也可能有利于改善企业市场业绩。创新投入（RDR）与产融结合（FIN）的相关性系数为 0. 102，且在 5% 的水平上显著，表明产融结合与企业创新投入显著正相关，由此可见，实体企业参股金融机构有利于提升企业创新投入强度。创新产出（Patent）与产融结合（FIN）的相关性系数为 0. 214，且在 5% 的水平上显著，由此可见，产融结合与企业创新产出显著正相关，说明实体企业参股金融机构能够显著增加企业创新产出。经营业绩（ROA）与产权性质（State）的相关性系数为 - 0. 012，且在 10% 的水平上显著，说明产权性质与经营业绩在 10% 的水平上显著负相关，即民营企业经营业绩可能要优于国有企业。与此同时，我们也发现，市场业绩（TOBINQ）与产权性质（State）的相关性系数为 - 0. 024，且在 10% 的水平上显著，说明产权性质与市场业绩在 10% 的水平上显著负相关，即民营企业市场业绩可能要优于国有企业。

表 6 – 3　相关性分析结果

Panel A	ROA	TOBINQ	RDR	Patent	FIN	State	Cash	INDP	LEV	Size
ROA	1									
TOBINQ	0.125***	1								
RDR	0.389***	0.104**	1							
Patent	0.294***	0.219**	0.412***	1						
FIN	0.115*	0.092**	0.102**	0.214**	1					
State	-0.012*	-0.024*	-0.006*	-0.014*	-0.007*	1				
Cash	0.326**	0.202*	0.204***	0.329**	-0.014*	-0.083	1			
INDP	0.076*	0.114	0.012**	0.275	0.003	-0.011	0.073*	1		
LEV	-0.142**	-0.098*	-0.207**	-0.465*	0.032*	-0.014*	-0.028**	0.021	1	
Size	0.275**	0.312**	0.167	0.145*	0.015**	0.027***	0.082*	0.032	-0.053	1

Panel B	ROA	TOBINQ	RDR	LNAGE	SHC	Double	Growth	Liquidity	Tangibility	RE
ROA	1									
TOBINQ	0.125***	1								
RDR	0.389***	0.104**	1							
LNAGE	0.053	0.107	0.243	1						
SHC	0.209*	0.142	0.307	-0.012*	1					
Double	0.238	0.324	0.015	0.002	0.012	1				
Growth	0.405***	0.382**	0.204***	-0.192*	0.004	0.052	1			

续表

Panel B	ROA	TOBINQ	RDR	LNAGE	SHC	Double	Growth	Liquidity	Tangibility	RE
Liquidity	0.224**	0.218*	0.212*	0.007	-0.039	-0.057	-0.103*	1		
Tangibility	0.498**	0.485*	0.172*	0.085	0.042	0.028	-0.068*	0.128	1	
RE	0.269*	0.225*	0.415***	-0.156	-0.325**	0.017	0.129**	0.095	0.043*	1

注：*、**、***分别表示在10%、5%、1%的水平上显著；表中采用Pearson 相关性检验法。

另外，不难发现，现金流量（Cash）、企业成长性（Growth）、流动比率（Liquidity）、资产结构（Tangibility）以及留存收益（RE）均与经营业绩（ROA）、市场业绩（TOBINQ）显著正相关，说明企业盈利能力越强，未来发展机会越多，内部现金流越充裕，企业经营业绩和市场业绩也越好；然而，资产负债率（LEV）与经营业绩（ROA）、市场业绩（TOBINQ）显著负相关，表明企业负债越严重，其经营业绩和市场业绩却越差。这可能是因为企业储备现金越充足，外部融资约束压力越小，能够及时把握未来投资机会，而投资是企业实现价值创造的唯一源泉，进而促进企业业绩改善；然而，如果企业负债过重，就会面临资金链断裂的风险，这样自然会对公司业绩产生不利影响。此外，其余变量的相关性检验结果也基本符合已有文献的结论，而且相关性系数的绝对值均小于 0.5，说明不存在严重的多重共线性问题。

6.4.3　产融结合与创新绩效影响公司业绩的检验结果分析

表 6-4 报告了产融结合模式下企业创新绩效对公司业绩影响的检验结果。其中，第（1）（2）（3）列报告了产融结合与创新绩效对公司经营业绩影响的检验结果。结果显示，创新绩效（Innovation）的估计系数均在 5% 的水平上显著为正，说明提升创新绩效可以改善公司经营业绩。与此同时，创新绩效（Innovation）与产融结合（FIN）的交互项（Innovation_FIN）的估计系数也均在 5% 的水平上显著为正，这意味着实体企业参股金融机构有助于强化创新绩效对公司经营业绩的促进作用。第（4）（5）（6）列报告了产融结合与创新绩效对市场业绩影响的检验结果。结果显示，创新绩效（Innovation）的估计系数至少在 10% 的水平上显著为正，说明改善创新绩效能够提升公司市场业绩。同时，我们还发现，创新绩效（Innovation）与产融结合（FIN）的交互项（Innovation_FIN）的估计系数至少在 5% 的水平上显著为正，这表明实体企业参股金融机构确实能够正向调节创新绩效对公司市场业绩的正向影响。由此可见，创新投资活动有助于改善公司经营业绩和市场业绩，而且产融结合可以强化这一促进作用，即产融结合模式下企业创

新绩效有利于改善公司业绩。这一发现也很好地支持了杨竹清（2017）、马红和王元月（2017）以及吴春雷和张新民（2018）的研究结论。综上可知，作为金融服务实体经济的重要途径，产融结合有利于推进实体企业经营性资产增值，为我国实体经济发展提供重要的微观基础。因此，研究假设 H6.1通过检验。

表 6 – 4　　　　　　　产融结合、创新绩效与公司业绩：主检验

变量	（1）	（2）	（3）	（4）	（5）	（6）
因变量	ROA			TOBINQ		
解释变量	RDR	Patent	Efficiency	RDR	Patent	Efficiency
Innovation	0.284** (2.25)	0.022** (2.17)	0.315** (2.04)	0.592* (1.78)	0.074* (1.85)	0.523** (2.18)
Innovation_FIN	0.014** (2.12)	0.011** (2.29)	0.018** (2.07)	0.104*** (4.28)	0.112** (2.32)	0.213*** (3.78)
FIN	0.002* (1.81)	0.004* (1.76)	0.001* (1.69)	0.042* (1.77)	0.029** (2.01)	0.034* (1.83)
State	-0.011* (-1.72)	-0.014* (-1.86)	-0.015** (-2.03)	-0.009* (-1.74)	-0.011 (-1.57)	-0.008* (-1.79)
Cash	0.207*** (12.45)	0.313*** (15.94)	0.228*** (9.22)	0.593*** (14.75)	0.608*** (13.58)	0.614*** (12.26)
INDP	0.031* (1.71)	0.028** (2.27)	0.024* (1.78)	0.332*** (4.52)	0.328* (1.73)	0.364** (2.17)
LEV	-0.043*** (-9.21)	-0.045*** (-8.62)	-0.037*** (-11.25)	-0.072** (-2.12)	-0.054** (-2.08)	-0.046** (-2.27)
Size	0.012** (2.12)	0.008* (1.78)	0.011** (2.27)	0.192** (2.05)	0.206* (1.79)	0.215* (1.82)
LNAGE	0.002* (1.71)	0.007 (1.45)	0.008 (1.52)	0.022* (1.83)	0.013 (1.37)	0.015* (1.72)
SHC	0.142** (2.18)	0.165* (1.74)	0.173** (2.36)	0.463 (1.34)	0.527* (1.71)	0.549 (1.42)
Double	0.025 (1.48)	0.032* (1.69)	0.029 (1.37)	0.018* (1.72)	0.021 (1.42)	0.014* (1.84)
Growth	0.012*** (12.32)	0.009*** (8.29)	0.014*** (11.57)	0.035** (2.05)	0.042*** (5.17)	0.027** (2.18)

续表

变量	（1）	（2）	（3）	（4）	（5）	（6）
因变量	ROA			TOBINQ		
解释变量	RDR	Patent	Efficiency	RDR	Patent	Efficiency
Liquidity	0. 236***	0. 214**	0. 197**	0. 312**	0. 345***	0. 275**
	(5. 24)	(2. 12)	(2. 04)	(2. 29)	(4. 52)	(2. 15)
Tangibility	0. 378***	0. 286**	0. 257**	0. 412**	0. 364**	0. 382*
	(7. 56)	(2. 14)	(2. 09)	(2. 26)	(2. 07)	(1. 76)
RE	0. 248***	0. 225**	0. 194**	0. 426**	0. 365**	0. 247***
	(3. 27)	(2. 02)	(2. 12)	(2. 02)	(2. 19)	(5. 42)
常数项	0. 451***	0. 387***	0. 364***	0. 912***	0. 856***	0. 926***
	(6. 04)	(4. 85)	(5. 62)	(16. 12)	(14. 28)	(12. 73)
行业效应	控制	控制	控制	控制	控制	控制
年度效应	控制	控制	控制	控制	控制	控制
N	13762	13762	13762	13762	13762	13762
R^2	0. 196	0. 189	0. 191	0. 325	0. 318	0. 327
F 值	64. 72	61. 25	53. 29	121. 52	93. 96	137. 65

注：* 、** 、*** 分别表示在 10% 、5% 、1% 水平上显著；括号内是 T 值。

控制变量方面，现金流量（Cash）、企业成长性（Growth）、流动比率（Liquidity）、资产结构（Tangibility）以及留存收益（RE）的估计系数在统计上显著为正，说明实体企业拥有的自由现金流越充足，发展机会越多，越有利于改善公司业绩。同时，我们也发现，资产负债率（LEV）的估计系数至少在 5% 的水平上显著为负，这表明企业负债水平越高，其业绩表现越差，这可能是因为严重的债务问题可能导致企业面临财务困境，甚至存在资金链断裂的可能，难以发挥债务的治理效应。此外，其他变量的估计结果也基本符合已有研究结论，比如蔺元（2010）、黎文靖和郑曼妮（2016）以及李茫茫（2018），说明本书模型设定合理。

6.4.4　产融结合与创新绩效影响不同产权性质企业业绩的结果分析

为了检验产融结合模式下创新绩效对企业业绩的影响在不同产权性质企

业中是否存在显著差异，我们在基准模型（6.1）和模型（6.2）的基础上，进一步依据产权性质将全样本划分为国有企业与民营企业两个子样本，具体检验结果如表6－5和表6－6所示。

表6－5　　　　　　　产融结合、创新绩效与经营业绩：基于产权性质

变量	（1）	（2）	（3）	（4）	（5）	（6）
因变量	ROA	ROA	ROA	ROA	ROA	ROA
解释变量	RDR	RDR	Patent	Patent	Efficiency	Efficiency
组别	国有	民营	国有	民营	国有	民营
Innovation	0.142* (1.72)	0.294* (1.81)	0.015 (1.46)	0.028* (1.72)	0.272* (1.77)	0.329* (1.83)
Innovation_FIN	0.008 (1.29)	0.022** (2.03)	0.006 (1.43)	0.017* (1.86)	0.011 (1.05)	0.025*** (4.26)
FIN	0.001 (1.51)	0.006* (1.77)	0.003 (1.54)	0.011** (2.15)	0.001 (1.46)	0.002* (1.72)
Cash	0.176*** (8.52)	0.213*** (9.65)	0.295*** (7.42)	0.324*** (9.54)	0.198** (2.03)	0.242*** (4.29)
INDP	0.019 (1.52)	0.042* (1.76)	0.012* (1.75)	0.032 (1.42)	0.017 (1.35)	0.029* (1.82)
LEV	-0.035*** (-7.12)	-0.048*** (-11.25)	-0.029*** (-6.22)	-0.052*** (-9.43)	-0.019*** (-6.57)	-0.039*** (-10.81)
Size	0.018* (1.81)	0.009* (1.73)	0.009 (1.57)	0.011* (1.72)	0.009* (1.79)	0.018* (1.86)
LNAGE	0.001 (1.52)	0.003* (1.87)	0.005 (1.24)	0.009* (1.81)	0.006 (1.28)	0.011* (1.74)
SHC	0.107 (1.24)	0.153** (2.03)	0.134 (1.45)	0.162* (1.71)	0.145* (1.73)	0.178* (1.86)
Double	0.019 (1.34)	0.028* (1.73)	0.021 (1.02)	0.034* (1.76)	0.021 (1.13)	0.031 (1.24)
Growth	0.011*** (13.52)	0.015*** (14.28)	0.004*** (7.94)	0.012*** (8.45)	0.008*** (9.72)	0.017*** (12.64)
Liquidity	0.184*** (4.92)	0.242*** (5.36)	0.195* (1.75)	0.227** (2.05)	0.174* (1.81)	0.202** (2.31)
Tangibility	0.245** (2.12)	0.384*** (8.13)	0.252* (1.73)	0.291** (2.03)	0.214* (1.78)	0.264** (2.16)

续表

变量	(1)	(2)	(3)	(4)	(5)	(6)
因变量	ROA	ROA	ROA	ROA	ROA	ROA
解释变量	RDR	RDR	Patent	Patent	Efficiency	Efficiency
组别	国有	民营	国有	民营	国有	民营
RE	0.212* (1.71)	0.252** (2.06)	0.207* (1.83)	0.231** (2.15)	0.168* (1.71)	0.201* (1.82)
常数项	0.361*** (3.48)	0.473*** (5.49)	0.312*** (2.92)	0.427*** (5.04)	0.342*** (4.52)	0.405*** (4.93)
行业效应	控制	控制	控制	控制	控制	控制
年度效应	控制	控制	控制	控制	控制	控制
N	7225	6537	7225	6537	7225	6537
R^2	0.191	0.202	0.187	0.194	0.189	0.196
F 值	58.23	67.54	59.47	63.29	51.94	62.37
经验 P 值	0.042**		0.027**		0.015**	

注：*、**、***分别表示在10%、5%、1%水平上显著；括号内是 T 值；"经验 P 值"是用于检验国有企业与民营企业之间交互项的系数差异显著性。

表6－6　　　产融结合、创新绩效与市场业绩：基于产权性质

变量	(1)	(2)	(3)	(4)	(5)	(6)
因变量	TOBINQ	TOBINQ	TOBINQ	TOBINQ	TOBINQ	TOBINQ
解释变量	RDR	RDR	Patent	Patent	Efficiency	Efficiency
组别	国有	民营	国有	民营	国有	民营
Innovation	0.327 (1.52)	0.594* (1.73)	0.058 (1.49)	0.028** (2.03)	0.385 (1.36)	0.542* (1.78)
Innovation_FIN	0.084 (1.43)	0.125** (2.37)	0.102 (1.39)	0.126* (1.89)	0.171 (1.32)	0.235*** (3.65)
FIN	0.036 (1.45)	0.044* (1.72)	0.024 (1.25)	0.031** (2.27)	0.041 (1.34)	0.023* (1.81)
Cash	0.461*** (6.24)	0.623*** (18.52)	0.494*** (5.27)	0.642*** (10.14)	0.581*** (14.32)	0.629*** (16.93)
INDP	0.228 (1.21)	0.342* (1.87)	0.312 (1.41)	0.332* (1.72)	0.317 (1.13)	0.379* (1.78)

续表

变量	(1)	(2)	(3)	(4)	(5)	(6)
因变量	TOBINQ	TOBINQ	TOBINQ	TOBINQ	TOBINQ	TOBINQ
解释变量	RDR	RDR	Patent	Patent	Efficiency	Efficiency
组别	国有	民营	国有	民营	国有	民营
LEV	-0.041* (-1.72)	-0.107*** (-9.53)	-0.043* (-1.74)	-0.084** (-2.13)	-0.031 (-1.05)	-0.074** (-2.18)
Size	0.175 (1.04)	0.208** (2.13)	0.182 (1.42)	0.214** (2.25)	0.192* (1.71)	0.228** (2.02)
LNAGE	0.014 (1.05)	0.023* (1.71)	0.015 (0.84)	0.029* (1.82)	0.016 (1.02)	0.031* (1.79)
SHC	0.402 (1.06)	0.475* (1.73)	0.445 (0.92)	0.532* (1.87)	0.425 (0.83)	0.552* (1.78)
Double	0.009 (0.72)	0.021* (1.82)	0.012 (0.95)	0.024 (1.42)	0.011 (1.02)	0.017* (1.74)
Growth	0.021* (1.75)	0.037** (2.08)	0.021** (2.14)	0.051*** (6.52)	0.015* (1.78)	0.031** (2.24)
Liquidity	0.231** (2.19)	0.338*** (4.62)	0.315** (2.07)	0.371*** (3.52)	0.227* (1.72)	0.284*** (5.15)
Tangibility	0.357** (2.18)	0.428*** (6.32)	0.297* (1.82)	0.372*** (5.32)	0.292** (2.12)	0.402*** (3.62)
RE	0.382** (2.01)	0.432*** (5.61)	0.292* (1.78)	0.417** (2.27)	0.184* (1.75)	0.253*** (5.78)
常数项	0.718*** (3.52)	0.943*** (6.13)	0.729*** (3.28)	0.874*** (5.32)	0.825*** (3.94)	0.934*** (14.32)
行业效应	控制	控制	控制	控制	控制	控制
年度效应	控制	控制	控制	控制	控制	控制
N	7225	6537	7225	6537	7225	6537
R^2	0.318	0.329	0.326	0.317	0.324	0.332
F 值	117.38	106.48	105.72	93.85	141.48	128.72
经验 P 值	0.008***		0.034**		0.019**	

注: *、**、***分别表示在10%、5%、1%水平上显著;括号内是 T 值;"经验 P 值"是由用于检验国有企业与民营企业之间交互项的系数差异显著性。

表 6－5 报告了产融结合模式下不同产权性质企业创新绩效对公司经营业绩影响的检验结果。其中，第（1）和（2）列报告了不同产权性质企业基于创新投入（RDR）层面的回归结果。结果显示，在国有企业样本组中交互项（Innovation_FIN）的估计系数虽然为正，但在统计上并不显著，而在民营企业样本组中交互项（Innovation_FIN）的估计系数在 5% 的水平上显著为正，说明民营企业参股金融机构能够显著增强创新投入对公司经营业绩的促进作用，而在国有企业中未发现这一现象。与此同时，由组间差异 Chow 检验所得到的"经验 P 值"则进一步证实了组间差异在统计上的显著性：第（1）与（2）列的组间差异检验对应的"经验 P 值"为 0.042，且在 5% 的水平上显著。由此可见，产融结合模式下增加创新投入有利于提升公司经营业绩，而且这一促进作用在民营企业中更明显。

第（3）和（4）列报告了不同产权性质企业基于创新产出（Patent）层面的回归结果。结果显示，在国有企业样本组中交互项（Innovation_FIN）的估计系数在统计上并不显著，而在民营企业样本组中交互项（Innovation_FIN）的估计系数在 10% 的水平上显著为正，说明民营企业参股金融机构可以显著增强创新产出对公司经营业绩的促进作用，但这一现象在国有企业中未发现相应的经验证据。此外，由组间差异 Chow 检验所得到的"经验 P 值"则进一步证实了组间差异在统计上的显著性：第（3）与（4）列的组间差异检验对应的"经验 P 值"为 0.027，且在 5% 水平上显著。这说明，产融结合模式下创新产出的增加更有利于提升民营企业经营业绩。

第（5）和（6）列报告了不同产权性质企业基于创新效率（Efficiency）层面的回归结果。结果显示，无论是在国有企业还是民营企业中，创新效率（Efficiency）的系数均显著为正，但只有民营企业样本组中交互项（Innovation_FIN）的估计系数在统计上显著为正，说明创新效率的提升有利于改善公司经营业绩，但产融结合仅仅强化了创新效率对民营企业经营业绩的促进作用，这一现象在国有企业中却未发现相应的经验证据。此外，由组间差异 Chow 检验所得到的"经验 P 值"则进一步证实了组间差异在统计上的显著性：第（5）与（6）列的组间差异检验对应的"经验 P 值"为 0.015，且在5%的水平上显著。换言之，产融结合模式下创新效率的提升更有利于提升民营企业经营业绩。

综上可知，提升创新绩效对公司经营业绩的促进作用在民营企业中更显著，而且产融结合可以强化这一促进作用，即产融结合模式下创新绩效的改善更有利于提升民营企业经营业绩。究其原因，对于国有企业而言，政府干预下的产融结合可能会导致资源要素扭曲，降低资源配置效率，进而导致市场机制下企业的逐利本性受到妨碍，而民营企业在融资约束与市场竞争双重约束下直接面对市场竞争，其决策更多的是基于自身利益最大化综合权衡的结果，这意味着民营企业主动采取产融结合模式是实体企业逐利的结果，有利于改善民营企业配置资源，进而提升民营企业效率。

表6-6报告了产融结合模式下不同产权性质企业创新绩效对公司市场业绩影响的检验结果。结果显示，在国有企业样本组中交互项（Innovation_FIN）的估计系数虽然为正，但在统计上并不显著，而在民营企业样本组中交互项（Innovation_FIN）的估计系数至少在10%的水平上显著为正，说明民营企业参股金融机构有利于增强创新绩效对市场业绩的促进作用，而在国有企业中未发现这一现象。与此同时，由组间差异Chow检验所得到的"经验P值"则进一步证实了组间差异在统计上的显著性。由此可见，创新绩效对公司市场业绩的促进作用在民营企业中更显著，而且产融结合可以强化这一促进作用，即产融结合模式下创新绩效的改善更有利于提升民营企业市场业绩。

综上所述，由表6-5和表6-6的检验结果可知，创新绩效对公司业绩的促进作用在民营企业中更显著，而且产融结合可以强化这一促进作用。因此，本章的研究假设H6.2通过检验。

6.4.5 企业价值创造的源泉：实质性创新还是策略性创新

众所周知，创新是企业实现价值创造的唯一源泉。然而，唐等（2014）发现，中国第二次修订后的专利法支持国企申请专利，刺激了技术含量较低的实用新型和外观设计专利显著增加，但高质量的发明专利却未明显增加。

国企创新策略表明，虽然国企完成了政府下达的专利产出指标，但忽略了专利产出质量。此外，霍尔和哈霍夫（Hall and Harhoff，2012）、唐等（2014）认为，国有企业的创新活动可能是一种策略性行为，其目的在于获取私利，更多的是对政府政策与监管的一种迎合行为，并非实质性地增强企业核心竞争力（黎文靖和郑曼妮，2016）。基于上述分析，我们认为，有必要从创新效果角度进一步刻画企业创新行为，进而深入考察其经济后果。为此，我们参考黎文靖和郑曼妮（2016）的思路，从动机角度将企业创新划分为高质量的实质性创新和技术含量较低的策略性创新，系统考察两类不同类型的创新行为与企业业绩之间的关系，从创新效果角度提供经验证据。其中，将发明专利授权行为界定为实质性创新（Patent_I）；而将实用新型专利和外观设计专利授权行为界定为策略性创新（Patent_U），具体检验结果如表6-7所示。

表6-7 产融结合、企业创新与公司业绩：实质性创新 VS 策略性创新

变量	(1)	(2)	(3)	(4)	(5)	(6)	(7)	(8)
因变量	ROA				TOBINQ			
解释变量	Patent_I	Patent_I	Patent_U	Patent_U	Patent_I	Patent_I	Patent_U	Patent_U
Patent	0.109***	0.086**	0.074	0.059	0.136**	0.114*	0.093	0.078
	(7.52)	(2.17)	(0.91)	(0.83)	(2.27)	(1.72)	(1.24)	(1.31)
Patent_FIN		0.024**		0.002		0.083***		0.102
		(2.02)		(1.04)		(4.21)		(1.27)
FIN		0.007*		0.012**		0.016*		0.025**
		(1.85)		(2.13)		(1.71)		(2.38)
State	-0.005**	-0.003*	-0.009	-0.011*	-0.021*	-0.014*	-0.007	-0.005*
	(-2.03)	(-1.71)	(-1.43)	(-1.78)	(-1.82)	(-1.79)	(-1.41)	(-1.84)
Cash	0.272***	0.289**	0.284***	0.217**	0.432**	0.395**	0.407***	0.392**
	(9.24)	(2.45)	(7.25)	(2.19)	(2.04)	(2.17)	(17.62)	(2.09)
INDP	0.029	0.037*	0.042	0.029	0.027*	0.019	0.041*	0.052*
	(1.42)	(1.71)	(1.34)	(1.47)	(1.84)	(1.53)	(1.79)	(1.82)
LEV	-0.028**	-0.019**	-0.023**	-0.035*	-0.064**	-0.059*	-0.062**	-0.034**
	(-2.15)	(-2.28)	(-2.05)	(-1.72)	(-2.25)	(-1.78)	(-2.02)	(-2.16)
Size	0.102*	0.028	0.034*	0.031*	0.122*	0.176	0.135**	0.128
	(1.91)	(1.57)	(1.76)	(1.72)	(1.84)	(1.59)	(2.28)	(1.52)

续表

变量	(1)	(2)	(3)	(4)	(5)	(6)	(7)	(8)
因变量	ROA				TOBINQ			
解释变量	Patent_I	Patent_I	Patent_U	Patent_U	Patent_I	Patent_I	Patent_U	Patent_U
LNAGE	0.008 (1.15)	0.009 (1.55)	0.012* (1.78)	0.006 (1.29)	0.018* (1.85)	0.017 (1.23)	0.009** (2.03)	0.014* (1.75)
SHC	0.125* (1.78)	0.134 (1.52)	0.162* (1.74)	0.152* (1.83)	0.372* (1.72)	0.469 (1.53)	0.492* (1.74)	0.478* (1.82)
Double	0.019 (1.37)	0.027 (1.46)	0.021 (1.37)	0.032* (1.84)	0.034 (1.25)	0.061 (1.34)	0.019* (1.78)	0.041* (1.88)
Growth	0.014** (2.01)	0.010** (2.04)	0.042** (2.25)	0.038** (2.18)	0.041** (2.16)	0.047* (1.78)	0.063** (2.35)	0.071*** (3.82)
Liquidity	0.169*** (4.48)	0.174** (2.09)	0.175*** (3.26)	0.149*** (2.89)	0.282*** (3.98)	0.259*** (3.28)	0.264** (2.08)	0.247** (2.02)
Tangibility	0.312*** (6.62)	0.297*** (5.48)	0.264** (2.15)	0.197** (2.28)	0.392*** (3.68)	0.345** (2.26)	0.278** (2.07)	0.305* (1.82)
RE	0.187*** (2.78)	0.215*** (2.75)	0.204** (2.09)	0.182** (2.24)	0.372** (2.41)	0.318** (2.01)	0.268*** (3.29)	0.235*** (5.12)
常数项	0.435*** (5.82)	0.379*** (4.52)	0.294*** (13.92)	0.325*** (24.92)	0.891*** (32.82)	0.795*** (26.87)	0.914*** (19.32)	0.897*** (24.39)
行业效应	控制	控制	控制	控制	控制	控制	控制	控制
年度效应	控制	控制	控制	控制	控制	控制	控制	控制
N	13762	13762	13762	13762	13762	13762	13762	13762
R^2	0.245	0.248	0.241	0.246	0.314	0.326	0.319	0.334
F 值	77.26	84.59	63.97	71.56	112.48	128.63	131.52	135.12

注: * 、 ** 、 *** 分别表示在10% 、5% 、1%水平上显著;括号内是 T 值。

表 6 – 7 报告了产融结合模式下不同类型的企业创新行为对公司业绩影响的检验结果。其中,第 (1) (2) (5) (6) 列的结果显示,实质性创新有利于改善公司经营业绩和市场业绩,而且产融结合能够强化实质性创新对公司业绩的促进作用。然而,第 (3) (4) (7) (8) 列的结果显示,策略性创新并没有提升公司经营业绩和市场业绩,而且产融结合在这一过程中也没有发挥调节作用。这一发现支持了黎文靖和郑曼妮 (2016) 的观点"以技术创新为导向的实质性创新才是企业价值的源泉,而策略性创新行为无法

实现企业长期价值的提升"。

事实上，这一结果也不难理解：从融资约束和信息效应角度看，"实业 + 金融"的产融结合模式实现了产业资本与金融资本之间的渗透，加快了产业资本的循环与增值速度，拓宽了融资渠道，可以缓解融资约束和降低信息不对称实现多元化的经营策略；从协同效应角度看，产融结合能够产生显著的协同效应，提高经营效率，降低企业风险，优化融资决策与资源配置（马红等，2018）。此外，我国金融机构已具备监督能力（李维安和马超，2014），有能力获取相关的关键信息，可以监督与规范企业行为（翟胜宝等，2014），而且具有良好发展潜力的创新性企业才是金融机构竞相争夺的合作对象（唐清泉和巫岑，2015），这在一定程度上抑制了实施企业策略性创新的机会主义行为。

综上可知，只有高质量的实质性创新才是实体企业实现价值创造的源泉，而且产融结合有利于增强实质性创新对企业价值的边际贡献。

6.4.6　稳健性检验

前文的实证分析中对被解释变量公司业绩采用了经营业绩和市场业绩两种指标进行度量，这在一定程度上缓解了测量误差所造成的内生性问题。同时，我们在模型（6.1）和模型（6.2）中使用超前一滞后项，这可以有效缓解互为因果的联立内生性问题。因此，后文的稳健性检验主要涉及样本"自选择"问题以及遗漏变量问题，旨在增强研究结论的可靠性。

1. 关于"样本自选择"内生性问题的处理

为了规避因截面上公司自身特征而非创新投资活动所产生的经济后果影响，我们遵循研究惯例，采用倾向得分匹配法（PSM）处理可能存在的"样本自选择"问题。首先，利用倾向得分匹配法（PSM）构建配对样本，借鉴黎文靖和李茫茫（2017）、虞义华等（2018）等已有研究文献，选定能够反映公司特征和公司治理层面的相关变量作为匹配依据，构建模型（6.3）进行 Logit 回归，借助最近邻匹配法测算出倾向得分值，据此筛选出配对样本。其中，模型（6.3）的具体形式如下：

$$Innovation\_dum_{i,t} = \beta_0 + \beta_1 ROA_{i,t} + \beta_2 LEV_{i,t} + \beta_3 Size_{i,t}$$
$$+ \beta_4 Growth_{i,t} + \beta_5 Cash_{i,t} + \beta_6 SHC_{i,t}$$
$$+ \beta_7 SALESP_{i,t} + \beta_8 FIXED_{i,t} + \beta_9 Sub_{i,t}$$
$$+ \beta_{10} ETR_{i,t} + \sum Year + \sum Id + \varepsilon_{i,t} \qquad (6.3)$$

其中，因变量 Innovation_dum 是虚拟变量，如果企业当年存在研发投资活动，则取 1；否则取 0。同时，参考黎文靖和李茫茫（2017）、虞义华等（2018）等学者的相关研究，选取以下能够反映关键因素作为特征变量，主要包括：员工劳动生产率（SALESP），采用企业员工人均营业收入的自然对数度量；企业资本密度（FIXED），采用上市公司人均固定资产净额的自然对数度量；还有总资产收益率（ROA）、财务杠杆（LEV）、企业规模（Size）、企业成长性（Growth）、现金流量（Cash）、股权集中度（SHC）、政府补贴（Sub）、税收优惠（ETR）。此外，各个变量的具体定义同前。

然后，在筛选出配对样本的基础上，进一步利用配对样本重新回归模型（6.1）和模型（6.2），基于配对样本的检验结果如表 6 - 8 所示。基于配对样本的检验结果显示，产融结合模式下提升创新绩效更有利于改善民营企业业绩。由此可见，控制企业主要特征变量的差异后，基于配对样本的检验结果未发生实质性变化，说明本章基于全样本所得到的研究结论是稳健的。

表 6 - 8　　　　　　　产融结合、创新绩效与公司业绩：PSM 检验

变量	Panel A：产融结合、创新绩效与公司业绩：主检验					
变量	(1)	(2)	(3)	(4)	(5)	(6)
因变量	ROA			TOBINQ		
解释变量	RDR	Patent	Efficiency	RDR	Patent	Efficiency
Innovation	0.278* (1.82)	0.026** (2.21)	0.297** (2.12)	0.545* (1.74)	0.065** (2.08)	0.496** (2.06)
Innovation_FIN	0.009*** (3.28)	0.016** (2.18)	0.022** (2.36)	0.084** (2.16)	0.095** (2.09)	0.228** (2.07)
FIN	0.006** (2.03)	0.009* (1.81)	0.003* (1.72)	0.038** (2.06)	0.031* (1.82)	0.042* (1.74)

续表

Panel A：产融结合、创新绩效与公司业绩：主检验					
变量	（1）	（2）	（3）	（4）	（5）	（6）
因变量	ROA			TOBINQ		
解释变量	RDR	Patent	Efficiency	RDR	Patent	Efficiency
限于篇幅，控制变量结果省略						
N	13472	13472	13472	13472	13472	13472
R^2	0.194	0.192	0.196	0.319	0.322	0.325
F 值	45.23	62.56	64.56	116.28	96.45	128.35

Panel B：产融结合、创新绩效与经营业绩：基于产权性质					
变量	（1）	（2）	（3）	（4）	（5）	（6）
因变量	ROA	ROA	ROA	ROA	ROA	ROA
解释变量	RDR	RDR	Patent	Patent	Efficiency	Efficiency
组别	国有	民营	国有	民营	国有	民营
Innovation	0.137 (1.25)	0.246** (2.12)	0.022 (1.27)	0.034** (2.16)	0.267 (1.28)	0.315** (2.32)
Innovation_FIN	0.015 (1.02)	0.019** (2.24)	0.011 (1.52)	0.031** (2.09)	0.024 (0.82)	0.016*** (3.22)
FIN	0.008 (1.13)	0.009* (1.86)	0.007 (1.47)	0.014* (1.74)	0.014 (1.34)	0.005* (1.84)
限于篇幅，控制变量结果省略						
R^2	0.195	0.212	0.182	0.203	0.195	0.212
F 值	47.32	62.46	61.72	65.96	62.45	65.72
经验 P 值	0.052*		0.042**		0.017**	

Panel C：产融结合、创新绩效与市场业绩：基于产权性质					
变量	（1）	（2）	（3）	（4）	（5）	（6）
因变量	TOBINQ	TOBINQ	TOBINQ	TOBINQ	TOBINQ	TOBINQ
解释变量	RDR	RDR	Patent	Patent	Efficiency	Efficiency
组别	国有	民营	国有	民营	国有	民营
Innovation	0.293 (1.31)	0.478** (2.05)	0.042 (1.45)	0.029* (1.81)	0.354 (1.02)	0.462** (2.17)
Innovation_FIN	0.072 (1.15)	0.096** (2.18)	0.082 (1.37)	0.112** (2.24)	0.152 (1.43)	0.182** (2.29)

续表

Panel C：产融结合、创新绩效与市场业绩：基于产权性质						
变量	（1）	（2）	（3）	（4）	（5）	（6）
因变量	TOBINQ	TOBINQ	TOBINQ	TOBINQ	TOBINQ	TOBINQ
解释变量	RDR	RDR	Patent	Patent	Efficiency	Efficiency
组别	国有	民营	国有	民营	国有	民营
FIN	0.029 （1.52）	0.057* （1.86）	0.032 （1.31）	0.021* （1.76）	0.038 （1.42）	0.034* （1.78）
限于篇幅，控制变量结果省略						
N	7044	6428	7044	6428	7044	6428
R^2	0.324	0.318	0.322	0.325	0.324	0.329
F 值	105.84	98.82	112.29	79.52	127.45	111.23
经验 P 值	0.031**		0.023**		0.012**	

注：*、**、***分别表示在10%、5%、1%水平上显著；括号内是 T 值；"经验 P 值"是由用于检验国有企业与民营企业之间交互项系数的显著性差异；PSM 配对过程，需要满足共同支撑假设等配对条件，故样本量有所减少。

2. 关于遗漏重要变量内生性的处理

毋庸置疑，影响企业业绩表现的因素众多，这意味着模型（6.1）和模型（6.2）的设定中可能存在遗漏重要变量的问题。为此，我们选取注册地处于同一地级市的所有上市公司创新投入的年度均值（Innovation_LOCAL）、属于同一行业的所有上市公司创新投入的行业均值（Innovation_IND）作为工具变量。事实上，地理位置邻近、行业属性相似的企业所面临的外部环境以及行业特征比较相似，进而导致企业之间的创新投资决策彼此相互影响，具有一定的趋同性。这表明，对于处于相同区域或行业门类相同的企业，其创新投入的平均水平与单个企业的创新投入密切相关，但不会直接影响到单个企业。因此，从单个企业层面上讲，创新投入的年度均值（Innovation_LOCAL）和行业均值（Innovation_IND）满足外生性与相关性条件。

表 6 - 9 中 Panel A 报告的结果表明，创新投入的年度均值（Innovation_LOCAL）和行业均值（Innovation_IND）均与创新投入（RDR）显著正相关。同时，"弱工具"变量检验结果显示，Shea's partial R^2 达到 37.8%，F

值为 532.71，远大于经验值 10，p 值接近于 0，说明拒绝原假设，即不存在
"弱工具"变量问题。表 6 - 9 中 Panel B 报告的结果表明，Hansen J 统计量
的 p 值均显著大于 10%，说明接受"所有工具变量是外生的"原假设。由
此可见，我们选取的工具变量是有效的。不难发现，基于工具变量法的检验
结果与本章前部分检验结果基本一致，故本章研究结论是可靠的。

表 6 - 9　　　　　产融结合、创新绩效与公司业绩：工具变量法

Panel A：第一阶段（限于篇幅，省略控制变量的回归结果）	
因变量（RDR）	
Innovation_LOCAL	0. 225** (2. 17)
Innovation_IND	0. 158*** (4. 23)

弱工具变量检验（H0：工具变量在第一阶段回归中的系数都为 0）：Shea's partial $R^2 = 0.378$；F = 532.71；p = 0.002

Panel B：第二阶段						
变量	(1)	(2)	(3)	(4)	(5)	(6)
因变量	ROA			TOBINQ		
PRDR	0. 204** (2. 25)	0. 017** (2. 03)	0. 258** (2. 36)	0. 526** (2. 03)	0. 049* (1. 78)	0. 473** (2. 31)
PRDR_FIN	0. 014** (2. 07)	0. 021** (2. 41)	0. 018** (2. 25)	0. 102** (2. 43)	0. 079** (2. 26)	0. 213** (2. 37)
FIN	0. 012* (1. 74)	0. 006* (1. 87)	0. 006** (2. 07)	0. 029** (2. 18)	0. 017* (1. 79)	0. 037* (1. 82)
限于篇幅，控制变量结果省略						
N	13762	13762	13762	13762	13762	13762
R^2	0. 219	0. 226	0. 224	0. 232	0. 226	0. 223
Wald 值	82. 38	96. 45	79. 28	87. 69	94. 29	97. 27
过度识别检验（H0：所有工具变量都是外生的）						
Hansen J 值	0. 489	0. 425	0. 813	0. 516	0. 459	0. 423
P 值	0. 513	0. 492	0. 625	0. 443	0. 419	0. 656

注：*、**、*** 分别表示在 10%、5%、1% 水平上显著；括号内是 T 值；行业、年度效应
已控制；PRDR 表示第一阶段所得到的创新投入（RDR）的预测变量。

3. 其他稳健性检验

为了增强研究结论的稳健性，本章还做了如下敏感性分析：（1）变更产融结合的度量方法，采用连续变量衡量，即根据实体企业参股金融机构的实际持股比例衡量变量 FIN，以此为解释变量，重新估计模型（6.1）和模型（6.2）；（2）鉴于我国的产融结合模式是以实体企业参股商业银行为主，为此我们采用实体企业是否参股商业银行的虚拟变量作为产融结合的代理变量，如果参股商业银行，则取 1，否则取 0，重新估计模型（6.1）和模型（6.2）；（3）鉴于企业创新的长周期特征，同时为检验产融结合对企业创新能力影响的持续性，借鉴科尔纳贾等（Cornaggia et al.，2015）和王超恩等（2016）的做法，将第 T 期至第 T + 2 期专利申请数依次加总，以此为解释变量，重新估计模型（6.1）和模型（6.2）；（4）将专利申请数小于 1 的样本剔除，使用 OLS 法重新估计模型（6.1）和模型（6.2）。按照上述度量方式重新回归了模型（6.1）和模型（6.2），我们发现以上检验结果未发生实质性差异。由此可见，前文研究结论是可靠的。限于篇幅，上述稳健性检验结果未报告，留存备索。

6.5　本章小结

近年来，我国政府逐渐放松了对金融业的管制，这在一定程度上激励了越来越多的实体企业以参股或控股的方式尝试渗透金融领域（李维安和马超，2014），进而促使"由产到融"的产融结合模式得到了的高速发展。事实上，实体企业参股金融机构的目的就是利用金融机构雄厚的资金实力以实现企业做大做强的目标。从这个层面上看，产融结合对实体企业的影响首先体现在投资行为层面上，而且投资是企业实现价值创造的唯一源泉。因此，有必要探究创新投资活动在产融结合模式下将如何为实体企业创造价值及其价值创造过程在不同产权性质企业中的差异。鉴于此，基于资源基础和资源依赖等理论视角，本章系统考察产融结合模式下企业创新绩效对企业业绩表现的影响，并利用 2008～2017 年沪深两市 A 股上市公司参股金融机构的相关数据构建了回归模型进行实证分析。

　　实证结果发现：（1）提升创新绩效有利于改善公司业绩，而且产融结合可以强化这一促进作用；（2）创新绩效对公司业绩的促进作用在民营企业中更显著，而且产融结合可以强化这一作用。结果表明，产融结合模式下提升创新绩效更有利于改善民营企业业绩。在此基础上，进一步从创新动机角度将企业创新划分为高质量的实质性创新和技术含量较低的策略性创新，研究发现：只有实质性创新才能真正改善公司业绩，而且产融结合可以强化实质性创新对公司业绩的促进作用，同时这一现象在民营企业中更明显，但并没有经验证据支持策略性创新对公司业绩的提升作用。换言之，只有高质量的实质性创新才是实体企业实现价值创造的源泉，而且产融结合有利于增强实质性创新对企业价值的边际贡献。上述结论经过一系列稳健性检验后，依然稳健。

第 7 章

产融结合与企业创新绩效对股价风险的实证分析

本章实证分析产融结合模式下企业创新绩效对股价风险的影响。首先，基于信息不对称以及投资者关注等理论视角，本章将重点从股价崩盘风险和股价同步性两个方面系统考察产融结合与创新绩效对股价风险的影响，并在此基础上进一步对比分析上述关系在不同产权性质企业中的差异，并提出相关研究假设。其次，根据研究假设进行研究设计，并利用 2008～2017 年沪深两市 A 股上市公司的微观数据进行实证检验。此外，我们将从投资者关注角度展开机制检验，进行拓展性分析。最后，为增强研究结果的稳健性，采用工具变量法和倾向得分（PSM）等方法进行内生性问题处理。

7.1 引言

自 2010 年以后，我国政府相继出台一系列支持性政策的背景下，"实业 + 金融"的产融结合模式实现了飞跃式发展，拥有雄厚产业资本的大型企业开始渗入金融领域。产融结合是产业资本与金融资本发展到一定阶段的必然结果，可为企业带来协同效应，但也会诱发利益冲突以及风险传染等风险问题，而且产融结合风险更具隐蔽性、系统性以及破坏性等特征。值得注意的是，学者们在产融结合风险层面上存在一定的意见分歧。一些学者认为，产融结合能为企业带来协同效应、规模经济效应以及融资便利等竞争优势，从而有利于分散风险（谭明华，2008；陈栋等，2012）；而另一些学者认为，产融结合会导致企业组织结构复杂化，加大公司治理难度，降低资本配置效率，甚至会导致内部资源配置扭曲，诱发利益冲突、资金链断裂以及风险传染等风险问题，进而导致企业风险增加（文柯，2012；张胜达和刘纯彬，2016）。

尽管现有文献已经意识到产融结合潜在的风险问题，然而鲜有文献从企业创新投资视角考察产融结合对股价风险的影响。事实上，实体企业参股金融机构的目的在于利用金融机构雄厚的资金实力来实现企业做大做强的目标。因此，产融结合对实体企业的影响首先体现在投资行为上，而且投资是企业实现价值创造的唯一源泉。由此可见，作为增强企业核心竞争力的投资

行为，企业创新投资势必受到产融结合的影响。

现阶段，我国正处于金融改革的关键时期。党的十九大报告明确提出，新时代我国金融发展与建设的方向为"完善金融监管体系，守住不发生系统性风险的底线"。诚然，唯有股价能够充分反映公司特质信息，金融市场才能合理配置资源，进而服务于实体经济（伊志宏等，2019）。现有研究表明，创新性企业在资本市场上极易引起投资者关注，而投资者的关注是有限的，一旦投资者密切关注某一股票，通常会投入更多的时间与精力来解读企业所释放的信息，进而提高信息解读效率和股价信息含量（李小晗和朱红军，2011；Drake et al.，2012；虞义华等，2018）。巴伯和奥登（Barber and Odean，2008）认为，投资者面临上千只可供选择的股票时，通常会买入引起其关注的股票，并给予相对乐观的评价。由此可见，产融结合模式下企业创新投资会对资本市场信息传递效率产生影响。那么，创新投资活动在产融结合模式下将对实体企业股价风险产生何种影响？此外，在"新兴+转轨"的双重背景下，我国政府在金融发展与资源优化配置中扮演着关键角色，并导致不同产权性质企业在政府干预、融资成本以及竞争压力等方面存在显著差异，即政府干预是一个不容忽视的重要制度特征。因此，在转轨经济时期考察我国企业创新投资的经济后果，有必要嵌入产权性质这一特殊制度特征。那么，产融结合模式下不同产权性质企业的创新投资活动对股价风险所产生的影响又有何差异呢？显然，对上述问题的解答将有助于提高资本市场定价效率，便于深入理解产融结合模式下企业创新的资本市场表现，对促进新时代中国金融改革具有重大意义。

针对上述问题，基于信息不对称以及投资者关注等理论视角，本章系统考察产融结合模式下创新绩效对股价风险的影响及其在不同产权性质企业中的差异，并利用2008~2017年沪深两市A股上市公司参股金融机构的相关数据进行了实证分析。实证结果表明：提升创新绩效有利于降低股价风险，而且这一抑制作用在民营企业中更显著；产融结合有利于降低股价风险，而且这一抑制作用在民营企业中更显著；产融结合可以强化创新绩效对股价风险的抑制作用，这一现象在民营企业中尤为明显。机制检验结果表明，企业创新降低股价风险主要是通过吸引投资者关注，引起强烈的市场反应，促使公司特质信息融入股价来实现的。

7.2 研究假设

7.2.1 创新绩效与股价风险

党的十九大报告明确指出，创新是引领发展的第一驱动力，是建设现代化经济体系的战略支撑。而企业作为创新主体，其创新效率高，成本低，因此企业创新是增强国家自主创新能力的关键（黎文靖和郑曼妮，2016）。与此同时，企业创新绩效在很大程度上决定了其发展前景、竞争优势、市场价值以及投资回报等（虞义华等，2018）。现阶段，国家积极倡导与支持企业创新，创新性企业成为资本市场密切关注的焦点，而且政府出台的一系列支持性政策，如财政补贴、税收优惠等，增强了投资者对创新性企业的信心（韩乾和洪永淼，2014；虞义华等，2018）。信号传递理论认为，信息不对称问题会扭曲企业的市场价值。诚然，企业创新投资活动通常因涉及商业机密等内部信息而不愿意向外界披露，而一旦企业向外界释放有关技术创新的信息，投资者倾向于将其视为利好信号，进而强化投资者对企业未来业绩表现的乐观预期（陈修德等，2011）。蒙特和巴巴尼（Monte and Papagni，2003）发现，市场对企业加大研发投资力度的反应是积极的。黎文靖和郑曼妮（2016）强调，对于拥有高质量专利技术的企业，其财务绩效更好（周煊等，2012），而且核心专利的批准有利于助推股价上升（Austin，1993）。

创新性企业在资本市场上极易引起投资者的关注，而投资者关注可以提高信息处理效率和股价信息含量（Drake et al.，2012；李小晗和朱红军，2011；虞义华等，2018）。一方面，研发信息披露为投资者关注创新性企业提供了必要条件。根据规定，上市公司的创新投入以及研发进度均需要及时对外披露。通常而言，创新投入越多，上市公司需要向投资者提供的内部信息也越多。这意味着投资者能够及时捕捉有关企业发展前景的信息，进而降低信息不对称程度（虞义华等，2018）。另一方面，从企业创新的股票市场收益来看，创新性企业不仅具有正的公告效应（Cohen et al.，2013；Hirshleifer et al.，2013），而且一旦创新成功，企业便可以获取超额收益。因此，企业创新潜在的高收益势必会吸引投资者关注。

此外，投资者关注往往伴随着高流动性（张继德等，2014），而高流动性能够降低知情人交易成本。当私人信息的成本小于收益时，非知情人具有强烈意愿支付小于这一差额的费用来获得私人信息，进而促进私人信息融入股价，提高股价信息含量（Holmstrom and Tirole，1993）。而股价信息含量越高，则公司特质信息反映越充分，股价风险越低（Hutton et al.，2009）。由此可见，企业创新绩效越好，可以促使股票具有更好的市场表现，越容易在资本市场上引起投资者关注，而投资者关注可以提高信息处理效率和股价信息含量，最终降低股价风险。据此，我们提出如下研究假设：

H7.1：提升企业创新绩效可以降低股价风险，即企业创新绩效越好，其股价崩盘风险和股价同步性越低。

如前所述，因股权关联而形成的绝对控制权以及国企高管行政级别和任命机制决定了政府对国企的干预程度要远大于民营企业，尤其在实施国家做大做强的战略部署下，国企的行为决策更多的是政府指令性干预行为的结果。换言之，国有企业受政府干预的程度相对较大，而民营企业却面临更为严重的融资约束问题以及更大的市场竞争压力（Lu et al.，2012；李茫茫，2018）。唐等（2014）发现，中国第二次修订后的《专利法》支持国企申请专利，刺激了技术含量较低的实用新型和外观设计专利显著增加，但高质量的发明专利却未明显增加。国企创新策略表明，虽然国企完成了政府下达的专利产出指标，但忽略了专利产出质量。由此可见，国有企业的创新活动可能是一种策略性行为，其目的在于获取私利，更多的是对政府政策与监管的一种迎合行为，并非实质性地增强企业核心竞争力（Hall and Harhoff，2012；Tong et al.，2014；黎文靖和郑曼妮，2016）。此外，民营企业产权界定更加明晰，代理问题相对较轻，信息透明度相对较高，有利于监督与规范民营企业行为，因此民营企业的创新效率更高（翟胜宝等，2014）。因此，民营企业的创新绩效更好，而且其信息不对称程度相对更低，进而更容易引起投资者关注，信息解读效率和股价信息含量更高。基于上述分析，在研究假设 H7.1 的基础上，提出以下假设：

H7.2：相较于国有企业，企业创新绩效对股价风险的抑制作用在民营企业中更显著。

7.2.2 产融结合与股价风险

产融结合具有信息效应等多方面优势，可以有效降低信息不对称程度，提高信息透明度（Lu et al.，2012；万良勇等，2015；王红建等，2017；马红等，2018）。实体企业同金融机构建立正式的股权关系，拓展了实体企业与金融机构之间的信息沟通渠道，增强了信息交流的及时性。同时，我国金融机构已具备监督能力（李维安和马超，2014），有能力获取相关的关键信息（翟胜宝等，2014）。

产融结合可以有效改善实体企业的业绩表现，而公司业绩越好，越容易引起投资者关注，进而提升信息解读效率。从规模效应看，实体企业参股金融机构实现了产业资本同金融资本的融合，提升了产业资本的循环与增值速度，拓宽了实体企业的融资渠道，吸纳了更多社会资源，实现了多元化经营目标。从管理协同效应看，因实体企业与金融机构的业务互补性，降低了不必要的工作岗位、相关开支以及固定成本等，提高了实体企业经营效率。从财务协同效应看，产融结合型企业不仅能够获得更多的金融资源，而且能够利用金融机构专业人才，降低实体企业经营与财务风险，优化融资决策与资源配置（马红等，2018）。因此，参股金融机构有利于改善实体企业经营绩效。现有研究表明，企业经营业绩越好，其股票市场表现也会越好，越容易在资本市场上引起投资者关注，而投资者关注可以提高信息处理效率和股价信息含量，最终降低股价风险（Hutton et al.，2009；Drake et al.，2012；张继德等，2014；虞义华等，2018）。综上所述，产融结合有利于提高实体企业信息透明度，而信息越透明越有利于公司特质

信息融入股价，进而提高股价信息含量，降低股价风险。据此，提出以下研究假设：

H7.3：产融结合有利于降低股价风险，即产融结合有利于降低股价崩盘风险和股价同步性。

承前所述，国有企业受政府干预的程度相对较大，而民营企业却面临更为严重的融资约束问题以及更大的市场竞争压力（黎文靖和李茫茫，2017）。换言之，国有企业采取产融结合模式是政府干预的结果，而民营企业则是在融资约束与市场竞争双重约束下主动选择的结果（李茫茫，2018）。从这个层面看，政府干预下的产融结合可能会导致资源要素扭曲，降低资源配置效率，甚至造成国有企业效率下降；而民营企业在融资约束与市场竞争双重约束下直接面对市场竞争，其主动采取产融结合模式是实体企业逐利的结果，有利于改善民营企业配置资源。由此可见，实体企业参股金融机构更有利于民营企业改善业绩。

而企业业绩表现越好，越容易引起投资者关注。此外，投资者关注所形成的投资者信息分析能力以及市场信息解读能力能够减弱利空消息所带来的负面影响：投资者关注度越高越有利于利空消息迅速反映，缓解了信息不对称问题，尤其是基本面信息未出现重大变动时，可以规避股价持续暴跌现象发生；但投资者关注度较低时，为管理层隐藏坏消息提供了便利，股价极易出现非理性的暴跌现象（虞义华等，2018）。综上可知，参股金融机构更有利于改善民营企业业绩表现，进而更容易吸引投资者关注，最终更有利于降低其股价风险。据此，提出以下假设：

H7.4：相较于国有企业，产融结合更有利于降低民营企业股价风险，即产融结合更有利于降低民营企业股价崩盘风险和股价同步性。

7.2.3　产融结合、创新绩效与股价风险

产融结合具有信息效应、决策效应以及人力与资本供给效应等多方面优势，不仅可以为企业营造稳定的外部融资环境（万良勇等，2015；王超恩等，2016；黎文靖和李茫茫，2017；马红等，2018），还可以为实体企业提

供人力资本与技术支持。而人力资本以及专业技术支持有助于优化配置研发资源，可以减少低效甚至无效创新而浪费稀缺的创新投入，进而提升实体企业的研发成功率以及研发效率。由此可见，实体企业参股金融机构所形成的金融股权关系作为特殊的社会关系，有利于信息共享，降低了实体企业创新的"试错成本"，进而提升实体企业的创新绩效。而企业创新绩效越好，促使股票具有更好的市场表现，越容易在资本市场上引起投资者关注，而投资者关注可以提高信息处理效率和股价信息含量，最终降低股价风险（Hutton et al.，2009；Drake et al.，2012；张继德等，2014；虞义华等，2018）。基于上述分析，在研究假设 H7.1 和假设 H7.3 的基础上，提出以下假设：

H7.5：产融结合可以强化创新绩效对股价风险的抑制作用。

如前所述，产融结合具有信息效应等多方面优势，能够有效降低信息不对称程度，提高信息透明度（Lu et al.，2012；万良勇等，2015；王红建等，2017；马红等，2018）。同时，民营企业产权界定更加明晰，代理问题相对较轻，信息透明度相对较高，有利于监督与规范民营企业行为，因此民营企业的创新绩效更好（翟胜宝等，2014）。因此，民营企业的创新绩效更好，而且其信息不对称程度相对更低，进而更容易引起投资者关注，其信息解读效率和股价信息含量更高。因此，在研究假设 H7.2 和假设 H7.4 的基础上，提出以下假设：

H7.6：相较于国有企业，产融结合更有利于强化民营企业创新绩效对股价风险的抑制作用。

7.3　研究设计

7.3.1　样本选择与数据来源

股权分置改革完成后，股权流通在一定程度上加快了实体企业参股金融机构的进程，同时考虑到 2007 年我国开始执行新会计准则，CSMAR 数据库

可获得的关于研发投入数据的最早年份为 2007 年，而且实证分析过程中需要使用超前一滞后项。因此，为了保证样本期间内会计准则的一致性，本书将以 2008～2017 年沪深两市非金融类 A 股上市公司为原始样本，并在此基础上进行如下处理：（1）剔除金融、保险行业的上市公司；（2）剔除 ST、ST* 以及数据出现缺失的上市公司。经此筛选，最终得到 13762 个有效的"公司—年度"观测值。同时，为排除极端值的"噪音"干扰，对所有连续变量均进行了上下 1% 分位的缩尾（Winsorize）处理。其中，上市公司参股金融机构和政府补贴的原始数据来自 Wind 数据库，并结合年报进行适当调整；专利数据来自 CSMAR 数据库和中国国家知识产权局专利数据库；市场化指数数据来自樊纲等编制的《中国分省份市场化指数报告（2016）》（以下简称《报告》）；其余财务数据均来自 CSMAR 数据库以及 CCER 数据库。统计分析软件以 Stata 14.0 为主。

7.3.2　变量定义

1. 股价崩盘风险（Crash）

借鉴赫顿等（2009）、金姆和张（Kim and Zhang，2016）、周铭山等（2017）、丁慧等（2018）的研究方法，采用如下方法度量股价崩盘风险。

第一步，需要求出股票 i 在第 t 周经市场调整后的特定收益率 $W_{i,t}$，而且特定收益率 $W_{i,t} = \ln(1 + \varepsilon_{i,t})$。其中，$\varepsilon_{i,t}$ 的计算公式如下：

$$r_{i,t} = \alpha_i + \beta_{1,i} \times r_{m,t-2} + \beta_{2,i} \times r_{m,t-1} + \beta_{3,i} \times r_{m,t}$$
$$+ \beta_{4,i} \times r_{m,t+1} + \beta_{5,i} \times r_{m,t+2} + \varepsilon_{i,t} \quad\quad (7.1)$$

其中，$r_{i,t}$ 为股票 i 第 t 周的收益率，$r_{m,t}$ 为第 t 周市场流通市值加权平均收益率，两者均采用"考虑现金红利再投资的周收益率"。

第二步，构建度量股价崩盘风险的两个常见指标，即负收益偏态系数（NCSKEW）和收益上下波动比率（DUVOL）。其中，对于负收益偏态系数（NCSKEW），其具体的计算公式如下：

$$NCSKEW_{i,t} = -\frac{n(n-1)^{3/2} \sum W_{i,t}^3}{(n-1)(n-2)\left(\sum W_{i,t}^2\right)^{3/2}} \quad\quad (7.2)$$

其中，n 表示每年的交易周数。值得注意的是，遵循前期研究惯例，仅对每年度的周收益率观测数超过 27 的有效样本进行测算（周铭山等，2017）。

同时，对于收益上下波动比率（DUVOL）的计算，我们按照如下过程进行：首先，测算出每年度内股票 i 所有的周特定收益率的平均值，并将高于特定周收益平均值的样本划分为 up 组，而将低于特定周收益平均值的样本划分为 down 组；其次，分别计算 up 组和 down 组这两类样本的特定收益标准差。最后，按照如下公式计算得到收益上下波动比率 DUVOL：

$$DUVOL_{i,t} = \log\left[\frac{(n_u - 1)\sum_{down} W_{i,t}^2}{(n_d - 1)\sum_{up} W_{i,t}^2}\right] \tag{7.3}$$

其中，n_u 和 n_d 分别表示股票 i 的周特定收益 $W_{i,t}$ 大于、小于年度平均周特定收益的周数。

2. 股价同步性（SYNCH）

为了更稳健地揭示产融结合模式下创新绩效与股价风险的关系，我们还检验了产融结合与创新绩效对股价同步性的影响。如果管理层出于机会主义行为而掩藏坏消息，那么会导致公司股价同步性长时间内处于高位；与此同时，坏消息持续积累，而一旦集中爆发，公司股价就会出现崩盘现象。由此可见，在某种意义上可以将股价崩盘风险与股价同步性视为同一问题的两种不同表现形式（李增泉等，2011）。为此，参考已有文献（Xu et al.，2013；伊志宏等，2019），按照如下步骤计算股价同步性（SYNCH）。首先，需要利用股票 i 的周收益数据，并按如下过程进行回归：

$$R_{i,w,t} = \beta_0 + \beta_1 R_{M,w,t} + \beta_2 R_{M,w-1,t} + \beta_3 R_{I,w,t} + \beta_4 R_{I,w-1,t} + \varepsilon_{i,w,t} \tag{7.4}$$

其中，$R_{i,w,t}$ 表示股票 i 在第 t 年第 w 周考虑现金红利再投资的收益率；$R_{M,w,t}$ 表示 A 股全部上市公司第 t 年第 w 周的流通市值加权平均收益率；$R_{I,w,t}$ 表示股票 i 第 t 年第 w 周所在行业剔除股票 i 后的其他股票流通市值加权平均收益率。按照上述计算过程，便可测算出拟合优度 R^2。

然后，在此基础上，对拟合优度 R^2 实施对数化处理，便可得到股票 i 在 t 年的股价同步性指标 $SYNCH_{i,t}$，其计算公式如下：

$$\text{SYNCH}_{i,t} = \ln\left[\,R_{i,t}^2 \big/ (1 - R_{i,t}^2)\,\right] \tag{7.5}$$

3. 企业创新绩效（Innovation）

参照虞义华等（2018）的做法，本书从创新投入、创新产出以及创新效率三个维度来综合衡量创效绩效。具体而言，创新投入（RDR）采用当期企业实际研发投入来度量，其值等于企业实际研发支出与营业总收入之比；创新产出（Patent）采用企业所获专利授权数衡量，包括发明专利授权数（Patent_I）、实用新型专利授权数（Patent_A）以及外观设计专利授权数（Patent_D）三类；创新效率（Efficiency）采用单位研发支出转化的专利授权数度量（Hirshleifer et al.，2013）。

4. 产融结合（FIN）

参照已有研究文献的做法（万良勇等，2015；王超恩等，2016；黎文靖和李茫茫，2017；马红等，2018），若企业参股金融机构，则 FIN 取值为 1，否则取 0，而且实体企业参股金融机构主要涉及商业银行、证券、信托、财务、期货、基金以及财务公司七类。

5. 控制变量

参考周铭山等（2017）、许等（2013）、彭俞超等（2018）以及伊志宏等（2019）的研究方法，选取以下特征变量作为控制变量：换手率（DTURN），采用股票周换手率的均值度量；特定收益标准差（SIGMA），采用特定周回报率的标准差度量；特定收益均值（WRET），采用特定周的回报率均值度量；信息质量（ACCM），采用过去 3 年盈余管理幅度的绝对值之和度量；LNAGE 表示公司年龄、SHC 表示股权集中度；Index 表示市场化指数，采用上市公司所在地的市场化水平度量。在此基础上，我们还进一步控制了企业规模（Size）、产权性质（State）、市值账面比（MB）、财务杠杆（LEV）、资产收益率（ROA）以及行业（Id）和年度（Year）虚拟变量。

7.3.3 模型设定

首先，检验产融结合、创新绩效对股价崩盘风险的影响。参照金姆和张

（2016）、林乐和郑登津（2016）、周铭山等（2017）以及彭俞超等（2018）的研究思路，为弱化互为因果所导致的内生性问题，本书使用下一期的股价崩盘风险作为被解释变量，构建如下回归模型：

$$
\begin{aligned}
Crash_{i,t+1} = {}& \beta_0 + \beta_1 Innovation_{i,t} + \beta_2 Crash_{i,t} + \beta_3 DTURN_{i,t} \\
& + \beta_4 SIGMA_{i,t} + \beta_5 WRET_{i,t} + \beta_6 Size_{i,t} + \beta_7 State_{i,t} \\
& + \beta_8 MB_{i,t} + \beta_9 LEV_{i,t} + \beta_{10} ROA_{i,t} + \beta_{11} ACCM_{i,t} \\
& + \sum Year + \sum Id + \varepsilon_{i,t} \quad\quad (7.6)
\end{aligned}
$$

$$
\begin{aligned}
Crash_{i,t+1} = {}& \beta_0 + \beta_1 FIN_{i,t} + \beta_2 Crash_{i,t} + \beta_3 DTURN_{i,t} \\
& + \beta_4 SIGMA_{i,t} + \beta_5 WRET_{i,t} + \beta_6 Size_{i,t} + \beta_7 State_{i,t} \\
& + \beta_8 MB_{i,t} + \beta_9 LEV_{i,t} + \beta_{10} ROA_{i,t} + \beta_{11} ACCM_{i,t} \\
& + \sum Year + \sum Id + \varepsilon_{i,t} \quad\quad (7.7)
\end{aligned}
$$

$$
\begin{aligned}
Crash_{i,t+1} = {}& \beta_0 + \beta_1 Innovation_{i,t} + \beta_2 Innovation\_FIN_{i,t} \\
& + \beta_3 FIN_{i,t} + \beta_4 Crash_{i,t} + \beta_5 DTURN_{i,t} \\
& + \beta_6 SIGMA_{i,t} + \beta_7 WRET_{i,t} + \beta_8 Size_{i,t} + \beta_9 State_{i,t} \\
& + \beta_{10} MB_{i,t} + \beta_{11} LEV_{i,t} + \beta_{12} ROA_{i,t} + \beta_{13} ACCM_{i,t} \\
& + \sum Year + \sum Id + \varepsilon_{i,t} \quad\quad (7.8)
\end{aligned}
$$

其中，Crash 表示股价崩盘风险，主要涉及负收益偏态系数（NCSKEW）和收益上下波动比率（DUVOL）两个指标；Innovation 表示企业创新绩效，参照虞义华等（2018）的做法，从创新投入、创新产出以及创新效率三个维度来综合衡量创效绩效；FIN 表示产融结合变量，若企业参股金融机构，则 FIN 取值为 1，否则取 0；Innovation_FIN 表示创新绩效（Innovation）和产融结合（FIN）的交互项。

控制变量方面，参考周铭山等（2017）以及彭俞超等（2018）的研究方法，选取以下特征变量作为控制变量：换手率（DTURN），采用股票周换手率的均值度量；特定收益标准差（SIGMA），采用特定周回报率的标准差度量；特定收益均值（WRET），采用特定周的回报率均值度量；信息质量（ACCM），采用过去 3 年盈余管理幅度的绝对值之和度量。在此基础上，我们还进一步控制了企业规模（Size）、产权性质（State）、市值账面比（MB）、财务杠杆（LEV）、资产收益率（ROA）以及行业（Id）和年度（Year）虚拟变量。其中，各个变量的具体定义详见表 7 - 1。

其次，我们进一步检验产融结合、创新绩效对股价同步性的影响。参照徐等（Xu et al.，2013）以及伊志宏等（2019）的研究思路，构建如下回归模型：

$$
\begin{aligned}
SYNCH_{i,t} = {} & \beta_0 + \beta_1 Innovation_{i,t} + \beta_2 Size_{i,t} + \beta_3 State_{i,t} + \beta_4 LEV_{i,t} \\
& + \beta_5 LNAGE_{i,t} + \beta_6 SHC_{i,t} + \beta_7 Index_{i,t} \\
& + \sum Year + \sum Id + \varepsilon_{i,t}
\end{aligned} \tag{7.9}
$$

$$
\begin{aligned}
SYNCH_{i,t} = {} & \beta_0 + \beta_1 FIN_{i,t} + \beta_2 Size_{i,t} + \beta_3 State_{i,t} + \beta_4 LEV_{i,t} \\
& + \beta_5 LNAGE_{i,t} + \beta_6 SHC_{i,t} + \beta_7 Index_{i,t} \\
& + \sum Year + \sum Id + \varepsilon_{i,t}
\end{aligned} \tag{7.10}
$$

$$
\begin{aligned}
SYNCH_{i,t} = {} & \beta_0 + \beta_1 Innovation_{i,t} + \beta_2 Innovation\_FIN_{i,t} + \beta_3 FIN_{i,t} \\
& + \beta_4 Size_{i,t} + \beta_5 State_{i,t} + \beta_6 LEV_{i,t} + \beta_7 LNAGE_{i,t} \\
& + \beta_8 SHC_{i,t} + \beta_9 Index_{i,t} + \sum Year + \sum Id + \varepsilon_{i,t}
\end{aligned} \tag{7.11}
$$

其中，SYNCH 表示股价同步性，LNAGE 表示公司年龄、SHC 表示股权集中度；Index 表示市场化指数，采用上市公司所在地的市场化水平度量。在此基础上，我们还进一步控制了企业规模（Size）、产权性质（State）、财务杠杆（LEV）以及行业（Id）和年度（Year）虚拟变量。其中，各个变量的具体定义详见表 7 - 1。此外，针对可能存在的异方差问题，遵循已有文献的研究惯例，对所有回归分析中的公司代码进行聚类分析（Cluster），并采用 Robust 调整标准误。

表 7 - 1　　　　　　　　　　　　变量定义

变量名称	变量符号	变量界定
股价崩盘风险	NCSKEW	负收益偏态系数
	DUVOL	收益上下波动比率
股价同步性	SYNCH	如前所述，将 R^2 对数化计算所得

续表

变量名称	变量符号	变量界定
创新绩效	Innovation	包括创新投入、创新产出以及创新效率三个维度
创新投入	RDR	企业实际研发支出与营业收入之比
创新产出	Patent	企业所获专利授权数，包括发明专利、实用新型专利以及外观设计专利授权数总和
创新效率	Efficiency	单位研发支出转化的专利授权数（单位为百万元）
发明专利授权数	Patent_I	企业实际所获发明专利授权数
实用新型专利授权数	Patent_A	企业实际所获实用新型专利授权数
外观设计专利授权数	Patent_D	企业实际所获外观设计专利授权数
产融结合	FIN	若企业参股金融机构，则 FIN 取 1；否则取 0
产权性质	State	若企业实际控制人为国有，则取 1；否则取 0
财务杠杆	LEV	权益资本收益变动率与息税前利润变动率之比
企业规模	Size	企业总资产的自然对数
公司年龄	LNAGE	研究当期年份减去成立年份再加 1 后取自然对数
股权集中度	SHC	第一大股东持股比例
市值账面比	MB	企业市值与账面价值之比
资产收益率	ROA	净利润与企业总资产之比
换手率	DTURN	采用股票周换手率的均值度量
特定收益标准差	SIGMA	采用特定周回报率的标准差度量
特定收益均值	WRET	采用特定周的回报率均值度量
信息质量	ACCM	采用过去 3 年盈余管理幅度的绝对值之和度量
市场化指数	Index	采用上市公司所在地的市场化水平度量
年份	Year	年度虚拟变量，以 2008 年为基准
行业	Id	行业虚拟变量，根据 2012 年证监会分类，以 A 类为准

7.4　实证结果及分析

7.4.1　描述性统计分析

表 7 - 2 报告了本章所涉及变量的描述性统计结果。不难发现，负收益偏态系数（NCSKEW）和收益上下波动比率（DUVOL）的均值分别为 - 0.379、- 0.236，其标准差分别为 0.745、0.803，说明不同上市公司之间的股价崩盘风险存在较大差异，这一结果支持了周铭山等（2017）和彭俞超等（2018）的研究发现。股价同步性（SYNCH）的均值为 0.013，中位数为 0.035，表明样本公司中至少有一半的上市公司的股价同步性高于平均水平，这一发现与伊志宏等（2019）的观点是一致的。此外，创新投入（RDR）、专利授权数（Patent）以及产融结合（FIN）等变量的统计结果与第 6 章表 6 - 2 的统计结果相一致，此处不再赘述。

表 7 - 2　　　　　　　　　　描述性统计结果

变量	N	均值	标准差	中位数	最小值	最大值
NCSKEW	13762	- 0.379	0.745	- 0.342	- 3.214	2.782
DUVOL	13762	- 0.236	0.803	- 0.182	- 2.924	2.124
SYNCH	13762	0.013	0.742	0.035	- 2.082	2.135
RDR	13762	0.042	0.102	0.038	0.000	0.712
Patent	13762	17.199	72.369	16.000	0.000	546.000
FIN	13762	0.263	0.395	0.000	0.000	1.000
State	13762	0.525	0.479	1.000	0.000	1.000
LEV	13762	0.452	0.525	0.448	0.075	0.935
Size	13762	22.248	0.595	23.284	12.576	28.278
LNAGE	13762	2.762	0.352	2.628	1.124	3.302
SHC	13762	0.329	0.252	0.294	0.007	0.685
MB	13762	0.064	0.125	0.052	0.006	1.095

续表

变量	N	均值	标准差	中位数	最小值	最大值
ROA	13762	0.042	0.529	0.039	-0.217	0.224
DTURN	13762	0.142	0.103	0.132	0.043	0.264
SIGMA	13762	0.0524	0.021	0.052	0.012	0.068
WRET	13762	-0.0012	0.001	-0.0019	-0.0011	-0.0006
ACCM	13762	0.186	0.152	0.148	0.078	0.254
Index	13762	8.754	2.134	8.385	1.265	11.845

控制变量方面，产权性质（State）的均值为 0.525，说明本书所选取的样本公司中有 52.5% 的上市公司是国有企业，即国有上市公司依然占据主导地位。经营业绩（ROA）的均值为 0.042，标准差为 0.529，说明总资产构成中有 4.2% 来自净利润。市值账面比（MB）的均值为 0.064，信息质量（ACCM）的均值为 0.186，市场化指数（Index）的均值为 8.754，而且不同上市公司之间存在一定的差异。其余变量的统计结果同金姆和张（2016）、周铭山等（2017）、丁慧等（2018）以及伊志宏等（2019）已有文献的研究结果基本一致，说明本书的样本选取是合理的，这为后文的计量分析提供了良好的数据基础。

7.4.2　相关性分析

表 7-3 报告了本章所要研究变量的相关性分析结果。我们发现，负收益偏态系数（NCSKEW）与创新投入（RDR）、创新产出（Patent）的相关性系数均为负，且至少在 5% 的水平上显著；同时，我们也发现，收益上下波动比率（DUVOL）与创新投入（RDR）、创新产出（Patent）的相关性系数均为负，且均在 10% 的水平上显著，由此可见，创新绩效与股价崩盘风险显著负相关，说明提升创新绩效可能会抑制股价崩盘风险。不难发现，股价同步性（SYNCH）与创新投入（RDR）、创新产出（Patent）的相关性系数均为负，且均在 10% 的水平上显著，这表明提升创新绩效可能会降低股价的

表 7 - 3　相关性分析结果

Panel A	NCSKEW	DUVOL	SYNCH	RDR	Patent	FIN	State	ROA	LEV	Size
NCSKEW	1									
DUVOL	0.425**	1								
SYNCH	0.318***	0.271*	1							
RDR	-0.236**	-0.167*	-0.201*	1						
Patent	-0.154***	-0.071*	-0.127*	0.412***	1					
FIN	-0.309**	-0.192**	-0.215**	0.102*	0.214**	1				
State	0.017*	0.008	0.022	-0.006**	-0.014*	-0.007*	1			
ROA	0.036**	0.027*	0.135	0.389***	0.294***	0.115*	-0.012*	1		
LEV	-0.018*	-0.037*	-0.029**	-0.207*	-0.465**	0.032*	-0.014*	-0.142**	1	
Size	0.015*	0.012	0.114**	0.167	0.145*	0.015**	0.027***	0.275**	-0.053	1

Panel B	NCSKEW	SYNCH	LNAGE	SHC	MB	DTURN	SIGMA	WRET	ACCM	Index
NCSKEW	1									
SYNCH	0.318***	1								
LNAGE	-0.249*	-0.108*	1							
SHC	-0.214*	-0.051**	0.007	1						
MB	-0.171**	-0.079	0.046	0.071	1					
DTURN	0.063	0.016	0.004	0.029		1				
SIGMA	0.094***	0.107*	-0.146	-0.208	-0.036	0.124	1			

续表

Panel B	NCSKEW	SYNCH	LNAGE	SHC	MB	DTURN	SIGMA	WRET	ACCM	Index
WRET	-0.017***	-0.056*	0.027	0.069	0.039*	-0.426**	-0.752**	1		
ACCM	0.076***	0.125*	-0.034*	-0.046*	-0.134*	0.073	0.146	-0.135**	1	
Index	-0.049*	-0.062	0.011	0.023	0.019	0.046	-0.087*	0.039	-0.248*	1

注：*、**、*** 分别表示在10%、5%、1%的水平上显著；表中采用 Pearson 相关性检验法。

同步性。此外，产融结合（FIN）与负收益偏态系数（NCSKEW）、收益上下波动比率（DUVOL）以及股价同步性（SYNCH）的相关性系数均在5%的显著性水平上为负，这意味着实体企业参股金融机构可能有利于降低股价风险，即抑制股价崩盘风险和股价同步性。

控制变量方面，公司年龄（LNAGE）、股权集中度（SHC）以及特定收益均值（WRET）均与负收益偏态系数（NCSKEW）、股价同步性（SYNCH）显著负相关，这可能是因为公司上市年限越长，外部投资者获取该公司的相关信息就越充足，信息不对称程度也就越小；而股权越集中，大股东就越有动力监督管理层的行为，其"捂盘"行为就会减少，公司信息透明度就会提高，进而提高了投资者的信息解读效率，股价信息含量提高，自然其股价风险就降低了。然而，特定收益标准差（SIGMA）、信息质量（ACCM）与负收益偏态系数（NCSKEW）、股价同步性（SYNCH）显著正相关，表明特定收益波动越大，信息质量越差，其股价风险越大。此外，其余变量的相关性检验结果也基本符合已有文献的结论，如金姆和张（2016）、周铭山等（2017）以及伊志宏等（2019），而且相关性系数的绝对值均小于0.5，说明不存在严重的多重共线性问题。

7.4.3 产融结合与创新绩效影响股价崩盘风险的检验结果分析

1. 创新绩效对股价崩盘风险的检验结果：基于产权性质

表7-4报告了企业创新绩效对公司股价崩盘风险的检验结果。其中，第（1）（2）（3）列报告了创新绩效对负收益偏态系数（NCSKEW）的检验结果。结果显示，创新绩效（Innovation）的估计系数至少在5%的水平上显著为负，说明提升创新绩效可以降低负收益偏态系数。同时，第（4）（5）（6）列报告了创新绩效对收益上下波动比率（DUVOL）的检验结果。结果发现，创新绩效（Innovation）的估计系数至少在5%的水平上显著为负，说明改善创新绩效能够降低收益上下波动比率。由此可见，提升创新绩效确实可以降低股价崩盘风险，即创新投入、创新产出以及创新效率的提高有利于抑制股价崩盘风险。这一发现也很好地支持并拓展了周铭山等

（2017）的观点"创业板上市公司创新投入越多，股价崩盘风险越低"。究其原因，创新性企业在资本市场上极易引起投资者的关注，而投资者关注可以提高信息处理效率和股价信息含量（Drake et al.，2012；李小晗和朱红军，2011；虞义华等，2018），最终有利于降低股价崩盘风险。因此，研究假设 H7.1 通过检验。

表 7 - 4　　　　　　　　　　创新绩效与股价崩盘风险

变量	(1)	(2)	(3)	(4)	(5)	(6)
因变量	$NCSKEW_{t+1}$			$DUVOL_{t+1}$		
解释变量	RDR	Patent	Efficiency	RDR	Patent	Efficiency
组别	全样本	全样本	全样本	全样本	全样本	全样本
Innovation	-1.845** (-2.29)	-0.035*** (-4.51)	-0.572*** (-5.26)	-1.482** (-2.15)	-0.027** (-2.06)	-0.442*** (-3.82)
NCSKEW/DUVOL	0.017* (1.81)	0.034 (0.62)	0.131 (0.84)	0.041* (1.72)	0.028 (1.15)	0.019 (0.85)
DTURN	-0.532*** (-4.22)	-0.478*** (-6.53)	-0.495*** (-7.26)	-0.572*** (-8.32)	-0.519*** (-7.72)	-0.489*** (-9.15)
SIGMA	4.78*** (11.45)	5.59*** (7.35)	6.29** (2.17)	5.31*** (6.25)	8.92* (1.92)	7.15*** (9.65)
WRET	12.53* (1.73)	15.32 (1.18)	7.59 (1.25)	8.29* (1.85)	14.62* (1.78)	7.12 (1.42)
Size	0.072 (1.21)	0.053* (1.83)	0.081 (1.34)	0.062* (1.79)	0.043* (1.74)	0.057 (1.35)
State	0.012* (1.74)	0.022** (2.07)	0.009* (1.81)	0.013** (2.17)	0.029* (1.86)	0.033* (1.92)
MB	0.027* (1.82)	0.025* (1.78)	0.014** (2.09)	0.019* (1.75)	0.008 (1.26)	0.011* (1.74)
LEV	-0.074* (-1.89)	-0.047* (-1.76)	-0.065** (-2.15)	-0.127** (-2.26)	-0.105** (-2.31)	-0.114* (-1.71)
ROA	0.745** (2.31)	0.642* (1.75)	0.519* (1.71)	0.351* (1.85)	0.272* (1.73)	0.286** (2.02)
ACCM	0.126* (1.75)	0.143** (2.24)	0.087* (1.78)	0.131* (1.75)	0.128* (1.87)	0.091* (1.82)

续表

变量	(1)	(2)	(3)	(4)	(5)	(6)
因变量	NCSKEW$_{t+1}$			DUVOL$_{t+1}$		
解释变量	RDR	Patent	Efficiency	RDR	Patent	Efficiency
组别	全样本	全样本	全样本	全样本	全样本	全样本
常数项	-0.791*** (-3.82)	-0.832*** (-4.79)	-0.696*** (-3.25)	-0.576*** (-4.84)	-0.482*** (-4.73)	-0.745*** (-3.35)
行业效应	控制	控制	控制	控制	控制	控制
年度效应	控制	控制	控制	控制	控制	控制
N	13762	13762	13762	13762	13762	13762
R^2	0.167	0.172	0.175	0.185	0.182	0.187
F 值	76.35	81.49	71.28	57.28	56.42	61.74

注：*、**、***分别表示在10%、5%、1%水平上显著；括号内是 T 值。

控制变量方面，换手率（DTURN）的估计系数在统计上显著为负，说明换手率越高，股价崩盘风险越小，其中原因在于：通常而言，换手率越高意味着股票流动性越高，这在很大程度上降低了知情人交易成本，一旦私人信息的成本低于收益，便可以吸引非知情人来支付低于这一差额的费用来获得私人信息，进而促使私人信息迅速融入股价，同时股价信息含量不断增加（Holmstrom and Tirole，1993）；而股价信息含量越高，公司特质信息的反映就越充分，股价出现崩盘现象的可能性也就越低（Hutton et al.，2009；张继德等，2014）。同时，我们发现，资产负债率（LEV）的估计系数至少在10%的水平上显著为负，这表明企业负债水平越高，其股价崩盘反而越低，这可能是因为债权人有效行使其外部监督职责，充分发挥了外部治理效应，降低了管理层"捂盘"行为的概率。此外，其他变量的估计结果也基本符合已有研究结论，比如金姆和张（2016）、周铭山等（2017）以及伊志宏等（2019），说明本书模型设定合理。

接下来，我们将进一步检验创新绩效对股价崩盘风险的影响在不同产权性质企业中的差异。为此，我们在基准模型（7.6）的基础上，进一步依据产权性质将全样本划分为国有企业与民营企业两个子样本，具体检验结果如表 7 – 5 所示。

表 7 – 5　　　　　　　　　　创新绩效与股价崩盘风险：基于产权性质

变量	(1)	(2)	(3)	(4)	(5)	(6)	(7)	(8)
因变量	$NCSKEW_{t+1}$				$DUVOL_{t+1}$			
解释变量	RDR	RDR	Patent	Patent	RDR	RDR	Patent	Patent
组别	国有	民营	国有	民营	国有	民营	国有	民营
Innovation	-0.651 (-1.54)	-2.158*** (-4.18)	-0.022 (-1.27)	-0.047** (-2.02)	-0.625 (-1.31)	-1.527** (-2.38)	-0.017 (-1.03)	-0.048*** (-4.26)
NCSKEW/DUVOL	0.012 (1.32)	0.025 (1.45)	0.031 (0.94)	0.049* (1.72)	0.056 (1.18)	0.034 (0.85)	0.032 (1.28)	0.026 (0.94)
DTURN	-0.471** (-2.12)	-0.545*** (-4.34)	-0.394* (-1.76)	-0.516** (-2.08)	-0.386*** (-5.42)	-0.603*** (-5.64)	-0.437** (-2.38)	-0.494*** (-4.52)
SIGMA	3.95*** (6.52)	6.15*** (8.24)	4.06** (2.13)	5.62** (2.41)	4.72*** (4.85)	6.24*** (3.87)	11.53*** (9.52)	6.54*** (6.53)
WRET	13.36* (1.71)	9.28 (1.34)	17.92 (1.42)	8.35 (1.37)	7.93 (1.13)	8.65 (1.08)	12.53* (1.74)	8.51 (1.27)
Size	0.104* (1.77)	0.046 (1.35)	0.092 (1.24)	0.056 (1.43)	0.078* (1.86)	0.036 (1.41)	0.052* (1.73)	0.025 (0.93)
MB	0.036** (2.07)	0.017 (1.72)	0.021** (2.42)	0.011* (1.92)	0.031* (1.81)	0.024 (1.52)	0.014* (1.76)	0.006 (1.72)
LEV	-0.051* (-1.72)	-0.076** (-2.01)	-0.034* (-1.81)	-0.057** (-2.31)	-0.104** (-2.43)	-0.134** (-2.21)	-0.084* (-1.69)	-0.126* (-1.79)
ROA	0.813** (2.13)	0.674* (1.77)	0.589* (1.83)	0.651* (1.74)	0.364* (1.78)	0.298* (1.71)	0.284** (2.14)	0.245* (1.82)
ACCM	0.145*** (3.22)	0.105** (2.03)	0.157** (2.17)	0.088* (1.76)	0.133** (2.37)	0.102* (1.78)	0.135*** (3.29)	0.089** (2.14)
常数项	-0.623** (-2.12)	-0.804** (-2.09)	-0.645* (-1.82)	-0.582** (-2.15)	-0.498** (-2.42)	-0.583** (-2.38)	-0.425** (-2.23)	-0.565*** (-3.63)
行业效应	控制	控制	控制	控制	控制	控制	控制	控制
年度效应	控制	控制	控制	控制	控制	控制	控制	控制
N	7225	6537	7225	6537	7225	6537	7225	6537
R^2	0.164	0.171	0.174	0.178	0.182	0.186	0.181	0.184

续表

变量	(1)	(2)	(3)	(4)	(5)	(6)	(7)	(8)
因变量	NCSKEW$_{t+1}$				DUVOL$_{t+1}$			
解释变量	RDR	RDR	Patent	Patent	RDR	RDR	Patent	Patent
组别	国有	民营	国有	民营	国有	民营	国有	民营
F 值	74.51	78.96	79.82	83.81	49.85	58.26	63.42	55.48
经验 P 值	0.034**		0.061*		0.023**		0.019**	

注：*、**、***分别表示在 10%、5%、1% 水平上显著；括号内是 T 值；限于篇幅，此处省略了 Efficiency 的检验结果；"经验 P 值"是用于检验国有企业与民营企业之间创新绩效系数差异的显著性。

表 7-5 第（1）和（2）列、第（5）和（6）列分别报告了不同产权性质企业基于创新投入（RDR）层面的回归结果。结果显示，在国有企业样本组中 Innovation 的估计系数虽然为负，但在统计上并不显著，而在民营企业样本组中 Innovation 的估计系数至少在 5% 的水平上显著为负，说明增加民营企业创新投入有利于降低股价崩盘风险，而在国有企业中未发现这一现象。与此同时，由组间差异 Chow 检验所得到的"经验 P 值"则进一步证实了组间差异在统计上的显著性：第（1）和（2）列、第（5）和（6）列的组间差异检验对应的"经验 P 值"分别为 0.034、0.023，且在 5% 水平上显著。由此可见，增加创新投入有利于降低股价崩盘风险，而且这一抑制作用在民营企业中更明显。

第 7-5 第（3）和（4）列、第（7）和（8）列分别报告了不同产权性质企业基于创新产出（Patent）层面的回归结果。结果发现，在国有企业样本组中 Innovation 的估计系数虽然为负，但在统计上并不显著，而在民营企业样本组中 Innovation 的估计系数至少在 5% 的水平上显著为负，说明民营企业创新产出的提高有利于降低股价崩盘风险，但在国有企业中未发现这一现象。此外，由组间差异 Chow 检验所得到的"经验 P 值"则进一步证实了组间差异在统计上的显著性：第（3）和（4）列、第（7）和（8）列的组间差异检验对应的"经验 P 值"分别为 0.061、0.019，且分别在 10% 和

5%水平上显著。由此可见，提升创新产出有利于降低股价崩盘风险，而且这一抑制效应在民营企业中更明显。

综上可知，提升企业创新绩效有利于抑制股价崩盘风险，而且这一抑制效应在民营企业中更显著，即研究假设 H7.2 通过检验。其余变量的检验结果也基本符合已有研究结论，此处不再赘述。

2. 产融结合对股价崩盘风险的检验结果：基于产权性质

表 7-6 报告了产融结合对股价崩盘风险的检验结果。其中，第（1）和（4）列分别报告了产融结合对负收益偏态系数（NCSKEW）和收益上下波动比率（DUVOL）的全样本检验结果。结果显示，产融结合（FIN）的估计系数均在 1%的水平上显著为负，说明参股金融机构可以降低股价崩盘风险。

表 7-6 产融结合与股价崩盘风险：基于产权性质

变量	（1）	（2）	（3）	（4）	（5）	（6）
因变量	$NCSKEW_{t+1}$			$DUVOL_{t+1}$		
组别	全样本	国有	民营	全样本	国有	民营
FIN	-0.094*** (-4.93)	-0.056* (-1.71)	-0.102*** (-5.69)	-0.082*** (-7.52)	-0.071 (-1.12)	-0.124*** (-8.25)
NCSKEW/DUVOL	0.041* (1.79)	0.037 (1.13)	0.062 (1.24)	0.039* (1.72)	0.047* (1.81)	0.026 (0.85)
DTURN	-0.426*** (-5.32)	-0.384*** (-4.83)	-0.435*** (-5.69)	-0.325*** (-6.51)	-0.291*** (-4.29)	-0.335*** (-5.58)
SIGMA	5.23*** (12.52)	5.34*** (13.19)	4.82*** (6.76)	4.96*** (5.62)	5.42*** (6.81)	4.29*** (4.59)
WRET	8.36* (1.86)	9.26* (1.74)	7.35 (0.95)	7.96* (1.82)	8.42 (1.57)	7.64 (1.32)
Size	0.075* (1.71)	0.082* (1.78)	0.063 (1.42)	0.059 (1.32)	0.064* (1.71)	0.048 (1.54)
State	0.014* (1.87)			0.009** (2.21)		
MB	0.041** (2.26)	0.042* (1.89)	0.029* (1.77)	0.026* (1.83)	0.032* (1.71)	0.019 (1.46)

续表

变量	(1)	(2)	(3)	(4)	(5)	(6)
因变量	$NCSKEW_{t+1}$			$DUVOL_{t+1}$		
组别	全样本	国有	民营	全样本	国有	民营
LEV	-0.117^{**} (-2.08)	-0.072^{*} (-1.72)	-0.125^{***} (-2.63)	-0.086^{**} (-2.13)	-0.059^{*} (-1.81)	-0.092^{**} (-2.35)
ROA	0.657^{***} (3.82)	0.663^{**} (2.12)	0.491^{*} (1.83)	0.342^{**} (2.04)	0.351^{*} (1.76)	0.294^{*} (1.81)
ACCM	0.132^{***} (3.27)	0.136^{***} (2.84)	0.116^{**} (2.09)	0.124^{**} (2.33)	0.127^{**} (2.12)	0.103^{*} (1.76)
常数项	-0.126^{***} (-2.87)	-0.131^{***} (-2.72)	-0.107^{**} (-2.23)	-0.082^{***} (-2.73)	-0.089^{**} (-2.36)	-0.063^{**} (-2.23)
行业效应	控制	控制	控制	控制	控制	控制
年度效应	控制	控制	控制	控制	控制	控制
N	13762	7225	6537	13762	7225	6537
R^2	0.138	0.134	0.132	0.153	0.148	0.146
F 值	74.23	64.92	69.85	45.82	42.29	43.64
经验 P 值	—	0.046^{**}		—	0.039^{**}	

注：$*$ 、$**$ 、$***$ 分别表示在 10%、5%、1% 水平上显著；括号内是 T 值；"经验 P 值"是用于检验国有企业与民营企业之间 FIN 的系数差异显著性。

表 7 - 6 第（2）（3）（5）（6）列报告了不同产权性质企业产融结合对股价崩盘风险的检验结果。我们发现，第（2）列国有企业样本中产融结合（FIN）的估计系数为 - 0.056，且在 10% 的水平显著，而第（3）列民营企业样本组中产融结合（FIN）的估计系数为 - 0.102，且在 1% 的水平上显著，说明参股金融机构更有利于降低民营企业的负收益偏态系数。此外，第（5）和（6）列的检验结果表明，参股金融机构更有利于降低民营企业的收益上下波动比率。同时，由组间差异 Chow 检验所得到的"经验 P 值"分别为 0.046、0.039，也在统计上支持了这一差异。

事实上，上述结果也不难理解：实体企业参股金融机构更有利于民营企业改善业绩表现，而企业业绩表现越好，越容易引起投资者关注。此外，投资者关注所形成的投资者信息分析能力以及和市场信息解读能力能够减弱利空消息所带来的负面影响，股价不容易出现非理性的暴跌现象（虞义华等，2018），进而有利于降低其股价风险。综上可知，产融结合可以降低股价崩盘风险，而且这一现象在民营企业中更明显，即研究假设 H7.3 和 H7.4 通过检验。

3. 产融结合和创新绩效的交互作用对股价崩盘风险的检验结果

表 7-7 报告了产融结合模式下企业创新绩效对股价崩盘风险影响的检验结果。其中，第（1）（2）（3）列报告了产融结合和创新绩效对负收益偏态系数（NCSKEW）的检验结果。结果显示，创新绩效（Innovation）的估计系数均在 10% 的水平上显著为负，而且交互项（Innovation_FIN）的估计系数至少在 5% 的水平上显著为负，说明参股金融机构可以强化创新绩效对负收益偏态系数的抑制效应。同时，第（4）（5）（6）列报告了产融结合和创新绩效对收益上下波动比率（DUVOL）的检验结果。结果发现，交互项（Innovation_FIN）的估计系数均在 5% 的水平上显著为负，说明参股金融机构可以强化创新绩效对收益上下波动比率的抑制效应。由此可见，产融结合模式下创新绩效的提升有利于降低股价崩盘风险，即产融结合可以强化创新绩效对股价崩盘风险的抑制效应。

表 7-7   产融结合、创新绩效与股价崩盘风险

变量	(1)	(2)	(3)	(4)	(5)	(6)
因变量	$NCSKEW_{t+1}$			$DUVOL_{t+1}$		
解释变量	RDR	Patent	Efficiency	RDR	Patent	Efficiency
Innovation	-1.352* (-1.92)	-0.023* (-1.84)	-0.325* (-1.73)	-1.126 (-1.51)	-0.016* (-1.69)	-0.368* (-1.73)
Innovation_FIN	-0.043** (-2.28)	-0.018** (-2.13)	-0.026*** (-3.39)	-0.079** (-2.06)	-0.051** (-2.14)	-0.063** (-2.42)
FIN	-0.046* (-1.81)	-0.035** (-2.16)	-0.052* (-1.73)	-0.038* (-1.85)	-0.049* (-1.77)	-0.084** (-2.02)
NCSKEW/DUVOL	0.026 (1.45)	0.031* (1.69)	0.127* (1.78)	0.029 (1.51)	0.037* (1.72)	0.026* (1.86)

续表

变量	(1)	(2)	(3)	(4)	(5)	(6)
因变量	NCSKEW$_{t+1}$			DUVOL$_{t+1}$		
解释变量	RDR	Patent	Efficiency	RDR	Patent	Efficiency
DTURN	-0.526***	-0.448***	-0.437***	-0.473***	-0.452***	-0.391***
	(-4.03)	(-3.83)	(-5.64)	(-6.25)	(-4.81)	(-10.56)
SIGMA	3.52***	4.92***	5.12***	4.72***	6.64***	5.75***
	(9.52)	(6.23)	(5.72)	(5.56)	(2.87)	(6.35)
WRET	9.17	11.28*	8.92	7.95*	12.45	7.32
	(1.42)	(1.71)	(0.84)	(1.79)	(1.61)	(1.54)
Size	0.078*	0.046*	0.059	0.064*	0.047*	0.052
	(1.71)	(1.84)	(1.44)	(1.82)	(1.76)	(1.53)
State	0.007*	0.012*	0.016**	0.008*	0.006*	0.019**
	(1.74)	(1.82)	(2.21)	(1.69)	(1.78)	(2.14)
MB	0.021**	0.013*	0.017**	0.031*	0.022**	0.034*
	(2.26)	(1.87)	(2.42)	(1.72)	(2.38)	(1.81)
LEV	-0.067**	-0.042*	-0.051*	-0.094**	-0.112**	-0.107**
	(-2.04)	(-1.72)	(-1.83)	(-2.12)	(-2.03)	(-2.24)
ROA	0.542**	0.481*	0.493**	0.346**	0.248*	0.237*
	(2.12)	(1.69)	(2.08)	(2.25)	(1.79)	(1.81)
ACCM	0.132***	0.128**	0.105**	0.117**	0.109*	0.085*
	(3.25)	(2.51)	(2.24)	(2.02)	(1.71)	(1.84)
常数项	-0.652**	-0.702***	-0.542***	-0.462***	-0.437***	-0.452***
	(-2.18)	(-3.25)	(-3.46)	(-2.92)	(-3.38)	(-3.29)
行业效应	控制	控制	控制	控制	控制	控制
年度效应	控制	控制	控制	控制	控制	控制
N	13762	13762	13762	13762	13762	13762
R^2	0.178	0.176	0.179	0.189	0.187	0.191
F 值	78.52	82.95	81.78	62.86	65.28	68.48

注：*、**、*** 分别表示在 10%、5%、1% 水平上显著；括号内是 T 值。

究其原因：一方面，产融结合具有信息效应等多方面优势，可以降低信息不对称（万良勇等，2015；黎文靖和李茫茫，2017；马红等，2018）。另一方面，实体企业参股金融机构所形成的金融股权关系作为特殊的社会关系，有利于信息共享，降低了实体企业创新的"试错成本"，有利于提升实体企业的创新绩效。而企业创新绩效越好，促使股票具有更好的市场表现，越容易在资本市场上引起投资者关注，而投资者关注可以提高信息处理效率和股价信息含量，最终降低股价崩盘风险（Hutton et al.，2009；Drake et al.，2012；张继德等，2014；虞义华等，2018）。综上可知，研究假设 H7.5 通过检验。

接下来，我们将进一步检验产融结合模式下创新绩效对股价崩盘风险的影响在不同产权性质企业中的差异。为此，我们在基准模型（7.8）的基础上，进一步依据产权性质将全样本划分为国有企业与民营企业两个子样本，检验结果如表 7－8 所示。

表 7－8　　产融结合、创新绩效与股价崩盘风险：基于产权性质

变量	(1)	(2)	(3)	(4)	(5)	(6)	(7)	(8)
因变量	$NCSKEW_{t+1}$				$DUVOL_{t+1}$			
解释变量	RDR	RDR	Patent	Patent	RDR	RDR	Patent	Patent
组别	国有	民营	国有	民营	国有	民营	国有	民营
Innovation	-0.582* (-1.72)	-1.528* (-1.78)	-0.019 (-1.42)	-0.052** (-2.42)	-0.604 (-1.42)	-1.371** (-2.25)	-0.022 (-1.34)	-0.061* (-1.87)
Innovation_FIN	-0.032 (-1.36)	-0.021** (-2.09)	-0.037 (-1.29)	-0.041** (-2.36)	-0.057 (-1.21)	-0.048*** (-2.75)	-0.038 (-1.42)	-0.067** (-2.35)
FIN	-0.047* (-1.87)	-0.102** (-2.24)	-0.052* (-1.77)	-0.115** (-2.13)	-0.056 (-0.98)	-0.092* (-1.72)	-0.072 (-1.27)	-0.131** (-2.45)
NCSKEW/DUVOL	0.016 (1.47)	0.022 (1.53)	0.029 (1.05)	0.046* (1.76)	0.048 (1.35)	0.038 (0.96)	0.028 (1.25)	0.023 (1.32)
DTURN	-0.396** (-2.42)	-0.536*** (-3.83)	-0.378* (-1.72)	-0.482** (-2.32)	-0.375*** (-4.82)	-0.463*** (-5.23)	-0.423*** (-3.85)	-0.458*** (-4.19)
SIGMA	4.12*** (4.78)	5.85*** (7.46)	3.86*** (3.73)	5.29*** (3.19)	4.58*** (4.26)	6.36*** (3.79)	9.35*** (7.26)	6.68*** (6.39)
WRET	12.62 (1.56)	9.85 (1.42)	15.28 (1.29)	8.26 (1.45)	7.26 (1.38)	7.58 (0.96)	9.35 (1.48)	8.16 (1.54)
Size	0.122* (1.74)	0.052 (1.46)	0.089* (1.85)	0.049 (1.34)	0.082* (1.82)	0.045 (1.38)	0.048* (1.81)	0.031 (1.21)

续表

变量	(1)	(2)	(3)	(4)	(5)	(6)	(7)	(8)
因变量	$NCSKEW_{t+1}$				$DUVOL_{t+1}$			
解释变量	RDR	RDR	Patent	Patent	RDR	RDR	Patent	Patent
组别	国有	民营	国有	民营	国有	民营	国有	民营
MB	0.041** (2.25)	0.022* (1.82)	0.034** (2.31)	0.018* (1.89)	0.035* (1.78)	0.019 (1.45)	0.021* (1.74)	0.009* (1.84)
LEV	−0.039** (−2.26)	−0.068* (−1.81)	−0.031* (−1.75)	−0.064** (−2.29)	−0.082** (−2.19)	−0.126** (−2.45)	−0.079** (−2.36)	−0.138* (−1.85)
ROA	0.785*** (5.32)	0.646** (2.03)	0.545** (2.26)	0.581* (1.82)	0.348** (2.18)	0.276* (1.75)	0.269** (2.08)	0.256* (1.78)
ACCM	0.153*** (3.48)	0.094*** (2.76)	0.142** (2.24)	0.102* (1.82)	0.129** (2.46)	0.089* (1.72)	0.119*** (3.85)	0.075** (2.37)
常数项	−0.426** (−2.13)	−0.652*** (−3.49)	−0.565* (−1.75)	−0.576** (−2.08)	−0.472** (−2.36)	−0.556** (−2.08)	−0.398** (−2.19)	−0.547*** (−3.29)
行业效应	控制	控制	控制	控制	控制	控制	控制	控制
年度效应	控制	控制	控制	控制	控制	控制	控制	控制
N	7225	6537	7225	6537	7225	6537	7225	6537
R^2	0.179	0.174	0.178	0.171	0.189	0.182	0.188	0.182
F 值	73.55	74.23	83.25	76.19	56.45	64.25	66.22	62.84
经验 P 值	0.039**		0.056*		0.029**		0.015**	

注：*、**、*** 分别表示在10%、5%、1%水平上显著；括号内是 T 值；限于篇幅，省略了 Efficiency 的检验结果；"经验 P 值"是用于检验国有企业与民营企业之间交互项的系数差异显著性。

表 7 - 8 第（1）和（2）列、第（5）和（6）列报告了不同产权性质企业基于创新投入（RDR）层面的回归结果。结果显示，在国有企业样本组中交互项（Innovation_FIN）的估计系数虽然为负，但在统计上并不显著，而在民营企业样本组中交互项（Innovation_FIN）的估计系数至少在5%的水平上显著为负，说明参股金融机构能够强化民营企业创新投入对股价崩盘风险的抑制效应，而在国有企业中未发现这一现象。同时，由组间差异 Chow 检验所得到的"经验 P 值"进一步证实了组间差异在统计上的显著性。

表 7 - 8 第（3）和（4）列、第（7）和（8）列报告了不同产权性质

企业基于创新产出（Patent）层面的回归结果。结果发现，在国有企业样本组中交互项（Innovation_FIN）的估计系数虽然为负，但在统计上并不显著，而在民营企业样本组中交互项（Innovation_FIN）的估计系数均在5%的水平上显著为负，说明参股金融机构能够强化民营企业创新产出对股价崩盘风险的抑制效应，而在国有企业中未发现这一现象。此外，由组间差异 Chow 检验所得到的"经验 P 值"则进一步证实了组间差异在统计上的显著性。

综上可知，产融结合可以强化企业创新绩效对股价崩盘风险的抑制效应，而且这一抑制效应在民营企业中更显著，即研究假设 H7.6 通过检验。其余变量的检验结果也基本符合已有研究结论，此处不再赘述。

7.4.4   产融结合与创新绩效影响股价同步性的检验结果分析

1. 创新绩效对股价同步性的检验结果

表 7 - 9 报告了企业创新绩效对股价同步性的检验结果。其中，第（1）列和（2）列报告了创新绩效对股价同步性（SYNCH）的全样本检验结果。结果显示，创新绩效（Innovation）的估计系数至少在5%的水平上显著为负，说明提升创新绩效可以降低股价同步性。事实上，这一结果也不难解释：企业创新绩效越好，越容易在资本市场上吸引投资者关注，而投资者关注能够有效提升信息处理效率和股价信息含量（Drake et al.，2012；李小晗和朱红军，2011；虞义华等，2018），并能够促使股价充分反映公司特质信息，进而降低股价同步性（伊志宏等，2019）。因此，本章的研究假设 H7.1 再次通过检验。

表 7 - 9   创新绩效与股价同步性

变量	(1)	(2)	(3)	(4)	(5)	(6)
因变量	SYNCH					
解释变量	RDR	Patent	RDR	RDR	Patent	Patent
组别	全样本	全样本	国有	民营	国有	民营
Innovation	-2.813^{**} (-2.35)	-0.273^{***} (-4.46)	-0.976 (-1.41)	-2.943^{***} (-3.28)	-0.196^{*} (-1.72)	-0.286^{***} (-3.89)

续表

变量	(1)	(2)	(3)	(4)	(5)	(6)
因变量	SYNCH					
解释变量	RDR	Patent	RDR	RDR	Patent	Patent
组别	全样本	全样本	国有	民营	国有	民营
Size	0.224*** (21.19)	0.196*** (22.56)	0.236*** (24.38)	0.185*** (17.36)	0.205*** (18.65)	0.179*** (15.81)
State	0.084** (2.11)	0.068* (1.74)				
LEV	−0.656*** (−14.78)	−0.628*** (−12.41)	−0.635*** (−11.79)	−0.587*** (−12.19)	−0.614*** (−9.36)	−0.593*** (−8.19)
LNAGE	−0.012* (−1.72)	−0.015** (−2.23)	−0.006 (−1.36)	−0.013** (−2.04)	−0.004 (−1.25)	−0.018** (−2.21)
SHC	−0.486*** (−5.71)	−0.478*** (−5.42)	−0.382*** (−4.23)	−0.495*** (−5.17)	−0.394*** (−3.76)	−0.486*** (−4.42)
Index	−0.003* (−1.69)	−0.001 (−1.38)	−0.002 (−1.46)	−0.005* (−1.74)	−0.003 (−1.52)	−0.004* (−1.71)
常数项	−0.936*** (−12.78)	−0.892*** (−11.93)	−0.925*** (−8.96)	−0.782*** (−9.46)	−1.028*** (−8.39)	−0.972*** (−7.93)
行业效应	控制	控制	控制	控制	控制	控制
年度效应	控制	控制	控制	控制	控制	控制
N	13762	13762	7225	6537	7225	6537
R^2	0.287	0.226	0.289	0.278	0.229	0.226
F 值	94.18	82.68	95.26	87.15	84.52	79.63
经验 P 值	—	—	0.042**		0.034**	

注：*、**、*** 分别表示在10%、5%、1%水平上显著；括号内是 T 值；限于篇幅，省略了 Efficiency 的检验结果；"经验 P 值"是用于检验国有企业与民营企业之间 Innovation 的系数差异显著性。

控制变量方面，我们发现，资产负债率（LEV）和股权集中度（SHC）的估计系数均在1%的水平上显著为负，这表明企业负债水平越高，股权越集中，其股价同步性越低，这可能是因为债权人的外部监督以及大股东的内部监督发挥了积极的公司治理作用，抑制了管理层"捂盘"动机。此外，其他变量的估计结果与伊志宏等（2019）等已有研究基本一致，说明本书模型设定合理。此处不再赘述。

接下来，我们将进一步检验产融结合模式下创新绩效对股价同步性的影响在不同产权性质企业中的差异。为此，我们在基准模型（7.9）的基础上，进一步依据产权性质将全样本划分为国有企业与民营企业两个子样本，检验结果如表 7 - 9 所示。

表 7 - 9 第（3）和（4）列报告了不同产权性质企业基于创新投入（RDR）层面的回归结果。结果显示，在国有企业样本组中创新投入（RDR）的估计系数虽然为负，但在统计上并不显著，而在民营企业样本组中创新投入（RDR）的估计系数在 1% 的水平上显著为负，说明民营企业创新投入的增加有利于降低股价同步性，而在国有企业中未发现这一现象。类似地，第（5）和（6）列报告了不同产权性质企业基于创新产出（Patent）层面的回归结果。结果发现，尽管国有企业样本组中创新产出（Patent）的估计系数在 10% 的显著性水平为负，但民营企业样本组中创新产出（Patent）的估计系数在 1% 的水平上显著为负，说明创新产出对股价同步性的抑制效应在民营企业中更显著。与此同时，由组间差异 Chow 检验所得到的"经验 P 值"则进一步证实了组间差异在统计上的显著性。综上可知，提升创新绩效更有利于降低民营企业的股价同步性。因此，研究假设 H7.2 再次得到证实。

2. 产融结合对股价同步性的检验结果

表 7 - 10 报告了产融结合对股价同步性的检验结果。其中，第（1）和（2）列报告了产融结合对股价同步性（SYNCH）的全样本检验结果。结果显示，产融结合（FIN）的估计系数均在 1% 的水平上显著为负，说明参股金融机构可以降低股价同步性。

表 7 - 10　　　　　　　　　产融结合与股价同步性

变量	（1）	（2）	（3）	（4）
因变量	SYNCH	SYNCH	SYNCH	SYNCH
组别	全样本	全样本	国有	民营
FIN	-0.842*** （-7.25）	-0.728*** （-6.82）	-0.615 （-1.48）	-0.756*** （-7.24）

续表

变量	(1)	(2)	(3)	(4)
因变量	SYNCH	SYNCH	SYNCH	SYNCH
组别	全样本	全样本	国有	民营
Size		0.215*** (18.36)	0.189*** (16.73)	0.192*** (14.81)
State		0.016* (1.79)		
LEV		-0.572*** (-12.38)	-0.494*** (-8.45)	-0.618*** (-13.36)
LNAGE		-0.009** (-2.12)	-0.012 (-1.52)	-0.007* (-1.72)
SHC		-0.472*** (-6.13)	-0.381* (-1.72)	-0.529*** (-5.42)
Index		-0.004* (-1.73)	-0.003 (-1.47)	-0.006* (-1.85)
常数项	-3.425*** (-9.86)	-1.329*** (-7.58)	-0.915*** (-8.94)	-1.429*** (-12.85)
行业效应	控制	控制	控制	控制
年度效应	控制	控制	控制	控制
N	13762	13762	7225	6537
R^2	0.212	0.219	0.216	0.219
F 值	61.28	74.81	69.56	75.68
经验 P 值	—	—	0.031**	

注: * 、 ** 、 *** 分别表示在 10% 、5% 、1% 水平上显著；括号内是 T 值；"经验 P 值"是用于检验国有企业与民营企业之间 FIN 系数差异的显著性。

表 7 – 10 第 (3) 和 (4) 列报告了不同产权性质企业产融结合对股价同步性的检验结果。我们发现，第 (3) 列国有企业样本中产融结合（FIN）的估计系数为 - 0.615，但在统计上不显著，而第 (4) 列民营企业样本组中产融结合（FIN）的估计系数为 - 0.756，且在 1% 的水平上显著，说明参股金融机构更有利于降低民营企业的股价同步性。同时，由组间差异 Chow 检验所得到的"经验 P 值"分别为 0.031，也在统计上支持了这一差异。综

上可知，产融结合可以降低股价同步性，而且这一现象在民营企业中更明显，即研究假设 H7.3 和 H7.4 再次通过检验。

3. 产融结合和创新绩效的交互作用对股价同步性的检验结果

表 7 - 11 报告了产融结合模式下企业创新绩效对股价同步性影响的检验结果。其中，第（1）和（2）列报告了产融结合和创新绩效对股价同步性的全样本检验结果。结果显示，创新绩效（Innovation）的估计系数均在 10% 的水平上显著为负，而且交互项（Innovation_FIN）的估计系数均在 5% 的水平上显著为负，说明参股金融机构可以强化创新绩效对股价同步性的抑制效应。

表 7 - 11　　　　　　　　　　产融结合、创新绩效与股价同步性

变量	（1）	（2）	（3）	（4）	（5）	（6）
因变量	SYNCH	SYNCH	SYNCH	SYNCH	SYNCH	SYNCH
解释变量	RDR	Patent	RDR	RDR	Patent	Patent
组别	全样本	全样本	国有	民营	国有	民营
Innovation	-2.418* (-1.69)	-0.249** (-2.01)	-0.915 (-1.41)	-2.627** (-2.19)	-0.186 (-1.39)	-0.256** (-2.26)
Innovation_FIN	-0.115** (-2.39)	-0.108** (-2.15)	-0.094 (-1.52)	-0.117** (-2.24)	-0.075 (-1.19)	-0.112** (-2.45)
FIN	-0.672** (-2.06)	-0.582* (-1.76)	-0.582 (-1.34)	-0.476* (-1.73)	-0.487 (-1.46)	-0.591* (-1.86)
Size	0.216*** (19.72)	0.189*** (17.56)	0.218*** (21.45)	0.179*** (18.32)	0.186*** (17.65)	0.167*** (14.18)
State	0.079* (1.82)	0.061* (1.79)				
LEV	-0.581*** (-11.26)	-0.576*** (-9.19)	-0.626*** (-11.61)	-0.572*** (-12.38)	-0.594*** (-8.93)	-0.584*** (-7.91)
LNAGE	-0.009* (-1.81)	-0.016** (-2.03)	-0.007 (-1.31)	-0.012* (-1.72)	-0.009 (-1.45)	-0.021 (-1.57)
SHC	-0.462*** (-4.85)	-0.469*** (-5.16)	-0.369*** (-3.78)	-0.452*** (-3.53)	-0.385*** (-3.43)	-0.459*** (-2.98)
Index	-0.003* (-1.72)	-0.011* (-1.81)	-0.001 (-1.48)	-0.006* (-1.85)	-0.003 (-1.37)	-0.004* (-1.89)

续表

变量	（1）	（2）	（3）	（4）	（5）	（6）
因变量	SYNCH	SYNCH	SYNCH	SYNCH	SYNCH	SYNCH
解释变量	RDR	Patent	RDR	RDR	Patent	Patent
组别	全样本	全样本	国有	民营	国有	民营
常数项	-0.924^{***} （-11.72）	-0.784^{***} （-9.56）	-0.849^{***} （-9.12）	-0.685^{***} （-7.52）	-0.982^{***} （-8.26）	-0.843^{***} （-7.86）
N	13762	13762	7225	6537	7225	6537
R^2	0.291	0.231	0.293	0.289	0.232	0.229
F 值	102.18	84.68	103.25	98.19	84.92	79.68
经验 P 值	—	—	0.026**		0.039**	

注：*、**、*** 分别表示在 10%、5%、1% 水平上显著；括号内是 T 值；行业年度效应均已控制；"经验 P 值" 是用于检验国有企业与民营企业之间交互项的系数差异显著性。

表 7 – 11 第（3）和（4）列报告了产融结合和创新投入对不同产权性质企业股价同步性的检验结果。结果发现，第（3）列的国有企业样本组中交互项（Innovation_FIN）的估计系数虽然为负，但在统计上并不显著，而在第（4）列的民营企业样本组中交互项（Innovation_FIN）的估计系数在 5% 的水平上显著为负，说明参股金融机构可强化民营企业创新投入对股价同步性的抑制效应，而在国有企业中未发现这一现象。第（5）和（6）列报告了产融结合和创新产出对不同产权性质企业股价同步性的检验结果。结果发现，第（5）列的国有企业样本组中交互项（Innovation_FIN）的估计系数虽然为负，但在统计上并不显著，而在第（6）列的民营企业样本组中交互项（Innovation_FIN）的估计系数在 5% 的水平上显著为负，说明参股金融机构可强化民营企业创新产出对股价同步性的抑制效应，而在国有企业中未发现这一现象。此外，由组间差异 Chow 检验所得到的 "经验 P 值" 则进一步证实了组间差异在统计上的显著性。

综上可知，产融结合可以强化企业创新绩效对股价同步性的抑制效应，而且这一抑制效应在民营企业中更显著，即研究假设 H7.5 和假设

H7.6 再次得到证实。其余变量的检验结果也基本符合已有研究结论，此处不再赘述。

7.4.5　基于投资者关注视角的机制检验

正如前文理论分析部分所阐述，企业创新活动主要是通过吸引投资者关注这一作用路径来影响股价风险。接下来，我们将对此展开进一步的实证检验。

现有研究表明，分析师对创新性企业的偏好具有信号显示作用，有利于吸引投资者关注。出于职业晋升以及获取超额收益的考量，分析师倾向于追踪创新性企业（徐欣和唐清泉，2010；Barth et al.，2001；周铭山等，2017）。然而，现实中投资者通常难以有效识别企业创新活动，这就决定了投资者往往会依赖于分析师的研究报告来深入了解企业创新行为。基于上述分析，我们借鉴周铭山等（2017）的研究思路，选取分析师追踪人数作为投资关注（LANT）的代理变量，并利用巴伦（Baron and Kenny，1986）提出的中介效应检验法进行机制检验，具体检验结果如表 7 - 12 所示。

表 7 - 12　　　　创新绩效、投资者关注与股价风险：机制检验

Panel A：创新投入、投资者关注与股价风险：中介机制检验							
变量	(1)	(2)	(3)	(4)	(5)	(6)	(7)
因变量	NCSKEW	DUVOL	SYNCH	LANT	NCSKEW	DUVOL	SYNCH
RDR	-1.845** (-2.29)	-1.482** (-2.15)	-2.813** (-2.35)	8.382** (2.28)	-1.058 (-1.32)	-0.965 (-1.14)	-1.725 (-1.27)
LANT					-0.132** (-2.01)	-0.118* (-1.73)	-0.146** (-2.36)
控制变量、年度、行业效应均已控制							
R^2	0.167	0.185	0.287	0.232	0.175	0.196	0.295
F 值	76.35	57.28	94.18	63.81	77.22	62.48	96.83

续表

变量	（1）	（2）	（3）	（4）	（5）	（6）	（7）
			Panel B：创新产出、投资者关注与股价风险：中介机制检验				
因变量	NCSKEW	DUVOL	SYNCH	LANT	NCSKEW	DUVOL	SYNCH
Patent	−0.035***	−0.027**	−0.273***	0.926***	−0.023*	−0.016	−0.135*
	（−4.51）	（−2.06）	（−4.46）	（5.86）	（−1.71）	（−1.42）	（−1.83）
LANT					−0.216**	−0.172**	−0.165**
					（−2.03）	（−2.43）	（−2.29）
				控制变量、年度、行业效应均已控制			
N	13762	13762	13762	13762	13762	13762	13762
R^2	0.172	0.182	0.226	0.327	0.184	0.186	0.235
F 值	81.49	56.42	82.68	45.19	82.22	57.26	85.43

注：*、**、*** 分别表示在 10%、5%、1% 水平上显著；括号内是 T 值。

表 7 - 12 Panel A 报告了创新投入与投资者关注对股价风险的中介机制检验结果。第（4）列结果显示，增加创新投入能够明显引起投资者关注。第（5）～（7）列结果显示，当将创新投入（RDR）和投资者关注（LANT）同时放入模型中时，我们发现创新投入（RDR）估计系数的显著性水平和绝对值均显著降低，这说明投资者关注在创新投入与股价风险的影响关系中扮演了部分中介的角色，即创新投入降低股价风险确实是通过投资者关注这一路径实现的。

表 7 - 12 Panel B 报告了创新产出与投资者关注对股价风险的中介机制检验结果。第（4）列结果显示，创新产出的提升有利于引起投资者关注。第（5）～（7）列结果显示，当将创新产出（Patent）和投资者关注（LANT）同时放入模型中时，我们发现创新产出（Patent）估计系数的显著性水平和绝对值均显著降低，这说明投资者关注在创新产出与股价风险的影响关系中扮演了部分中介的角色，即创新产出降低股价风险确实是通过投资者关注这一路径实现的。

综上可知，提升创新绩效有利于降低股价风险是通过吸引投资者关注来实现的。至此，本章的中介机制检验得以证实。

7.4.6　稳健性检验

前文的实证分析中对核心变量股价风险和创新绩效均采用了多个指标进行度量，这在一定程度上缓解了测量误差所造成的内生性问题。同时，我们在模型（7.6）、模型（7.7）和模型（7.8）中使用超前—滞后项，这可以有效缓解互为因果的联立性问题。因此，后文的稳健性检验主要涉及样本"自选择"问题以及遗漏变量问题，旨在增强研究结论的可靠性。

1. 关于"样本自选择"内生性问题的处理

为了规避因截面上公司自身特征而非创新投资活动所产生的经济后果影响，比如，股价风险较低的企业可能自身资质较好，竞争力比较强，而这类企业的自主研发能力通常也较强。因此，我们采用倾向得分匹配法（PSM）处理可能存在的"样本自选择"问题。首先，利用倾向得分匹配法（PSM）构建配对样本，借鉴黎文靖和李茫茫（2017）、虞义华等（2018）等已有研究文献，选定能够反映公司特征和公司治理层面的相关变量作为匹配依据，构建模型（7.12）进行 Logit 回归，借助最近邻匹配法测算出倾向得分值，据此筛选出配对样本。其中，模型（7.12）的具体形式如下：

$$\begin{aligned}
\text{Innovation\_dum}_{i,t} = {} & \beta_0 + \beta_1 \text{ROA}_{i,t} + \beta_2 \text{LEV}_{i,t} + \beta_3 \text{Size}_{i,t} \\
& + \beta_4 \text{Growth}_{i,t} + \beta_5 \text{Cash}_{i,t} + \beta_6 \text{SHC}_{i,t} \\
& + \beta_7 \text{SALESP}_{i,t} + \beta_8 \text{FIXED}_{i,t} + \beta_9 \text{Sub}_{i,t} \\
& + \beta_{10} \text{ETR}_{i,t} + \sum \text{Year} + \sum \text{Id} + \varepsilon_{i,t} \quad (7.12)
\end{aligned}$$

其中，因变量 Innovation_dum 是虚拟变量，如果企业当年存在研发投资活动，则取 1；否则取 0。同时，参考黎文靖和李茫茫（2017）、虞义华等（2018）等学者的相关研究，选取以下能够反映关键因素作为特征变量，主要包括：员工劳动生产率（SALESP），采用企业员工人均营业收入的自然对数度量；企业资本密度（FIXED），采用上市公司人均固定资产净额的自然对数度量；还有总资产收益率（ROA）、财务杠杆（LEV）、企业规模（Size）、企业成长性（Growth）、股权集中度（SHC）；现金流量（Cash），采用经营活动现金流净额与总资产之比度量；政府补贴（Sub），采用上一年度政府补助除以总资产衡量；税收优惠（ETR），采用（所得税费用减去递延所得税）与息税前利润之比衡量。此外，各个变量的具体定义同前文。

其次，在筛选出配对样本的基础上，进一步利用配对样本重新回归模型（7.6）、模型（7.7）、模型（7.8），基于配对样本的检验结果如表 7-13 所示。基于配对样本的检验结果显示，产融结合模式下提升创新绩效更有利于降低民营企业股价崩盘风险。由此可见，控制企业主要特征变量的差异后，基于配对样本的检验结果未发生实质性变化，说明基于全样本所得到的研究结论是稳健的。

表 7-13　　　产融结合、创新绩效与股价崩盘风险：PSM 检验

Panel A：产融结合、创新绩效与股价崩盘风险：主检验						
变量	(1)	(2)	(3)	(4)	(5)	(6)
因变量	$NCSKEW_{t+1}$			$DUVOL_{t+1}$		
解释变量	RDR	Patent	Efficiency	RDR	Patent	Efficiency
组别	全样本	全样本	全样本	全样本	全样本	全样本
Innovation	-1.524*** (-3.52)	-0.028*** (-4.79)	-0.453*** (-5.31)	-1.185*** (-2.89)	-0.034*** (-2.87)	-0.419*** (-3.57)
控制变量、行业年度效应均已控制						
N	13472	13472	13472	13472	13472	13472
R^2	0.171	0.175	0.178	0.184	0.185	0.189
F 值	78.59	82.95	69.82	56.89	57.39	62.58

Panel B：产融结合、创新绩效与股价崩盘风险：分组检验							
变量	(1)	(2)	(3)	(4)	(5)	(6)	(7)	(8)
因变量	$NCSKEW_{t+1}$				$DUVOL_{t+1}$			
解释变量	RDR	RDR	Patent	Patent	RDR	RDR	Patent	Patent
组别	国有	民营	国有	民营	国有	民营	国有	民营
Innovation	-0.546 (-1.25)	-1.228** (-2.06)	-0.023 (-1.28)	-0.049* (-1.78)	-0.589 (-1.26)	-1.131* (-1.73)	-0.019 (-1.27)	-0.057* (-1.71)
Innovation_FIN	-0.028 (-1.42)	-0.019* (-1.78)	-0.039 (-0.93)	-0.046** (-2.48)	-0.051 (-1.32)	-0.042** (-2.36)	-0.032 (-1.34)	-0.072** (-2.49)
FIN	-0.039* (-1.74)	-0.094** (-2.38)	-0.053* (-1.69)	-0.119* (-1.75)	-0.062 (-1.28)	-0.082* (-1.87)	-0.068 (-1.32)	-0.083* (-1.74)

续表

Panel B：产融结合、创新绩效与股价崩盘风险：分组检验								
变量	（1）	（2）	（3）	（4）	（5）	（6）	（7）	（8）
因变量	$NCSKEW_{t+1}$				$DUVOL_{t+1}$			
解释变量	RDR	RDR	Patent	Patent	RDR	RDR	Patent	Patent
组别	国有	民营	国有	民营	国有	民营	国有	民营
控制变量、行业年度效应均已控制								
N	7044	6428	7044	6428	7044	6428	7044	6428
R^2	0.181	0.176	0.179	0.173	0.192	0.184	0.189	0.185
F 值	73.96	75.38	85.87	77.56	57.45	65.79	67.86	65.72
经验 P 值	0.034**		0.042**		0.026**		0.017**	

注：*、**、*** 分别表示在10%、5%、1%水平上显著；括号内是 T 值；"经验 P 值"是用于检验国有企业与民营企业之间交互项的系数差异显著性。

最后，在筛选出配对样本的基础上，进一步利用配对样本重新回归模型（7.9）~模型（7.11），基于配对样本的检验结果如表 7-14 所示。基于配对样本的检验结果显示，产融结合模式下提升创新绩效更有利于降低民营企业股价同步性。由此可见，控制企业主要特征变量的差异后，基于配对样本的检验结果未发生实质性变化，说明基于全样本所得到的研究结论是稳健的。

表 7-14   产融结合、创新绩效与股价同步性：PSM 检验

Panel A：创新绩效与股价同步性						
变量	（1）	（2）	（3）	（4）	（5）	（6）
因变量	SYNCH	SYNCH	SYNCH	SYNCH	SYNCH	SYNCH
解释变量	RDR	Patent	RDR	RDR	Patent	Patent
组别	全样本	全样本	国有	民营	国有	民营
Innovation	-2.467*** （-3.46）	-0.248*** （-5.29）	-0.842 （-1.36）	-2.389*** （-3.47）	-0.168* （-1.84）	-0.247*** （-3.79）

续表

变量	(1)	(2)	(3)	(4)	(5)	(6)
Panel A：创新绩效与股价同步性						
因变量	SYNCH	SYNCH	SYNCH	SYNCH	SYNCH	SYNCH
解释变量	RDR	Patent	RDR	RDR	Patent	Patent
组别	全样本	全样本	国有	民营	国有	民营
控制变量、行业年度效应均已控制						
N	13472	13472	7044	6428	7044	6428
R^2	0.286	0.228	0.291	0.279	0.231	0.224
F 值	95.63	87.34	89.62	88.23	82.91	82.35
经验 P 值	—	—	0.037**		0.054*	
Panel B：产融结合、创新绩效与股价同步性						
变量	(1)	(2)	(3)	(4)	(5)	(6)
因变量	SYNCH	SYNCH	SYNCH	SYNCH	SYNCH	SYNCH
解释变量	RDR	Patent	RDR	RDR	Patent	Patent
组别	全样本	全样本	国有	民营	国有	民营
Innovation	−2.236* (−1.72)	−0.237* (−1.82)	−0.846 (−1.52)	−1.825* (−1.78)	−0.175 (−1.07)	−0.239* (−1.78)
Innovation−FIN	−0.106** (−2.42)	−0.089*** (−2.84)	−0.078 (−1.43)	−0.125** (−2.46)	−0.061 (−1.25)	−0.132*** (−3.52)
FIN	−0.572* (−1.85)	−0.594* (−1.72)	−0.543 (−1.29)	−0.448* (−1.84)	−0.436 (−1.13)	−0.558* (−1.79)
控制变量、行业年度效应均已控制						
N	13472	13472	7044	6428	7044	6428
R^2	0.289	0.232	0.295	0.289	0.231	0.227
F 值	98.45	87.29	107.52	83.69	79.25	91.83
经验 P 值	—	—	0.017**		0.023**	

注：*、**、***分别表示在10%、5%、1%水平上显著；括号内是 T 值；"经验 P 值"是用于检验国有企业与民营企业之间交互项的系数差异显著性。

2. 关于遗漏重要变量内生性的处理

毋庸置疑，影响企业股价风险的因素众多，这意味着模型（7.6）～模型（7.11）的设定中可能存在遗漏重要变量的问题。为此，我们选取注册地处于同一地级市的所有上市公司创新投入的年度均值（Innovation_LOCAL）、属于同一行业的所有上市公司创新投入的行业均值（Innovation_IND）作为工具变量。事实上，地理位置邻近、行业属性相似的企业所面临的外部环境以及行业特征比较相似，进而导致企业之间的创新投资决策彼此相互影响，具有一定的趋同性。这表明，对于处于相同区域或行业门类相同的企业，其创新投入的平均水平与单个企业的创新投入密切相关，但不会直接影响到单个企业。因此，从单个企业层面上讲，创新投入的年度均值（Innovation_LOCAL）和行业均值（Innovation_IND）满足外生性与相关性条件。

表7-15中Panel A报告的结果表明，创新投入的年度均值（Innovation_LOCAL）和行业均值（Innovation_IND）均与创新投入（RDR）显著正相关。同时，"弱工具"变量检验结果显示，Shea's partial R^2达到37.8%，F值为532.71，远大于经验值10，p值接近于0，说明拒绝原假设，即不存在"弱工具"变量问题。表7-15中Panel B报告的结果表明，Hansen J统计量的p值均显著大于10%，说明接受"所有工具变量是外生的"原假设。由此可见，我们选取的工具变量是有效的。此外，不难发现，基于工具变量法的检验结果与本章前部分检验结果基本一致，故本章研究结论是可靠的。

表7-15   产融结合、创新绩效与股价风险：工具变量法

Panel A：第一阶段（限于篇幅，省略控制变量的回归结果）	
因变量（RDR）	
Innovation_LOCAL	0.225** (2.17)
Innovation_IND	0.158*** (4.23)

弱工具变量检验（H0：工具变量在第一阶段回归中的系数都为0）：Shea's partial R^2 = 0.378；F = 532.71；p = 0.002

续表

			Panel B：第二阶段			
变量	（1）	（2）	（3）	（4）	（5）	（6）
因变量	NCSKEW	NCSKEW	DUVOL	DUVOL	SYNCH	SYNCH
组别	国有	民营	国有	民营	国有	民营
PRDR	−0.546 （−1.42）	−1.214** （−2.29）	−0.623 （−1.34）	−1.183* （−1.76）	−0.792 （−1.37）	−1.962** （−2.31）
PRDR_FIN	−0.045 （−1.16）	−0.032** （−2.42）	−0.029 （−1.42）	−0.052** （−2.36）	−0.072 （−1.43）	−0.131*** （−2.87）
FIN	−0.064** （−2.17）	−0.084* （−1.74）	−0.037 （−1.26）	−0.112* （−1.71）	−0.516* （−1.78）	−0.425 （−1.42）
			限于篇幅，控制变量结果省略			
N	13762	13762	13762	13762	13762	13762
R^2	0.182	0.178	0.192	0.186	0.231	0.295
Wald 值	95.52	86.38	63.52	68.52	115.46	103.98
		过度识别检验（H0：所有工具变量都是外生的）				
Hansen J 值	0.426	0.473	0.845	0.535	0.464	0.489
P 值	0.398	0.419	0.589	0.462	0.428	0.643

注：*、**、***分别表示在 10%、5%、1% 水平上显著；括号内是 T 值；行业、年度效应已控制；PRDR 表示第一阶段所得到的创新投入（RDR）的预测变量。

3. 其他稳健性检验

为增强研究结论的稳健性，本章还做了如下敏感性分析：（1）变更产融结合的度量方法，采用连续变量衡量，即根据实体企业参股金融机构的实际持股比例衡量变量 FIN，以此为解释变量，重新估计原有模型；（2）鉴于我国的产融结合模式是以实体企业参股商业银行为主，为此我们采用实体企业是否参股商业银行的虚拟变量作为产融结合的代理变量，如果参股商业银行，则取 1，否则取 0，重新估计模型（7.1）和模型（7.2）；（3）鉴于企业创新的长周期特征，同时为检验产融结合对企业创新能力影响的持续性，借鉴科尔纳贾（Cornaggia et al.，2015）和王超恩等（2016）的做法，将第 T 期至 T+2 期专利申请数依次加总，以此为解释变量，重新估计原有模型；

（4）将专利申请数小于 1 的样本剔除，使用 OLS 法重新估计原有模型。按照上述度量方式重新回归了原有模型，我们发现以上检验结果未发生实质性差异。由此可见，前文研究结论是可靠的。限于篇幅，上述稳健性检验结果未报告，留存备索。

7.5   本章小结

党的十九大报告明确提出，新时代我国金融发展与建设的方向为"深化金融体制改革，增强金融服务于实体经济的能力"。诚然，唯有股价能够充分反映公司特质信息，金融市场才能合理配置资源，进而服务于实体经济（伊志宏等，2019）。与此同时，我国积极推进企业创新的时代背景下，作为资本市场关注的焦点，创新性企业在资本市场上极易引起投资者关注，进而提高信息解读效率和股价信息含量（李小晗和朱红军，2011；Drake et al.，2012；虞义华等，2018）。由此可见，产融结合模式下企业创新投资活动会对资本市场信息传递效率产生影响。因此，遵循这一逻辑，本章系统考察了创新投资活动在产融结合模式下对实体企业股价风险产生的影响，并嵌入产权性质这一特殊制度特征，进一步考察了上述影响在不同产权性质企业中的差异，同时利用 2008～2017 年沪深两市 A 股上市公司的相关数据进行实证检验。

实证结果发现：（1）提升创新绩效有利于抑制股价风险，而且这一抑制效应在民营企业中更显著；（2）产融结合可以抑制股价风险，而且产融结合可以强化创新绩效对股价风险的抑制效应，同时这一现象在民营企业中更明显。结果表明，产融结合模式下提升创新绩效更有利于降低民营企业股价风险。在此基础上，进一步从投资者关注角度进行了中介机制检验，研究发现：提升创新绩效有利于降低股价风险主要是通过吸引投资者关注来实现的。上述结论经过一系列稳健性检验后，依然稳健。

第 8 章

结论、政策建议与后续研究展望

纵观全书研究内容，我们遵循制度背景差异→产融结合模式下企业创新投资的动因差异→由此产生的经济后果这条逻辑主线展开全书研究，并发现了一些有价值的研究结论。根据上述各章节的研究内容，本章首先总结全书的研究发现，并归纳相关研究结论。然后，在此基础上结合本书研究结论以及转型经济时期我国制度背景，客观地提出切实可行的政策建议。最后，综合考虑本书的研究不足以及该领域的前沿研究，并提出后续研究展望。

8.1   研究结论

产融结合作为一种新型的产业组织形式，在经济发展过程中扮演着重要角色，但是产融结合模式在我国的发展历程并不顺畅。从亚洲金融危机之后的明令禁止，到随后的默许，再到 2010 年政府颁布一系列支持性政策，这一转变充分说明我国政府已经意识到产融结合在推动产业转型升级过程中的重要作用。为此，我国政府大力支持金融资本同产业资本之间的深度融合，充分发挥两种资本各自的优势，积极引导金融资本服务实体经济的发展需求。事实上，实体企业参股金融机构的目的在于利用金融机构雄厚的资金实力来实现企业做大做强的目标。从这个层面上看，产融结合对实体企业的影响首先体现在投资层面上。因此，企业创新投资作为增强企业核心竞争力的投资行为，必然会受到产融结合的影响。然而，鲜有文献系统考察产融结合模式下企业创新投资活动的动机及其经济后果。针对这一问题，本书立足于我国金融制度发展相对滞后、银行信贷所有制歧视以及市场经济中的政府干预行为等特殊制度背景，围绕"积极推行产融结合模式对企业的冲击"→"微观企业采取的理性应对措施"→"企业理性应对措施所产生的经济后果"三个逐层推进的逻辑架构，并将产权性质纳入本文的分析框架，比较分析产融结合模式下这两类企业创新投资决策的动因差异以及由此产生的经济后果，同时利用 2008～2017 年沪深两市 A 股上市公司参股金融机构的相关数据进行了实证检验，并得到如下研究结论：

第一，系统考察了产融结合对企业创新投资意愿的影响机理。实证结果

显示：产融结合有利于增强企业创新投资意愿，而且这一促进作用在民营企业中更明显。机制检验结果表明，产融结合有利于增强企业创新投资意愿主要是通过缓解融资约束等途径实现的，这一作用机制在民营企业中更明显。进一步地，基于参股类型和参股比例的拓展性分析结果表明：实体企业参股商业银行、证券公司以及财务公司均有利于增强企业创新投资意愿，但参股信托公司和保险公司却未能显著增强实体企业创新投资意愿；实体企业参股金融机构确实有利于增强企业创新投资意愿，而且随着参股比例的提升，这一促进作用更明显。

第二，全面考察了产融结合对企业创新绩效的影响机理。实证结果发现：产融结合有利于提升企业创新绩效，而且这一促进作用在民营企业中更明显，即产融结合更有利于提升民营企业的创新投入、创新产出以及创新效率。企业创新动机的检验结果表明，产融结合模式下国有企业创新绩效的提升可能在于获取更多的政府补助，而民营企业创新绩效的提升可能在于获取更多的银行借款。进一步地，基于参股类型和参股比例的拓展性分析结果表明：实体企业参股商业银行、证券公司以及财务公司均有利于提升企业创新绩效，但参股信托公司和保险公司却未能显著提升实体企业创新绩效；实体企业参股金融机构确实有利于提升企业创新绩效，而且随着参股比例的提升，这一促进作用更明显。

第三，深入探究了产融结合模式下创新绩效对公司业绩的影响以及二者在不同产权性质企业中的差异。实证结果发现：提升创新绩效有利于改善公司业绩，而且这一促进作用在民营企业中更显著；产融结合可以强化创新绩效对公司业绩的促进作用，而且这一现象在民营企业中更明显。上述结果表明，产融结合模式下提升创新绩效更有利于改善民营企业业绩。在此基础上，本书进一步从创新动机角度将企业创新划分为高质量的实质性创新和技术含量较低的策略性创新，研究发现：只有实质性创新才能真正改善公司业绩，而且产融结合可以强化实质性创新对公司业绩的促进作用，同时这一现象在民营企业中更明显，但并没有经验证据支持策略性创新对公司业绩的提升作用。换言之，只有高质量的实质性创新才是实体企业实现价值创造的源泉，而且产融结合有利于增强实质性创新对企业价值的边际贡献。

第四，从股价崩盘风险和股价同步性两个维度综合分析了产融结合模式下创新绩效对股价风险的影响及其在不同产权性质企业中的差异。实证结果发现：提升创新绩效有利于抑制股价风险，而且这一抑制效应在民营企业中更显著；产融结合可以抑制股价风险，而且产融结合可以强化创新绩效对股价风险的抑制效应，同时这一现象在民营企业中更明显。上述结果表明，产融结合模式下提升创新绩效更有利于抑制民营企业股价风险，即降低股价崩盘风险和股价同步性。在此基础上，本书进一步从投资者关注角度进行了中介机制检验，研究发现：提升创新绩效有利于降低股价风险是通过吸引投资者关注来实现的。

综上可知，上述研究结论为进一步推动产融结合进入高速发展阶段，积极引导金融资本服务实体经济发展，实现金融资本同产业资本深度融合的推进政策提供了理论指导与技术支撑，也为充分发挥产融结合信息效应、协同效应等优势以推进企业做大做强提供了经验证据。

8.2 政策建议

本书结论的政策启示主要体现如下四个方面：

第一，政府部门理应积极推进产业资本与金融资本的进一步融合，加大产融结合力度，同时也应全面防范产融结合风险。我们发现，参股金融机构有利于企业创新活动突破融资约束"瓶颈"，有利于增强企业创新投资意愿，改善创新绩效。因此，一方面，政府理应突破金融行业的垄断地位，适度放宽金融行业准入门槛，支持行业间的良性竞争，最大化行业协调效应，实现均衡行业间利润和提升创新动力的目标。另一方面，应将产融结合确立为我国企业集团公司发展的新动向，以集团总公司、金融板块和下属上市公司形成的上中下三层结构为融资平台的多层次融资体系，有利于实现转变融资统筹管理方式、优化融资结构、降低融资成本等目标，进而便于服务集团主业。

　　第二，减少政府干预，提升政府治理水平，为企业创新活动营造良好的外部治理环境。我们发现，"实业＋金融"的产融结合模式下国有企业创新能够赢得更多的政府补助，而民营企业创新便于获取更多的银行借款，缓解了融资约束压力。由此可见，作为金融发展的替代机制，产融结合的实质是将外部资本市场内部化，进而降低信息不对称与交易成本，实现产业资本与金融资本的协同。因此，对于政府干预过多、金融欠发达地区，理应大力推进"实业＋金融"的产融结合模式，这样既可以向创新性企业提供更多的金融服务和金融资源支持，又可以改善地区金融环境。同时，对于政府部门而言，理应减少不必要的干预，积极发挥其"扶持之手"的作用，充分发挥市场机制在产融结合过程中的主导作用。

　　第三，基于企业实际创新效果层面识别创新行为是实质性创新还是策略性创新，提高政府补助的配置效率。我们发现，只有实质性创新才能真正改善公司业绩，而且产融结合可以强化实质性创新对公司业绩的促进作用，同时这一现象在民营企业中更明显，但并没有经验证据支持策略性创新对公司业绩的提升作用。因此，对于技术含量较高的实质性创新，政府部门应加大前期扶持力度，细化和甄别创新行为的难度、深度和潜在价值；对于缺乏技术含量的策略性创新，应予以规范和引导，严格监管政府补助的资金流向，并在后期补助时对创新成果加以甄别，调高获选标准，提高创新质量。

　　第四，提高信息解读效率和股价信息含量，降低股价崩盘风险和股价同步性，助力新时代我国金融体制改革，依托产融结合提升资本配置效率，增强金融服务实体经济的能力。我们发现，产融结合模式下提升创新绩效更有利于降低民营企业股价崩盘风险和股价同步性，而且投资者关注在这一传导路径中实现中介作用。鉴于此，为了提高资本市场定价效率和维护资本市场健康有序发展，监管部门理应针对不同市场主体颁布相应的措施确保公司特质信息及时融入股价：从投资者层面上看，提高投资者的认知水平，培育其正确的投资理念，积极引导投资者理性投资，避免羊群行为；从分析师层面上看，分析师作为资本市场上重要的信息中介，监管部门理应完善该行业的法律法规，监督与规范分析师，引导其增强专业能力，遵守职业道德规范，尽职尽责，提高资本市场信息传递效率；从上市公司自身层面上看，监管部门应当实施更严格、更完善的信息披露机制，提高上市公司信息披露质量，维护广大投资者的合法权益。此外，近年来，我国企业产融结合的步伐日益提速，产业资本逐渐渗入银行业、证券、保险、信托等金融领域，但金融行业垄断超额利润的现象依然存在。因此，依托产融结合提升资本配置效率，积极引导金融资本支持实体企业发展，有效遏制金融业过度掠夺实体企业，是金融改革应当重视的关键议题。

8.3　研究局限与展望

不可否认，本书依然存在一些不足之处，主要体现在以下几个方面：

第一，关键变量的准确度量。作为核心解释变量，产融结合的多样性与复杂性对本文变量的准确度量带来了较大挑战。从理论层面上看，基于多维度和多视角的变量计量，可以有效增强研究结论的可信度和稳健性。然而，在实际操作过程中面临持有不同金融机构的持股比例无法实施直接相加的困扰，因此我们遵循以往研究惯例，仅使用实体企业是否持股金融机构的虚拟变量来刻画产融结合这一行为。当然，在行文过程中，我们针对实体企业参股多家金融机构时，以最高持股比例为准，还是尽可能地使用了连续变量做了稳健性检验。在未来的研究中，我们可以尝试以实体企业参股金融机构的数量这一连续变量作为代理变量，进行实证检验，或许能够得到更稳健的结论。

第二，现阶段，我国的产融结合尚未实现完全的双向融合模式。其中，"由产到融"模式占据主导地位，而《中华人民共和国商业银行法》对金融业参股工商企业的约束在很大程度上抑制了"由融到产"模式的发展。然而，随着经济全球化进程的纵向推进以及我国监管体系的日臻完善，我国政府会逐渐放松对金融业的管制，"由融到产"模式将会迎来良好的发展机遇，这就意味着双向融合将会发展为产融结合的目标模式。而本书重点考察了"由产到融"模式下实体企业创新投资的动机及其业绩表现与股价风险

等经济后果，但现实中因《中华人民共和国商业银行法》对"由融到产"模式的限制而导致本书难以考察金融机构持股实体企业所产生的影响。从这个层面上看，本书考察产融结合对实体企业创新投资决策的影响可能是不够全面的。因此，一旦"由融到产"模式得到法律许可，将为我们进一步考察"由融到产"模式下的实体企业行为提供了契机，这也正是本书未来的主要研究方向。

第三，尽管本书从股价风险和业绩表现两个方面证实了"实业＋金融"的产融结合模式具有有效性，但是现阶段我国仍未实施有关实体企业参股金融机构的外生政策，这在一定程度上导致难以有效解决潜在的内生性问题。当然，在行文过程中我们还是尽可能地采用倾向得分法（PSM）和两阶段工具变量法予以控制内生性问题。在未来的研究中，可以结合国家对产融结合颁布的相关政策，构建双重差分模型（DID）来进一步合理评估其效果，并在此基础上进一步考察不同产权性质企业在此政策下的差异。

综上所述，上述三个方面在一定程度上导致本书存在一定的研究局限，同时也是未来研究的主要方向。

参考文献

[1] 安同良、周绍东、皮建才：《R&D 补贴对中国企业自主创新的激励效应》，载《经济研究》2009 年第 10 期。

[2] 白旻、王仁祥、李雯婧：《异质性风险与企业现金持有——基于股价崩盘风险视角的检验》，载《金融论坛》2018 年第 7 期。

[3] 白旻、王仁祥：《股价崩盘风险，信息环境与企业现金调整》，载《审计与经济研究》2018 年第 5 期。

[4] 曹春方：《政治权力转移与公司投资：中国的逻辑》，载《管理世界》2013 年第 1 期。

[5] 曹丰、鲁冰、李争光等：《机构投资者降低了股价崩盘风险吗?》，载《会计研究》2015 年第 11 期。

[6] 曾爱民、林雯、魏志华等：《CEO 过度自信，权力配置与股价崩盘风险》，载《经济理论与经济管理》2017 年第 8 期。

[7] 陈冬华、姚振晔：《政府行为必然会提高股价同步性吗? ——基于我国产业政策的实证研究》，载《经济研究》2018 年第 12 期。

[8] 陈栋、翟进步、陈运森：《参股保险业与企业流动性风险管理：基于货币政策变更背景》，载《保险研究》2012 年第 2 期。

[9] 陈国进、张贻军：《异质信念，卖空限制与我国股市的暴跌现象研究》，载《金融研究》2009 年第 4 期。

[10] 陈康、刘琦：《股价信息含量与投资—股价敏感性——基于融资融券的准自然实验》，载《金融研究》2018 年第 9 期。

[11] 陈钦源、马黎珺、伊志宏：《分析师跟踪与企业创新绩效——中

国的逻辑》，载《南开管理评论》2017 年第 3 期。

　　[12] 陈爽英、井润田、龙小宁等：《民营企业家社会关系资本对研发投资决策影响的实证研究》，载《管理世界》2010 年第 1 期。

　　[13] 陈修德、彭玉莲、卢春源：《中国上市公司技术创新与企业价值关系的实证研究》，载《科学学研究》2011 年第 1 期。

　　[14] 陈燕宁：《融资约束，研发投入与企业绩效相关性研究》，载《经济论坛》2017 年第 5 期。

　　[15] 程仲鸣、夏新平、余明桂：《政府干预，金字塔结构与地方国有上市公司投资》，载《管理世界》2008 年第 9 期。

　　[16] 褚剑、方军雄：《政府审计的外部治理效应：基于股价崩盘风险的研究》，载《财经研究》2017 年第 4 期。

　　[17] 褚剑、秦璇、方军雄：《中国式融资融券制度安排与分析师盈利预测乐观偏差》，载《管理世界》2019 年第 1 期。

　　[18] 戴锋、秦子夫、吴松涛等：《环境压力下的经济复苏与再增长：一次性投资策略分析》，载《中国管理科学》2015 年第 1 期。

　　[19] 戴小勇、成力为：《金融发展对企业融资约束与研发投资的影响机理》，载《研究与发展管理》2015 年第 3 期。

　　[20] 邓可斌、丁重：《中国为什么缺乏创造性破坏？——基于上市公司特质信息的经验证据》，载《经济研究》2010 年第 6 期。

　　[21] 丁慧、吕长江、陈运佳：《投资者信息能力：意见分歧与股价崩盘风险——来自社交媒体"上证 e 互动"的证据》，载《管理世界》2018 年第 9 期。

　　[22] 杜传忠、王飞、蒋伊菲：《中国工业上市公司产融结合的动因及效率分析——基于参股上市金融机构的视角》，载《经济与管理研究》2014 年第 4 期。

　　[23] 杜军、李莲君：《产融结合视角下的小额贷款公司再融资路径探析》，载《求索》2010 年第 10 期。

　　[24] 方红星、楚有为：《自愿披露，强制披露与资本市场定价效率》，

载《经济管理》2019 年第 1 期。

[25] 冯根福、温军：《中国上市公司治理与企业技术创新关系的实证分析》，载《中国工业经济》2008 年第 7 期。

[26] 高昊宇、杨晓光、叶彦艺：《机构投资者对暴涨暴跌的抑制作用：基于中国市场的实证》，载《金融研究》2017 年第 2 期。

[27] 龚轶、王铮顾、高翔：《技术创新与产业结构优化——一个基于自主体的模拟》，载《科研管理》2015 年第 8 期。

[28] 辜胜阻、吴华君、吴沁沁等：《创新驱动与核心技术突破是高质量发展的基石》，载《中国软科学》2018 年第 10 期。

[29] 官峰、王俊杰、章贵桥：《政商关系，分析师预测与股价同步性——基于腐败官员落马的准自然实验》，载《财经研究》2018 年第 7 期。

[30] 郭牧炫、廖慧：《民营企业参股银行的动机与效果研究——以上市民营企业为例》，载《经济评论》2013 年第 2 期。

[31] 韩乾、洪永淼：《国家产业政策，资产价格与投资者行为》，载《经济研究》2014 年第 12 期。

[32] 何贤杰、王孝钰、孙淑伟等：《网络新媒体信息披露的经济后果研究——基于股价同步性的视角》，载《管理科学学报》2018 年第 6 期。

[33] 何玉润、林慧婷、王茂林：《产品市场竞争，高管激励与企业创新——基于中国上市公司的经验证据》，载《财贸经济》2015 年第 2 期。

[34] 胡艳、马连福：《创业板高管激励契约组合，融资约束与创新投入》，载《山西财经大学学报》2015 年第 8 期。

[35] 黄灿、李善民、庄明明等：《内幕交易与股价同步性》，载《管理科学》2017 年第 6 期。

[36] 黄昌富、徐亚琴：《产融结合，投资效率与企业经营绩效——基于制造业上市公司面板数据的实证研究》，载《现代财经》2016 年第 9 期。

[37] 黄政、吴国萍：《内部控制质量与股价崩盘风险：影响效果及路径检验》，载《审计研究》2017 年第 4 期。

[38] 江伟、姚文韬：《企业创新与高管薪酬—业绩敏感性——基于国

有上市公司的经验研究》，载《经济管理》2015 年第 5 期。

[39] 江轩宇、许年行：《企业过度投资与股价崩盘风险》，载《金融研究》2015 年第 8 期。

[40] 江轩宇：《税收征管，税收激进与股价崩盘风险》，载《南开管理评论》2013 年第 5 期。

[41] 江轩宇：《政府放权与国有企业创新——基于地方国企金字塔结构视角的研究》，载《管理世界》2016 年第 9 期。

[42] 解维敏：《参股保险业与企业融资约束的关系研究——基于我国上市公司的实证研究》，载《保险研究》2013 年第 5 期。

[43] 鞠晓生、卢获、虞义华：《融资约束，营运资本管理与企业创新可持续性》，载《经济研究》2013 年第 1 期。

[44] 孔东民、刘莎莎、王亚男：《市场竞争，产权与政府补贴》，载《经济研究》2013 年第 2 期。

[45] 黎文靖、李茫茫：《"实体＋金融"：融资约束，政策迎合还是市场竞争？——基于不同产权性质视角的经验研究》，载《金融研究》2017 年第 8 期。

[46] 黎文靖、郑曼妮：《实质性创新还是策略性创新？——宏观产业政策对微观企业创新的影响》，载《经济研究》2016 年第 4 期。

[47] 李兵、岳云嵩、陈婷：《出口与企业自主技术创新：来自企业专利数据的经验研究》，载《世界经济》2016 年第 12 期。

[48] 李健、杨蓓蓓、潘镇：《政府补助，股权集中度与企业创新可持续性》，载《中国软科学》2016 年第 6 期。

[49] 李经路：《股权集中度对研发强度的影响：数理分析与数据检验——对 2007～2014 年 A 股上市公司的观察》，载《暨南学报》（哲学社会科学版）2017 年第 6 期。

[50] 李茫茫：《实体企业产融结合：动因与经济后果研究》，暨南大学博士论文，2018 年。

[51] 李维安、李浩波、李慧聪：《创新激励还是税盾？——高新技术

企业税收优惠研究》，载《科研管理》2016 年第 11 期。

[52] 李维安、马超：《"实业＋金融"的产融结合模式与企业投资效率——基于中国上市公司控股金融机构的研究》，载《金融研究》2014 年第 11 期。

[53] 李小晗、朱红军：《投资者有限关注与信息解读》，载《金融研究》2011 年第 8 期。

[54] 李小青、吕靓欣：《董事会社会资本，群体断裂带与企业研发效率——基于随机前沿模型的实证分析》，载《研究与发展管理》2017 年第 4 期。

[55] 李小荣、刘行：《CEO vs CFO：性别与股价崩盘风险》，载《世界经济》2012 年第 12 期。

[56] 李延凯、韩廷春：《金融环境演化下的金融发展与经济增长：一个国际经验》，载《世界经济》2013 年第 8 期。

[57] 李增泉、叶青、贺卉：《企业关联，信息透明度与股价特征》，载《会计研究》2011 年第 1 期。

[58] 梁权熙、曾海舰：《独立董事制度改革，独立董事的独立性与股价崩盘风险》，载《管理世界》2016 年第 3 期。

[59] 林慧婷、王茂林：《管理者过度自信，创新投入与企业价值》，载《经济管理》2014 年第 11 期。

[60] 林乐、郑登津：《退市监管与股价崩盘风险》，载《中国工业经济》2016 年第 12 期。

[61] 林毅夫、孙希芳、姜烨：《经济发展中的最优金融结构理论初探》，载《经济研究》2009 年第 8 期。

[62] 蔺元：《我国上市公司产融结合效果分析——基于参股非上市金融机构视角的实证研究》，载《南开管理评论》2010 年第 5 期。

[63] 刘昌菊、茶洪旺：《我国区域产融结合效率的实证分析》，载《统计与决策》2018 年第 4 期。

[64] 刘海飞、许金涛、柏巍等：《社交网络，投资者关注与股价同步

性》，载《管理科学学报》2017年第2期。

[65] 刘运国、刘雯：《我国上市公司的高管任期与R&D支出》，载《管理世界》2007年第1期。

[66] 卢锐：《企业创新投资与高管薪酬业绩敏感性》，载《会计研究》2014年第10期。

[67] 卢馨、郑阳飞、李建明：《融资约束对企业R&D投资的影响研究——来自中国高新技术上市公司的经验证据》，载《会计研究》2013年第5期。

[68] 鲁桐、党印：《投资者保护，行政环境与技术创新：跨国经验证据》，载《世界经济》2015年第10期。

[69] 罗进辉、杜兴强：《媒体报道，制度环境与股价崩盘风险》，载《会计研究》2014年第9期。

[70] 罗进辉、向元高、金思静：《董事会秘书能够提高资本市场效率吗——基于股价同步性的经验证据》，载《山西财经大学学报》2015年第12期。

[71] 罗琦、付世俊：《股价同步性与控股股东市场择时》，载《中南财经政法大学学报》2015年第1期。

[72] 吕大永、吴文锋：《杠杆融资交易与股市崩盘风险——来自融资融券交易的证据》，载《系统管理学报》2019年第1期。

[73] 马红、侯贵生、王元月：《产融结合与我国企业投融资期限错配——基于上市公司经验数据的实证研究》，载《南开管理评论》2018年第3期。

[74] 马红、王元月：《金融环境，产融结合与我国企业成长》，载《财经科学》2017年第1期。

[75] 马君潞、郭牧炫、李泽广：《银行竞争，代理成本与借款期限结构——来自中国上市公司的经验证据》，载《金融研究》2013年第4期。

[76] 彭情、郑宇新：《CFO兼任董秘降低了股价崩盘风险吗——基于信息沟通与风险规避的视角》，载《山西财经大学学报》2018年第4期。

［77］彭旋、王雄元：《客户股价崩盘风险对供应商具有传染效应吗?》，载《财经研究》2018年第2期。

［78］彭俞超、倪骁然、沈吉：《企业"脱实向虚"与金融市场稳定——基于股价崩盘风险的视角》，载《经济研究》2018年第10期。

［79］权小锋、吴世农、尹洪英：《企业社会责任与股价崩盘风险："价值利器"或"自利工具"?》，载《经济研究》2015年第11期。

［80］权小锋、尹洪英：《风险投资持股对股价崩盘风险的影响研究》，载《科研管理》2017年第12期。

［81］饶育蕾、许军林、梅立兴等：《QFII持股对我国股市股价同步性的影响研究》，载《管理工程学报》2013年第2期。

［82］邵方婧：《董事会资本对企业创新投资决策影响的研究》，吉林大学博士学位论文，2018年。

［83］申宇、赵玲、吴风云：《创新的母校印记：基于校友圈与专利申请的证据》，载《中国工业经济》2017年第8期。

［84］盛安琪、汪顺、盛明泉：《产融结合与实体企业竞争力——来自制造业样本的实证分析》，载《广东财经大学学报》2018年第1期。

［85］宋光辉、董永琦、肖万等：《股价崩盘风险与收入差距——股价异常波动经济后果的分析》，载《预测》2018年第1期。

［86］孙刚：《金融生态环境，股价波动同步性与上市企业融资约束》，载《证券市场导报》2011年第1期。

［87］孙晋、冯艳楠：《产融结合的经济力过度集中及其反垄断规制》，载《上海交通大学学报》（哲学社会科学版）2010年第1期。

［88］孙晋：《产融结合的经济内涵和法律界定》，载《江汉论坛》2010年第1期。

［89］孙晓华、刘小玲、王昀等：《"是否研发"与"投入多少"：兼论企业研发投资的两阶段决策》，载《管理工程学报》2017年第4期。

［90］谭明华：《产业投资基金：民营经济产融结合的契机》，载《经济问题探索》2008年第2期。

[91] 谭小芳、范静：《产融结合型农业上市公司运营效率研究》，载《农业技术经济》2014 年第 10 期。

[92] 唐清泉、巫岑：《银行业结构与企业创新活动的融资约束》，载《金融研究》2015 年第 7 期。

[93] 唐雪松、周晓苏、马如静：《政府干预，GDP 增长与地方国企过度投资》，载《金融研究》2010 年第 8 期。

[94] 田高良、司毅、秦岭等：《网络舆情及其应对与上市公司的信息效率》，载《系统工程理论与实践》2018 年第 1 期。

[95] 万良勇、廖明情、胡璟：《产融结合与企业融资约束——基于上市公司参股银行的实证研究》，载《南开管理评论》2015 年第 2 期。

[96] 王爱东、李果：《不同行业视角下产融结合效率的实证分析》，载《统计与决策》2017 年第 9 期。

[97] 王超恩、张瑞君、谢露：《产融结合，金融发展与企业创新——来自制造业上市公司持股金融机构的经验证据》，载《研究与发展管理》2016 年第 5 期。

[98] 王德应、刘渐和：《TMT 特征与企业技术创新关系研究》，载《科研管理》2011 年第 7 期。

[99] 王红建、曹瑜强、杨庆等：《实体企业金融化促进还是抑制了企业创新——基于中国制造业上市公司的经验研究》，载《南开管理评论》2017 年第 1 期。

[100] 王化成、曹丰、叶康涛：《监督还是掏空：大股东持股比例与股价崩盘风险》，载《管理世界》2015 年第 2 期。

[101] 王晋斌：《金融控制政策下的金融发展与经济增长》，载《经济研究》2007 年第 10 期。

[102] 王莉、马玲、郭立宏：《产业资本与金融资本结合的相关理论综述》，载《经济学动态》2010 年第 11 期。

[103] 王帅：《产融型企业集团规模经济效应度量模型的构建及其实证研究》，载《财经理论与实践》2013 年第 6 期。

[104] 王文姣、傅超、傅代国:《并购商誉是否为股价崩盘的事前信号?——基于会计功能和金融安全视角》,载《财经研究》2017 年第 9 期。

[105] 王新宇:《我国企业集团产融结合研究》,载《投资研究》2011年第 4 期。

[106] 王秀丽、贾吉明、李淑静:《产融结合,内部资本市场与融资约束——基于中国实体产业投资金融机构的视角研究》,载《海南大学学报》2017 年第 1 期。

[107] 王亚平、刘慧龙、吴联生:《信息透明度,机构投资者与股价同步性》,载《金融研究》2009 年第 12 期。

[108] 温军、冯根福:《异质机构,企业性质与自主创新》,载《经济研究》2012 年第 3 期。

[109] 文柯:《基于 Logistic 的上市公司产融结合风险预警模型研究》,载《中国管理科学》2012 年第 1 期。

[110] 巫岑、黎文飞、唐清泉等:《银企关系,银行业竞争与民营企业研发投资》,载《财贸经济》2016 年第 1 期。

[111] 吴春雷、张新民:《产融结合对经营性资产增值的影响:是助力还是阻力》,载《北京工商大学学报》2018 年第 4 期。

[112] 吴娜、于博、王博梓:《市场化进程,创新投资与营运资本的动态调整》,载《会计研究》2017 年第 6 期。

[113] 吴卫华、万迪昉、吴祖光:《高新技术企业 R&D 投入强度与企业业绩——基于会计和市场业绩对比的激励契约设计》,载《经济与管理研究》2014 年第 5 期。

[114] 吴晓晖、郭晓冬、乔政:《机构投资者抱团与股价崩盘风险》,载《中国工业经济》2019 年第 2 期。

[115] 项国鹏、张旭:《基于 SFA 的企业产融结合效率及影响因素的实证研究》,载《科学学与科学技术管理》2013 年第 9 期。

[116] 肖兴志、王伊攀、李姝:《政府激励,产权性质与企业创新——基于战略性新兴产业 260 家上市公司数据》,载《财经问题研究》2013 年第

12 期。

[117] 徐丹丹：《国有商业银行产融结合的路径选择》，载《经济理论与经济管理》2006 年第 4 期。

[118] 徐欣、唐清泉：《R&D 活动，创新专利对企业价值的影响——来自中国上市公司的研究》，载《研究与发展管理》2010 年第 4 期。

[119] 许年行、江轩宇、伊志宏等：《分析师利益冲突，乐观偏差与股价崩盘风险》，载《经济研究》2012 年第 7 期。

[120] 许天信、沈小波：《产融结合的原因，方式及效应》，载《厦门大学学报》（哲学社会科学版）2003 年第 5 期。

[121] 杨道广、陈汉文、刘启亮：《媒体压力与企业创新》，载《经济研究》2017 年第 8 期。

[122] 杨松令、王淼、刘亭立：《董事联盟及其网络位置对股价崩盘风险的影响》，载《数理统计与管理》2018 年第 6 期。

[123] 杨威、宋敏、冯科：《并购商誉，投资者过度反应与股价泡沫及崩盘》，载《中国工业经济》2018 年第 6 期。

[124] 杨竹清：《产融结合与全要素生产率关系》，载《金融经济学研究》2017 年第 5 期。

[125] 姚德权、王帅、罗长青等：《产融结合型上市公司运营效率评价的实证研究》，载《中国软科学》2011 年第 3 期。

[126] 姚立杰、罗玫、夏冬林：《公司治理与银行借款融资》，载《会计研究》2010 年第 8 期。

[127] 叶建华、周铭山：《有限套利能否解释 A 股市场资产增长异象》，载《南开管理评论》2013 年第 1 期。

[128] 叶康涛、曹丰、王化成：《内部控制信息披露能够降低股价崩盘风险吗?》，载《金融研究》2015 年第 2 期。

[129] 游家兴、刘淳：《嵌入性视角下的企业家社会资本与权益资本成本——来自我国民营上市公司的经验证据》，载《中国工业经济》2011 年第 6 期。

［130］游家兴、张俊生、江伟:《制度建设,公司特质信息与股价波动的同步性——基于 R~2 研究的视角》,载《经济学（季刊)》2007 年第 1 期。

［131］游家兴:《市场信息效率的提高会改善资源配置效率吗?——基于 R~2 的研究视角》,载《数量经济技术经济研究》2008 年第 2 期。

［132］于传荣、方军雄、杨棉之:《上市公司高管因股价崩盘风险受到惩罚了吗?》,载《经济管理》2017 年第 12 期。

［133］于丽峰、唐涯、徐建国:《融资约束,股价信息含量与投资—股价敏感性》,载《金融研究》2014 年第 11 期。

［134］余明桂、钟慧洁、范蕊:《分析师关注与企业创新——来自中国资本市场的经验证据》,载《经济管理》2017 年第 3 期。

［135］俞红海、陈百助、蒋振凯等:《融资融券交易行为及其收益可预测性研究》,载《管理科学学报》2018 年第 1 期。

［136］虞义华、赵奇锋、鞠晓生:《发明家高管与企业创新》,载《中国工业经济》2018 年第 3 期。

［137］喻灵:《股价崩盘风险与权益资本成本——来自中国上市公司的经验证据》,载《会计研究》2017 年第 10 期。

［138］岳怡廷、张西征:《异质性企业创新投入资金来源差异及其变迁研究》,载《科学学研究》2017 年第 1 期。

［139］翟胜宝、张胜、谢露等:《银行关联与企业风险——基于我国上市公司的经验证据》,载《管理世界》2014 年第 4 期。

［140］张保柱、黄辉:《考虑政府干预的企业 R&D 行为研究》,载《财经论丛》2009 年第 3 期。

［141］张继德、廖微、张荣武:《普通投资者关注对股市交易的量价影响——基于百度指数的实证研究》,载《会计研究》2014 年第 8 期。

［142］张杰、郑文平、新夫:《中国的银行管制放松,结构性竞争和企业创新》,载《中国工业经济》2017 年第 10 期。

［143］张庆亮、孙景同:《我国产融结合有效性的企业绩效分析》,载《中国工业经济》2007 年第 7 期。

［144］张胜达、刘纯彬：《企业集团产融结合的风险传导机制与风险控制研究》，载《现代管理科学》2016 年第 2 期。

［145］赵璨、王竹泉、杨德明等：《企业迎合行为与政府补贴绩效研究——基于企业不同盈利状况的分析》，载《中国工业经济》2015 年第 7 期。

［146］赵刚、梁上坤、王玉涛：《会计稳健性与银行借款契约——来自中国上市公司的经验证据》，载《会计研究》2014 年第 12 期。

［147］支燕、吴河北：《我国高技术产业产融结合的有效性研究》，载《科学学与科学技术管理》2010 年第 8 期。

［148］钟覃琳、陆正飞：《资本市场开放能提高股价信息含量吗？——基于"沪港通"效应的实证检验》，载《管理世界》2018 年第 1 期。

［149］周铭山、张倩倩、杨丹：《创业板上市公司创新投入与市场表现：基于公司内外部的视角》，载《经济研究》2017 年第 11 期。

［150］周铭山、张倩倩：《"面子工程"还是"真才实干"？——基于政治晋升激励下的国有企业创新研究》，载《管理世界》2016 年第 12 期。

［151］周煊、程立茹、王皓：《技术创新水平越高企业财务绩效越好吗？——基于 16 年中国制药上市公司专利申请数据的实证研究》，载《金融研究》2012 年第 8 期。

［152］祝继高、韩非池、陆正飞：《产业政策，银行关联与企业债务融资——基于 A 股上市公司的实证研究》，载《金融研究》2015 年第 3 期。

［153］Aghion P，Bloom N，Blundell R，et al. Competition and innovation：An inverted-U relationship ［J］. *Quarterly Journal of Economics*，2005，120（2）：701 – 728.

［154］Alegre J，Chiva R. Linking Entrepreneurial Orientation and Firm Performance：The Role of Organizational Learning Capability and Innovation Performance ［J］. *Journal of Small Business Management*，2013，51（4）：491 – 507.

［155］Almeida H，Campello M，Weisbach M S. The Cash Flow Sensitivity of Cash ［J］. *Journal of Finance*，2004，59（4）：1777 – 1804.

［156］Amit R，Schoemaker P J H. Strategic assets and organizational rent

［J］. *Strategic Management Journal*, 1993, 14 (1): 33 – 46.

［157］An H, Zhang T. Stock price synchronicity, crash risk, and institutional investors［J］. *Journal of Corporate Finance*, 2013, 21 (1): 1 – 15.

［158］An Z, Li D, Yu J. Firm crash risk, information environment, and speed of leverage adjustment［J］. *Journal of Corporate Finance*, 2015, 31 (5): 132 – 151.

［159］Andreou P C, Ehrlich D, Karasamani I, et al. Managerial Ability and Firm Performance: Evidence from the Global Financial Crisis［J］. *Social Science Electronic Publishing*, 2015, 63 (2): 59 – 78.

［160］Atanassov, J. Do Hostile Takeovers Stifle Innovation? Evidence from Antitakeover Legislation and Corporate Patenting［J］. *The Journal of Finance*, 2013, 68 (3): 1097 – 1131.

［161］Austin D H. An Event-study Approach to Measuring Innovative Output: the Case of Biotechnology［J］. *American Economic Review*, 1993, 83 (83): 253 – 258.

［162］Bae K H, Bailey W, Mao C X. Stock market liberalization and the information environment［J］. *Journal of International Money & Finance*, 2006, 25 (3): 404 – 428.

［163］Balachandra R, Friar J H. Factors for success in R&D projects and new product innovation: a contextual framework［J］. *IEEE Transactions on Engineering Management*, 2002, 44 (3): 276 – 287.

［164］Baptista R, Karaoez M . Turbulence in High Growth and Declining Industries［J］. *Jena Economic Research Papers*, 2007.

［165］Barber B M, Odean T. All That Glitters: The Effect of Attention and News on the Buying Behavior of Individual and Institutional Investors［J］. *Review of Financial Studies*, 2008, 21 (2): 785 – 818.

［166］Barker V, Mueller G C. CEO Characteristics and Firm R&D Spending［J］. *Management Science*, 2002, 48 (6): 782 – 801.

[167] Barney J B. Firm resources and sustained competitive advantage [J]. *Journal of management*, 1991, 17 (1): 99 – 120.

[168] Barney J B. Resource-based theories of competitive advantage: A ten-year retrospective on the resource-based view [J]. *Journal of management*, 2001, 27 (6): 643 – 650.

[169] Baron R M, Kenny D A. The moderator-mediator variable distinction in social psychological research: Conceptual, strategic, and statistical considerations [J]. *Journal of Personality and Social Psychology*, 1986, 51 (6): 1173 – 1182.

[170] Barth M E, Kasznik R, Mcnichols M F. Analyst Coverage and Intangible Assets [J]. *Journal of Accounting Research*, 2001, 39 (1): 1 – 34.

[171] Bloom N, Draca M, Van R J. Trade Induced Technical Change? The Impact of Chinese Imports on Innovation, IT and Productivity [J]. *Cepr Discussion Paper*, 2011, 83 (1): 1 – 13.

[172] Bloom N, Griffith R, Van Reenen J. Do R&D tax credits work? Evidence from a panel of countries 1979 – 1997 [J]. *Journal of Public Economics*, 2002, 85 (1): 1 – 31.

[173] Booyens, I. Are small, medium-and micro-sized enterprises engines of innovation? The reality in South Africa [J]. *Science & Public Policy*, 2011, 38 (1): 67 – 78.

[174] Brav A, Jiang W, Ma S, et al. How Does Hedge Fund Activism Reshape Corporate Innovation? [J]. *Journal of Financial Economics*, 2017, 130 (2): 237 – 264.

[175] Brown J R, Martinsson G, Petersen B C. Law, Stock Markets, and Innovation [J]. *The Journal of Finance*, 2013, 68 (4): 1517 – 1549.

[176] Burt R S. *Corporate profits and cooptation: networks of market constraints and directorate ties in the American economy* [M]. New York: Academic Press, 1983.

［177］ Callen J L, Fang X. Institutional investor stability and crash risk: Monitoring versus short-termism? ［J］. *Journal of Banking & Finance*, 2013, 37 (8): 3047 – 3063.

［178］ Callen J L, Fang X. Short interest and stock price crash risk ［J］. *Journal of Banking & Finance*, 2015, 60 (3): 181 – 194.

［179］ Cao J, Lemmon M, Pan X, et al. Political Promotion, CEO Compensation, and their effect on firm performance. Working Paper, 2010.

［180］ Carpenter M A, Geletkanycz M A, Sanders W G. Upper echelons research revisited: Antecedents, elements, and consequences of top management team composition ［J］. *Journal of Management*, 2004, 30 (6): 749 – 778.

［181］ Chang E C, Luo Y, Ren J. Short – Selling, Margin – Trading, and Price Efficiency: Evidence from the Chinese Market ［J］. *Journal of Banking & Finance*, 2014 (C): 411 – 424.

［182］ Charumlind, C., Kali, R., Wiwattanakantang, Y. Connected Lending: Thailand before the Financial Crisis ［J］. *Journal of Business*, 2006, 79 (1): 181 – 217.

［183］ Chemmanur T J, Tian X. Do Antitakeover Provisions Spur Corporate Innovation? A Regression Discontinuity Analysis ［J］. *Journal of Financial and Quantitative Analysis*, 2018: 1 – 32.

［184］ Chen H L, Huang Y S. Employee Stock Ownership and Corporate R&D Expenditures: Evidence from Taiwan's Information – Technology Industry ［J］. *Asia Pacific Journal of Management*, 2006, 23: 369 – 384.

［185］ Chen H. Board Capital, CEO Power and R&D Investment in Electronics Firms ［J］. *Corporate Governance An International Review*, 2014, 22 (5): 422 – 436.

［186］ Chen J, Hong H, Stein J C. Forecasting crashes: trading volume, past returns, and conditional skewness in stock prices ［J］. *Journal of Financial Economics*, 2001, 61 (3): 345 – 381.

[187] Chen Q, Goldstein I, Jiang W. Price Informativeness and Investment Sensitivity to Stock Price [J]. *Review of Financial Studies*, 2007, 20 (3): 619 – 650.

[188] Chun H, Kim J W, Morck R, et al. Creative destruction and firm-specific performance heterogeneity [J]. *Journal of Financial Economics*, 2007, 89 (1): 109 – 135.

[189] Chung K H, Wright P, Kedia B. Corporate governance and market valuation of capital and R&D investments [J]. *Review of Financial Economics*, 2003, 12 (2): 161 – 172.

[190] Cohen L, Diether K, Malloy C. Misvaluing Innovation [J]. *Review of Financial Studies*, 2013, 26 (3): 635 – 666.

[191] Colin, M. Financing the New Economy: Financial Institutions and Corporate Governance [J]. *Information Economics and Policy*, 2002, 14 (2): 311 – 326.

[192] Cooper R G. The Dimensions of Industrial New Product Success and Failure [J]. *Journal of Marketing*, 1979, 43 (3): 93 – 103.

[193] Cornaggia J, Mao Y, Tian X, et al. Does banking competition affect innovation? [J]. *Journal of Financial Economics*, 2015, 115 (1): 189 – 209.

[194] Czarnitzki D, Hottenrott H. R&D investment and financing constraints of small and medium-sized firms [J]. *Small Business Economics*, 2011, 36 (1): 65 – 83.

[195] Defond M L, Hung M, Li S, et al. Does Mandatory IFRS Adoption Affect Crash Risk? [J]. *Accounting Review*, 2015, 90 (1): 265 – 299.

[196] Defond M L, Hung M. Investor Protection and Corporate Governance: Evidence from Worldwide CEO Turnover [J]. *Journal of Accounting Research*, 2004, 42 (2): 269 – 312.

[197] Drake M S, Roulstone D T, Thornock J R. Investor Information De-

mand：Evidence from Google Searches Around Earnings Announcements ［J］. *Journal of Accounting Research*, 2012, 50 （4）：1001 – 1040.

［198］ Durnev A, Morck R, Yeung B, et al. Does greater firm-specific return variation mean more or less informed stock pricing? ［J］. *Journal of Accounting Research*, 2003, 41 （5）：797 – 836.

［199］ Durnev A, Morck R, Yeung B. Value – Enhancing Capital Budgeting and Firm – specific Stock Return Variation ［J］. *Journal of Finance*, 2010, 59 （1）：65 – 105.

［200］ Eun C S, Wang L L, Xiao S C. Culture and R2 ［J］. *Journal of Financial Economics*, 2015, 115 （2）：283 – 303.

［201］ Faleye O, Kovacs T, Venkateswaran A. Do Better – Connected CEOs Innovate More ［J］. *Journal of Financial and Quantitative Analysis*, 2014, 49 （5 – 6）：1201 – 1225.

［202］ Francis J, Smith A. Agency costs and innovation some empirical evidence ［J］. *Journal of Accounting and Economics*, 2004, 19 （2 – 3）：383 – 409.

［203］ Goldsmith, R. N. *Financial Structure and Development* ［M］. Yale University Press, NewHaven, 1969.

［204］ Gorton, G. , and Schmid F. Universal banking and the performance of German firms ［J］. *Journal of Finance Economics*, 2000, 58 （1）：29 – 80.

［205］ Goto A. Business groups in a market economy ［J］. *European Economic Review*, 1982, 19 （1）：53 – 70.

［206］ Graham J R, Tucker A L. Tax shelters and corporate debt policy ［J］. *Journal of Financial Economics*, 2006, 81 （3）：563 – 594.

［207］ Gul F A, Kim J B, Qiu A A. Ownership concentration, foreign shareholding, audit quality, and stock price synchronicity：Evidence from China ［J］. *Journal of Financial Economics*, 2010, 95 （3）：425 – 442.

［208］ Hackenbrack K, Jenkins N T, Pevzner M. Relevant but Delayed In-

formation in Negotiated Audit Fees [J]. *Auditing: A Journal of Practice & Theory*, 2014, 33 (4): 95 –117.

[209] Hall B H, Griliches Z, Hausman J A. Patents and R and D: Is There a Lag? [J]. *International Economic Review*, 1986, 27 (2): 265 –283.

[210] Hall B H, Harhoff D. Recent Research on the Economics of Patents [J]. *Annual Review of Economics*, 2012, 4 (1): 541 –565.

[211] Hall B, Van Reenen J. How effective are fiscal incentives for R&D? A review of the evidence [J]. *Research Policy*, 2000, 29 (4): 449 –469.

[212] Haresh S, Ajay S, Subramanian K V. Corporate Governance and Innovation: Theory and Evidence [J]. *Journal of Financial and Quantitative Analysis*, 2015, 49 (4): 957 –1003.

[213] He J, Tian X. Finance and Corporate Innovation: A Survey [J]. *Asia – Pacific Journal of Financial Studies*, 2018, 47 (2): 165 –212.

[214] Hirshleifer D, Hsu P H, Li D. Innovative efficiency and stock returns [J]. *Journal of Financial Economics*, 2013, 107 (3): 632 –654.

[215] Holmström B, Tirole J. Market Liquidity and Performance Monitoring [J]. *Journal of Political Economy*, 1993, 101 (4): 678 –709.

[216] Hong H, Stein J C. Differences of Opinion, Short – Sales Constraints, and Market Crashes [J]. *Review of Financial Studies*, 2003, 16 (2): 487 –525.

[217] Hoppe H C, Lee IH. Entry deterrence and innovation in durable-goods monopoly [J]. *European Economic Review*, 2003, 47 (6): 1011 –1036.

[218] Hutton A P, Marcus A J, Tehranian H. Opaque Financial Reports, R2, and Crash Risk [J]. *Journal of Financial Economics*, 2009, 94 (1): 67 –86.

[219] Jin L, Myers S C. R2 around the world: New theory and new tests [J]. *Journal of Financial Economics*, 2006, 79 (2): 257 –292.

[220] Khanna T, Palepu K. Is Group Affiliation Profitable in Emerging

Markets? An Analysis of Diversified Indian Business Groups [J]. *Journal of Finance*, 2000, 55 (2): 867 – 891.

[221] Kim J B, Li Y, Zhang L. CFOs versus CEOs: Equity incentives and crashes [J]. *Journal of Financial Economics*, 2011a, 101 (3): 713 – 730.

[222] Kim J B, Li Y, Zhang L. Corporate tax avoidance and stock price crash risk: Firm-level analysis [J]. *Social Science Electronic Publishing*, 2011b, 99 (3): 639 – 662.

[223] Kim J B, Zhang L. Accounting Conservatism and Stock Price Crash Risk: Firm – Level Evidence [J]. *Contemporary Accounting Research*, 2016, 33 (1): 412 – 441.

[224] Kim, Y, Li, H, Li, S. Corporate Social Responsibility and Stock Price Crash Risk: Evidence from an Asian Emerging Market [J]. *Journal of Banking & Finance*, 2014, 43 (1): 1 – 13.

[225] King R G, Levine R. Finance and growth: Schumpeter might be right [J]. *Quarterly Journal of Economics*, 1993, 108 (3): 717 – 737.

[226] Kothari S P, Shu S, Wysocki P D. Do Managers Withhold Bad News? [J]. *Journal of Accounting Research*, 2009, 47 (1): 241 – 276.

[227] Kueng L, Li N, Yang M J. The Impact of Emerging Market Competition on Innovation and Business Strategy [J]. *Nber Working Papers*, 2016.

[228] Lee CY, Noh J. The relationship between R&D concentration and industry R&D intensity: a simple model and some evidence [J]. *Economics of Innovation and New Technology*, 2009, 18 (4): 353 – 368.

[229] Lee CY. A new perspective on industry R&D and market structure [J]. *The Journal of Industrial Economics*, 2005, 53 (1): 101 – 122.

[230] Li J, Myers S C. R2 around the world: New theory and new tests [J]. *Journal of Financial Economics*, 2006, 79 (2): 257 – 292.

[231] Li K R, Morck R, Yang F, et al. Firm-specific variation and openness in emerging markets [J]. *Review of Economics and Statistics*, 2004, 86:

658 – 669.

[232] LiStanxiao, and Greenwood R. The Effect of Within-industry Diversification on Firm Performance: Synergy Creation, Multimarket Contact and Market Structuration [J]. *Strategic Management Journal*, 2004, 25: 1131 – 1153.

[233] Lin C, Officer M S, Zou H. Directors' and officers' liability insurance and acquisition outcomes [J]. *Journal of Financial Economics*, 2010, 102 (3): 507 – 525.

[234] Lu, Z., Zhu, J, Zhang, W. Bank discrimination, holding bank ownership, and economic consequences: Evidence from China [J]. *Journal of Banking & Finance*, 2012, 36 (2): 341 – 354.

[235] Luong H, Moshirian F, Nguyen L, et al. How Do Foreign Institutional Investors Enhance Firm Innovation? [J]. *Journal of Financial & Quantitative Analysis*, 2017, 52: 1 – 42.

[236] Madhok A, Tallman S B. Resources, Transactions and Rents: Managing Value Through Interfirm Collaborative Relationships [J]. *Organization Science*, 1998, 9 (3): 326 – 339.

[237] Mckinnon, R I. *Money and Capital in Economic Development* [M]. Washington D. C: Brookings Institution, 1973.

[238] Meeus M T H, Oerlemans L A G. Firm behaviour and innovative performance: An empirical exploration of the selection-adaptation debate [J]. *Research Policy*, 2000, 29 (1): 41 – 58.

[239] Mitsuaki, Okabe. *Cross Shareholdings in Japan: A New Unified Perspective of the Economic System* [M]. Edward Elgar Pub, 2002.

[240] Monte A D, Papagni E. R&D and the growth of firms: Empirical analysis of a panel of Italian firms [J]. *Research Policy*, 2003, 32 (6): 1003 – 1014.

[241] Morck R, Yeung B, Yu W. The information content of stock markets: why do emerging markets have synchronous stock price movements? [J].

Journal of Financial Economics, 2000, 58（1）：215 - 260.

［242］Morck R, Yeung B, Yu W. R2 and the Economy［J］. *Annual Review of Financial Economics*, 2013, 5（1）：143 - 166.

［243］Mukherjee, A., Singh, M., Žaldokas, A. Do corporate taxes hinder innovation［J］. *Journal of Financial Economics*, 2017, 124（1）：195 - 221.

［244］Ongena S, Penas M F. Bondholders' wealth effects in domestic and cross-border bankmergers［J］. *Journal of Financial Stability*, 2009, 5（3）：256 - 271.

［245］Pantzalis C, Park J C, Sutton N. Corruption and valuation of multinational corporations［J］. *Journal of Empirical Finance*, 2008, 15（3）：387 - 417.

［246］Pfeffer J, Salancik G R. *The external control of organizations: A resource dependence perspective*［M］. New York: Harper & Row, 1978.

［247］Qian, Y. The process of China's market transition（1978 - 1998）：The evolutionary, historical, and comparative perspectives［J］. *Journal of Institutional and Theoretical Economics*, 2000, 156（1）：151 - 171.

［248］Ren S, Eisingerich A B, Tsai H T. How do marketing, research and development capabilities, and degree of internationalization synergistically affect the innovation performance of small and medium-sized enterprises（SMEs）? A panel data study of Chinese SMEs［J］. *International Business Review*, 2015, 24（4）：642 - 651.

［249］Roll, R. The Stochastic Dependence of Security Price Changes and Transaction Volumes: Implications for the Mixture – of – Distributions Hypothesis［J］. *Journal of Finance*, 1988, 43（3）：541 - 566.

［250］Scharfstein D S, Stein J C. The Dark Side of Internal Capital Markets: Divisional Rent – Seeking and Inefficient Investment［J］. *The Journal of Finance*, 2010, 55（6）：2537 - 2564.

［251］ Shaw, E. S. *Financial Deepening in Economic Development* ［M］. Oxford: Oxford University Press, 1973.

［252］ Shleifer, A. , Vishny, R. The Grabbing Hand ［J］. *American Economic Review*, 1998, 87 (2): 354 – 358.

［253］ Sorensen J B, Stuart T E. Aging, obsolescence, and organizational innovation ［J］. *Administra-tive Science Quarterly*, 2000, 45 (1): 81 – 112.

［254］ Stam E, Wennberg K. The roles of R&D in new firm growth ［J］. *Small Business Economics*, 2009, 33 (1): 77 – 89.

［255］ Tan Y, Tian X, Zhang X, et al. The Real Effects of Privatization: Evidence from China's Split Share Structure Reform ［J］. Working Paper, Shanghai University of Finance and Econmics, 2016.

［256］ Tassey G. Policy issues for R&D investment in a knowledge-based economy ［J］. *The Journal of Technology Transfer*, 2004, 29 (2): 153 – 185.

［257］ Thakor R T, Lo A W. Competition and R&D Financing: Evidence from the Biopharmaceutical Industry ［J］. *SSRN Electronic Journal*, 2015.

［258］ Tong T W, He Z L, He, et al. Patent Regime Shift and Firm Innovation: Evidence from the Second Amendment to China's Patent Law, In Academy of Management Proceedings, 2014 (1): 14 – 74.

［259］ Wurgler J. Financial markets and the allocation of capital ［J］. *Journal of Financial Economics*, 2000, 58 (1 – 2): 187 – 214.

［260］ Xu N, Chan K C, Jiang X, et al. Do star analysts know more firm-specific information? Evidence from China ［J］. *Journal of Banking & Finance*, 2013, 37 (1): 89 – 102.

［261］ Xu N, Li X, Yuan Q, et al. Excess perks and stock price crash risk: Evidence from China ［J］. *Journal of Corporate Finance*, 2014, 25 (2): 419 – 434.

［262］ Yasuda T. Firm growth, size, age and behavior in Japanese manufacturing ［J］. *Small Business Economics*, 2005, 24 (1): 1 – 15.

［263］Zahra S A，Pearce J A. Board of Directors and Corporate Financial Performance：A Review and Integrated Model ［J］. *Journal of Management*，1989，15（2）：291 –334.

［264］Zeng T，Lin H C. Ownership Structure and R&D Spending：Evidence from China's Listed Firms ［J］. *Chinese Management Studies*，2011，5（1）：82 –93.

［265］Zona F，Zattoni A，Minichilli A. A Contingency Model of Boards of Directors and Firm Innovation：The Moderating Role of Firm Size ［J］. *British Journal of Management*，2013，24（3）：299 –315.